트랜스미디어 스토리텔링의 이해

* 본 단행본은 한국콘텐츠진흥원의 2014년도 국내 대학 콘텐츠 융합형교육프로그램 지원사업의 일환으로 제작되었습니다.

TRANS-MEDIA

트랜스미디어 스토리텔링의 이해

류철균 · 한혜원 외 지음

STORY TELLING

이화여자대학교출판문화원

책머리에

매체를 넘나드는 희망

우리는 4세기에 걸친 인문학 위기 담론의 끝자락에 서 있다. 스콜라 철학에 반발하여 보다 개방적이고 현세적인 인간 탐구를 제창했던 르네상스 인문학은 갈릴레이, 뉴턴의 과학혁명을 거치면서 자신감을 잃게 된다. 그리하여 1621년 로버트 버튼이 쓴 『우울의 해부』에서부터 인문학 위기라는 개념이 나타난다.

이후 400년 동안 계속된 위기 담론에 따르면 현실은 나빠지고 있고 인간은 소외되었으며 인간성은 상실되었다. 그 결과 문화는 타락하고 인문학은 몰락하고 있다. 변화에 상처를 받은 사람들은 이러한 종말론적 관념에서 강한 위안을 받았다. 그리하여 과학이 발전하고 매체가 진화할수록 몰락의 에티카라고 말할 수 있는 의식이 강화되었다. 모든 고귀한 것들은 현세에서 실현되기 어렵다는 스피노자의 명제로부터 역으로 현세에서 몰락하는 것들은 모두 고귀하다는 의식이 유포되었던 것이다. 확정된 사실들만을 교육함으로써 낡은 세계관을 포회하기 쉬운 학교 제도와 나쁜 뉴스일수록 높은 정보 가치를 갖게 되는 신문 제도도 이러한 생각들을 지지했다.

『트랜스미디어 스토리텔링의 이해』는 인문학 위기 담론과 정반대에 있는 현실을 다루고 있다. 이 책은 즉물적인 감상주의를 넘어 세계화와 정보화가 만들어내는 풍요로운 문화 현상들을 있는 그대로 수용하고 해석하는 새로운 인문학에 복무한다.

문학이 위축되고 인문학이 위기를 맞고 있다는 생각과는 반대로 전 세계에서는 해마다 수만 권씩의 신간 소설이 출간되며 매일처럼 새로운 기기, 새로운 플랫폼, 새로운 서비스들이 매체 혁명의 홍수 속에서도 오히려 증가하고 있다. 지하철을 타면 책 읽는 사람을 보기 힘든 한국에서도 출판은 2009년부터 2018년까지 매년 0.4%씩 증가하고 있다.[1]

우리는 전 세계의 독자들이 『트와일라잇』 시리즈의 스테프니 메이어와 『해리 포터』 시리즈의 조앤 K. 롤링, 스티븐 킹, 존 그리샴, 톰 클랜시, 댄 브라운의 신간을 동시에 읽는 시대에 살고 있다. 코맥 매카시, 얀 마텔, 줌파 라히리, 이언 매큐언과 같은 수준 높은 순수문학이 1-2년 안에 전 세계에서 읽히고 연구된다. 〈월드 오브 워크래프트〉와 같은 MMORPG, 〈헤비 레인〉과 같은 비디오게임 등 새로운 매체 경험의 이야기 예술 가운데 명작들이 잇달아 나타나서 '전자문학'이라고 명명할 수 있는 작품군을 이루고 있다. "조앤. K. 롤링 앞에서 통장 잔고를 자랑할 수 있는 소설가가 (일찍이) 있었던가?"라는 말[2]은 장르문학의 승리를 뜻하는 말이 아니다. 그것은 수많은 매체를 아우르는 작품의 배급과 저작권 보호가 완비된 우리 시대의 고유한 자부심을 대변하는 말이다.

무한한 질적 차이를 가진 존재자들을 0과 1의 극히 단순한 양적 기술 방식으로 재구성하는 우리 시대의 디지털 기술은 역사가 만들어낸 매체들의 경계를 무너뜨렸다. 우리의 직관이 느끼고 우리의 감각이 체험하는 이 무궁무진한 세계는 정보가 뉴런과 시냅스 사이에 일어나는 전기

---

1 http://www.pwc.com/gx/en/global-entertainment-media-outlook/

2 조너선 갓셜, 『스토리텔링 애니멀』, 노승영 옮김, 민음사, 2014, p.219.

적 신호의 차이로 번역되어 대뇌피질에 전달된 것이다. 우리의 뇌에 수용되는 모든 전기적 신호는 원리적으로 0과 1이라는 수치의 조합으로 표현될 수 있다.

이 같은 인식론적 전환과 함께 매체가 스토리를 구속하는 것이 아니라 스토리가 매체를 지배하는 혁명적 변화가 일어났다. 우리는 매일같이 쏟아지는 새로운 매체, 새로운 기기, 새로운 플랫폼, 새로운 어플리케이션, 새로운 서비스를 목격한다. 그것들은 0과 1의 데이터로 변환될 수 있는 한 무한히 변조되고 융합되는 것들이다. 매체가 수단적, 절차적, 잠정적, 일시적인 것이 되면서 스토리의 궁극적, 목적적, 완결적, 영구적 성격이 전면화되었다.

중요한 것은 매체가 아니라 사람이다. 매체는 사람의 꿈과 희망을 0과 1의 데이터로 변환해서 전달하는 도구일 뿐이다. 사람들이 진정으로 원하는 세계, 사람들의 희망은 매체를 넘나든다.

독일의 철학자 에른스트 블로흐는 인간과 공동체에 가장 중요한 것은 희망이라고 했다. 희망이란 아직 이루어지지는 않았지만 이루어지게 하려는 의지이다. 이 의지는 '아무것도 없음'에서 '모든 것이 있음'을 만들어낸다.

희망은 먼 미래를 그리는 백일몽이 아니라 삶에 지친 사람들의 현실세계에 잠재되어 있는 유토피아이다. 경기 침체 속에서 국가적인 참사와 사고가 이어지고 피로에 찌든 무수한 미생未生들의 공허한 표정이 거리를 떠다니는 이 2014년 한국의 현실 안에 숨어 있는, 아직 이루어지지 않은 '더 나은 삶의 가능성'인 것이다.

예술, 특히 이야기 예술은 아직은 아닌 이것을 형상Bild을 통해 미리 보여준다. 모든 이야기 세계story world는 앞으로 우리가 찾아서 가져야 할 유토피아의 선현先現, 미리 보여짐Vor-Schein인 것이다.[3]

우리는 결정적인 순간 자신의 이익보다 마법사 사회 전체의 행복을 선택하는 해리 포터의 이야기에서 권력에 욕심이 없는 참된 통치자를 본다.[4] 우리는 모든 사회 구성원들에게 기본적인 경제활동을 가르쳐주고, 고강도 노동의 직장인으로서 지위와 부를 기대할 수 있는 평등한 접속을 보장하는 〈월드 오브 워크래프트〉의 이야기에서 우리가 생각하는 직업적 삶의 이상을 본다.[5] 우리는 찰리 채플린의 〈시티 라이트〉에서 부랑자와도 같은 우리 자신의 본질이 우리가 사랑하는 사람, 즉 눈먼 소녀에게 인지되고 진정으로 이해받을 수 있는 순간을 본다.[6]

이러한 희망은 너무나 진실하고 너무나 간절해서 매체를 넘어선다. 진실하고 간절한 이야기 형상은 눈덩이가 굴러가는 것처럼 스스로 커져가며 매체를 가로지르기Cross-media Storytelling도 하고 여러 개의 매체를 넘나들며 그 이야기 세계를 보태어 완성시키기Trans-media Storytelling도 한다.

매체를 넘나드는 희망의 이야기 속에는 누구나 찾아 가질 수 있는 자신의 총체적인 발전의 가능성과 길이 열려 있다. 하나의 길을 선택한다는 것이 다른 길을 포기하는 것이라는 사실을 생각해보면 매체를 넘나드는 희망은 가장 멋진 스토리텔링, 아무것도 포기하지 않아도 되는 스토리텔링이다.

우리는 문학과 영화, 게임과 같은 이야기 형상들 속에서 자기 자신의

---

3 김문환, 『사회미학』, 문예출판사, 1993. p.95.

4 David Lay Williams and Alan J. Kellner, Gregory Bassham ed., *The Ultimate Harry Potter and Philosophy*, John Wiley & sons, 2010, pp.128–140.

5 Scott Rettberg, 'Corperate Ideology in World of Warcraft', H. G. Coorneliussen ed., *Digital culture, play, and Identity : World of Warcraft Reader*, Massachusetts: MIT Press, 2008, pp. 19–38.

6 슬라보예 지젝, 『당신의 징후를 즐겨라, 할리우드의 정신분석』, 주은우 옮김, 한나래, 1997, pp.66–70.

모습을 발견하며 자기 자신에게 집중한다. 내가 누구이며 어떤 사람이고 무엇을 원하는가를 생각한다. 그러면서 취업 경쟁에 시달리는 생활, 관계로 이루어지는 생활, 타인과 스펙을 비교하는 생활의 속악함과 비참함을 넘어선다.

이 책에서 매체를 넘나드는 희망 읽기를 안내하는 열두 명의 필자는 디지털미디어라는 분야에서 새로운 인문학의 가능성을 찾아 전인미답의 영토를 탐사해온 신진 연구자들이다. 가상세계 서비스 연구, 디지털 스토리텔링 저작 기술 연구, 게임화 연구 및 창발 매체 스토리텔링 연구의 숨가쁜 작업들 사이에 우리 시대에 특별히 유의미한 장르와 작품을 찾아 트랜스미디어 스토리텔링이라는 새로운 분야의 안내서를 묶어냈다. 이 책이 학계에 또 하나의 학문 분야를 소개하는 도전적 입론이 될 것을 믿어 의심치 않는다.

2015년 1월,
저자들을 대표하여
류철균 씀

차 례

제2부 다양한 트랜스미디어 스토리텔링

제1부

트랜스미디어 스토리텔링의 개요

1장

트랜스미디어+스토리텔링

: 스토리를 통한 생성적 융합

한혜원

소비에서 창조로, 텍스트에서 콘텍스트로

21세기 인류는 20세기 SF에서 제시했던 몽환적 세계를 현실로 살아가는 중이다. 사이버 스페이스cyber space와 메타버스metaverse는 더 이상 소설가가 꾸며낸 허상fake이 아니라 엄연한 실재reality이다. 흥미로운 것은 기술 압도적인 시대일수록, 인간은 더 많은 이야기들을 창작하고 이를 타인과 공유하고 싶어 한다는 점이다. 오히려 이전 세대보다 더 열렬히 재미있는 이야기들을 추구한 덕분에, 현대사회는 기술의 대중화와 더불어 이야기 과잉 시대를 맞이했다고 해도 과언이 아닐 것이다.

이야기는 남과 더불어 공유할 때 그 즐거움이 배로 늘어난다. 지금 이 순간에도 우리 시대의 대중은 다양한 기기들을 손에서 놓지 않은 채, 갖

가지 정보와 이야기 안에서 살고 있다. 일탈의 이야기가 일상을 꽉 채우고 있는 셈이다. 현대인에게 모바일 없는 1년이란 상상조차 불가능하다. 일단 이야기의 세계에 한번 발을 들인 이상, 좀처럼 그 세계를 빠져나가긴 어렵다.

이처럼 우리 시대는 양적으로나 질적으로나, 이전 시대보다 훨씬 다양한 내용과 형식의 이야기들을 생산하고 소비하고 싶어 한다. 그 욕망은 기존의 인쇄문화와 문학의 패러다임 안에서 소비될 수 있는 수준을 훌쩍 뛰어넘어 버렸다. 독자나 관객은 충실하고 모범적인 독자의 영역에서 벗어나, 작가의 지면과 무대 위의 배우까지 넘보기 시작했다.

이야기를 전달하는 방법에 있어서도, 문자 중심에서 나아가 이미지, 동영상은 물론 시각, 청각, 촉각을 모두 활용하기를 원한다. 결정적으로 그들은 텍스트 바깥의 방관자가 아닌, 이야기 중심부의 주연 배우가 되고 싶어 한다. 그 이유는 실로 간단하다. 나 자신의 이야기를 과정 추론적으로 풀어나가는 편이, 남의 이야기를 조용히 듣기만 하는 것보다 훨씬 흥미진진하고 재미있기 때문이다. 일단 주연 배우로서 카타르시스를 경험하고 나면, 그 누구도 조연을 맡으려 하지 않는 것과 같은 이치이다.

트랜스미디어 스토리텔링transmedia storytelling이란, 이처럼 다양해진 미디어적 환경, 다변화된 사용자의 욕망에 부합하기 위해서 나타난 우리 시대의 새로운 창작 방법론이다. 컨버전스 컬처, 트랜스미디어 스토리텔링 개념의 제창자이기도 한 헨리 젠킨스Henry Jenkins에 따르면, 트랜스미디어 스토리텔링이란 다양한 미디어 플랫폼을 통해서 이야기를 분배하는 것이다.[1]

트랜스미디어 시대의 스토리텔링은 대중으로 하여금 스스로 즐겁고

1 헨리 젠킨스, 『컨버전스 컬처』, 김정희원 · 김동신 옮김, 비즈앤비즈, 2008.

도 가치 있는 경험을 창출하도록 유도하는 일종의 시나리오이자 기획서로 기능한다. 인쇄 시대에 서사의 가치를 판가름하는 중요한 조건이란 유일무이한 천재 작가, 치명적 갈등과 이를 해결하려 고군분투하는 우월한 주인공, 빈틈없는 플롯과 완벽한 결말이었다. 반면 트랜스미디어 시대에 스토리텔링의 가치는 적극적으로 참여하는 대중, 문제 기반의 사건과 실마리, 이를 풀어나가기 위한 참여자의 노력과 복수 미디어의 전방위적 활용을 통해서 발생한다.

트랜스미디어 스토리텔링은 본질적으로 융합convergence을 지향한다. 본래 이야기의 세계에서 융합은 선택이 아닌 필수 조건이다. 물론 이야기 자질과 기술의 발달을 '물과 기름'에 빗대어 말하던 시절이 아주 짧게나마 있기는 했다. 그러나 인류의 문화사를 거시적으로 두고 볼 때, 인문학과 공학, 인문학과 사회학 등 다양한 학문 및 산업 분야가 등을 맞대고 외면할 수 있었던 시절은 불과 한 세기가 채 되지 못한다. 즉 인문학과 공학, 인문학과 사회학은 본래 서로 궁합이 맞지 않는 것이 아니라, 지난 백 년간 의도적으로 분리되고 세분화되어왔을 따름이다. 그리고 이제 새롭게 맞이한 천 년, 인간은 다시 트랜스미디어 스토리텔링을 통해서 이야기와 기술의 융합을 도모하려 한다.

'트랜스미디어'라는 말에는 중심이 없다. 즉 재미있기만 하다면, 다양한 미디어가 각각의 미디어가 고유한 특성을 유지하는 가운데 하나로 어우러져 통합적으로 콘텐츠를 구성할 수 있다. 이때 복수의 미디어가 합쳐져서 하나로 동화되기보다는, 각 미디어가 각자 자신이 가장 잘 표현하고 전달할 수 있는 방법으로 스토리를 각색하고 텔링하는 방식을 지향한다. 때문에 미디어 간 장벽이 견고하고 장르 간 경계가 확고한 사회적 분위기에서는 시도 자체가 어렵다. 솔직히 많이 나아졌다고는 하나, 아직까지 현대 한국에서도 그 벽은 견고하게 유지되고 있다. 이 책

* 트랜스미디어 스토리텔링의 아홉 가지 조건

1) 각각의 콘텐츠는 독립된 기능을 수행하되, 부분의 전체로도 기능한다.
2) 콘텐츠의 결과물은 끝이 아닌 또 다른 출구로 기능한다.
3) 다양한 미디어들을 활용하되, 특정 미디어가 중심을 차지하지 않는다.
4) 미디어의 특성을 고려하되, 미디어 결정론적으로 사고하지 않는다.
5) 미디어 간 특성을 고려한 융합을 지향하되, 동화되지 않는다.
6) 개발자들은 문제 기반의 스토리텔링을 제시한다.
7) 사용자의 스토리텔링과 개발자의 스토리텔링이 어긋날 경우, 사용자의 우발적 스토리텔링을 존중한다.
8) 일시적 마케팅 기법에서 나아가, 문화적 가치를 부여한다.
9) 이를 통해서 사용자에게 총체적 경험을 제공한다.

에서 트랜스미디어의 다양한 개념들을, 한국의 사례가 아닌 외국의 사례와 더불어 설명해야만 하는 안타까운 이유가 바로 이 벽 때문이다.

트랜스미디어 프로젝트 기획자인 안드레아 필립스Andrea Philips에 따르면 트랜스미디어 스토리텔링을 적용한 콘텐츠란 첫째, 다양한 미디어 플랫폼을 통해서 공개되어야 하며 둘째, 각각의 텍스트 블록이 전체의 거시적 스토리에 가치 있는 기여를 해야 하고 셋째, 각각의 미디어는 이야기 전체의 입구로 작용해야 한다.[2] 한마디로 "따로 또 같이"이야기 판을 꾸려나가야 하는 셈이다. 이처럼 다양한 미디어를 활용해 하나의 이야기를 효과적으로 전달한다는 점에서 트랜스미디어 스토리텔링은 새로운 기법으로 각광받을 만하다.

대중은 더 이상 단일 미디어가 반드시 하나의 이야기만을 전달해야 한다는, 이른바 원 미디어 원 스토리의 공식을 믿지 않는다. 이야기의 판

2 Andrea Phillips, *A Creator's Guide to Transmedia Storytelling*, McGraw-Hill Professional, 2012.

은 확장될수록 넓어지고 그 재미가 깊어진다는 것을, 이미 다양한 참여적 경험을 통해서 알고 있기 때문이다. 물론 트랜스미디어 스토리텔링 이전에도 유사한 경험들이 있었다. 가령 20세기 말 콘텐츠 업계의 화두였던 원 소스 멀티 유즈[3] 내지 프랜차이즈의 경우, 성공한 중심 콘텐츠를 주변부로 확장하며 에너지를 소진하는 방식을 채택했다. OSMU의 경우, 초반부에는 그 경제적 시너지 효과가 나타나기는 하나, 장기적으로 봤을 때는 원작의 아우라를 반복적으로 재활용하는 수준에 머물게 된다는 점에서 한계적이다. 반면 트랜스미디어 스토리텔링은 애초에 기획에서부터 스마트폰, 컴퓨터, TV 등 다양한 미디어들을 동시다발적으로 활용하는 것을 원칙으로 삼는다. 콘텐츠 역시 동일 콘텐츠가 중복적으로 소비되는 것이 아니라, 미디어별로 전략을 달리하는 가운데 거대한 이야기장을 형성해나간다. 따라서 이야기가 확장될수록 그 힘 역시 강력해진다.

이처럼 트랜스미디어 스토리텔링은 기술의 발달, 창조사회로의 이행, 참여적 대중의 확대, 문화의 산업화, 글로벌 마켓의 확장 등 다양한 사회 문화적 변화 양상 속에서 재미있는 이야기를 창조하고 소비하고 전달하도록 유도한다. 트랜스미디어 스토리텔링의 융합적 본질을 토대로 우리는 생산과 소비, 기술과 문화, 정보와 감정, 놀이와 학습, 이러한 이항대립적 요소들의 간극을 적절히 아우르며 인간의 이야기 경험을 확장시킬 수 있다.

3 One Source Multi Use, 이하 OSMU.

마침표가 아닌 물음표의 미학

2012년 무더운 여름날, 벨그레이드Belgrade 대학에서 비밀리에 프로젝트를 진행하던 다섯 명의 촉망받던 과학자들이 실종되었다는 소식이 인터넷을 통해서 급속도로 퍼지기 시작했다. 과학자들을 지원해오던 알빈슨Albinson 재단이 이들을 찾기 위한 마지막 방편으로 인터넷을 통해서 불특정 다수에게 공식적으로 도움을 요청한 것이다. 그러자 전 세계의 인터넷 사용자들은 알빈슨 재단의 신호를 단번에 알아차리고 이에 극적으로 반응했다.

사실 벨그레이드 대학도, 실종된 과학자도 모두 허구의 공간과 캐릭터였다. 대중은 가상과 현실, 실재와 상상을 넘나들며 한판 즐겁고도 진지하게 놀아보자는 주최 측의 멍석과 암호를 쉽게 해독해냈고 놀이에 동참했다. 대중은 흔히 말하는 허구적 세계로 들어가는 입장권을 구입하고 그 세계의 놀이 법칙인 '메이크-빌리브make-believe'에 자발적으로 동의한 셈이다.

곧바로 사용자들은 컴퓨터와 스마트폰을 통해서 단서와 에피소드를 공유하고 퀴즈와 미션을 풀며 미스터리의 스토리 라인을 이어나갔다. 이 과정에서 TV, 컴퓨터, 스마트폰 등 다양한 크기의 스크린들이 대거 동원됐다. 때로는 실재감을 더하기 위하여 지역 기반 기술이 활용됐고, 페이스북, 트위터 등의 SNS와 이메일, 단편영화, 비디오게임 등이 활용되기도 했다. 이 전방위적인 놀이판은 공식적으로 8주간 지속됐다.

위의 놀이판은 프랑스 기반의 다국적 통신회사 오랑주Orange에서 기획 개발한 '알트-마인드 프로젝트Alt-Minds Project'이다. 오랑주의 경우, 기업의 혁신 전략의 일환으로 2009년에 '트랜스미디어 랩transmedia lab'을 설립하고 이후 다양한 학제 간 프로그램과 창의 워크샵을 개최하고 있다. 대표적인 결과물로는 소설과 뉴미디어를 접목한 '팡팡2FanFan2', 추리게임에 뉴미디어를 통합한 '디텍티브 에비뉴Detective Avenue' 등이 있다.

혁신적이고 창의적인 아이디어들을 실제화하고 유통하는 주체는 다름 아닌 사용자들이다. 최근 프로젝트인 알트-마인드 프로젝트의 경우, 자칭 '토탈 픽션total fiction'의 형태를 지향하며, 사용자들로 하여금 단순히 서비스를 소비하는 소비자에서 콘텐츠를 생성하는 창작자가 될 수 있도록 참여의 기회를 제공하고 있다. 이들은 허구적 세계를 구축하고 캐릭터를 제시하며, 무엇보다도 대중이 주어진 문제를 해결하고 고민하도록 '주제'를 제시한다. 위의 게임들은 모두 단순한 제품 홍보를 위한 마케팅 기법에 그치지 않고, 해당 사회의 문제점을 지적하고 이를 스토리텔링의 형태로 해결하도록 제안한다.

또한 다양한 미디어를 사용하는 과정에서 일종의 미디어 간극이 발생하는데, 이때의 간극은 일종의 '생산적인 홈이자 빈칸'으로 작용하게 된다. 흔히 다양한 미디어를 활용할 경우, 이야기의 영속성이나 일관성이 무너지기 쉽다고 우려하는데, 실제로는 그렇지 않다. 오히려 미디어별로 이야기가 이동하면서 변주되고 확장되는 그 변이 자체가 다양성으로 다가올 수 있기 때문이다.

트랜스미디어 스토리텔링의 목표란 흰색과 검은색을 더하여 하나의 회색을 만들고자 함이 아니다. 오히려 흰색과 검은색이 다양하게 공존하는 장 안에서 누군가는 흰색을, 누군가는 검은색을, 또 누군가는 그 둘 사이의 회색을 발견하도록 유도하는 것이 궁극적 목표이다. 영화는 영화의 쇼트 및 시퀀스 등 나름의 표현 전략이 있고, 애니메이션 역시 특유의 회화적 전략이 있으며, 컴퓨터게임 역시 게임 고유의 상호작용적인 전략이 있기 마련이다. 트랜스미디어 스토리텔링은 이들을 하나로 동화시키는 것이 아니라, 미디어별 전략과 장르별 관습을 고수하는 가운데, 이들을 전방위적으로 활용하는 통합적 장을 지향한다. 이처럼 형식적으로 다양한 미디어가 경계를 넘나드는 과정에서, 사용자들은 자연스럽게 내용적으로도 현실과 허구, 실재와 가상, 기술과 예술에 대한 경계를 넘나들게 된다.

이를 위해서 트랜스미디어 스토리텔링은 기본적으로 '문제 기반의 스토리텔링problem based storytelling'을 지향한다. 『뉴 디지털 스토리텔링』의 저자인 브라이언 알렉산더의 경우, 스토리 창작자들이 네트워킹을 이용해 내부적으로 스토리 콘텐츠를 다중적으로 연결하는 방식과 '문제 중심의 스토리텔링'을 디지털 시대 스토리텔링의 새로운 특징이라고 분석한다.[4] 즉 사용자에게 물음표를 던지고 그 해결 과정에 동참하도록 유도하는 것이다. 본래 인간은 타인의 문제에 큰 관심이 없다. 따라서 '남의 이야기'를 들을 때는 먼 산을 바라보지만, 그것이 '나의 이야기'가 되면 적극적으로 참여하게 된다.

문제 기반의 스토리텔링은 잘 만들어진 느낌표 대신 궁금증을 증폭시키는 물음표를 던짐으로써 사용자들로 하여금 자발적으로 문제 해결의 과정에 참여하고 텍스트의 일부가 되도록 유도한다. 이를 통해서 기존의 수동적인 '관람자audience'들은, 스스로 '사용자user'로 거듭날 준비를 완료하게 된다.

읽는 독자, 보는 관객, 하는 사용자

트랜스미디어 스토리텔링에서 사용자들은, 마치 브리콜라주bricolage

---

4 Bryan Alexander, *The New Digital Storytelling: Creating Narratives with New Media*, Praeger, 2011.

를 만들어나가듯 다양한 미디어를 활용해 콘텐츠 조각들을 맞추어나가게 된다. 이 과정에서 소설이나 만화를 '읽는' 독자, 영화 및 애니메이션을 '보는' 관객, 게임을 '하는' 플레이어 등 다양한 사용자층이 존재할 수 있다. 따라서 프로젝트를 기획하는 입장에서는 당연히 사용자의 다양한 참여의 방식과 참여도를 고려해야 할 것이다.

이제 디지털 기술과 문제 중심의 스토리텔링을 통해서 사용자들은 수동적 수용자로 머무르는 데서 그치지 않고, 텍스트 내부로 들어와 보다 탐색적이고 건설적으로 텍스트를 소비하거나 나아가 텍스트 생성에 참여하게 된다. 즉 이야기와 기술의 융합을 통해서 단순히 '대상'에 머물렀던 대중이 '주체적' 경험을 할 수 있는 기회가 열린 것이다. 이처럼 다각적으로 미디어를 활용해서 구축된 서사체는 불변성보다 가변성, 응축성보다 확장성을 중시하면서 이제 수용이 아닌 '저작authoring'을 중시하는 방향으로 발전 중이다.

디지털 기술의 대중화를 통해서 제한적이던 창작의 기회가 다수에게 열렸다. 인쇄 문화에서 자본주의의 시장 논리에 따라서 지극히 특정 소수에게만 허락되었던 지면이 가상세계로 확장됐고, 자연히 계몽주의에 입각한 창작 주체 역시 대중으로 확장됐다. 이같은 창작의 장과 창작 주체의 변화는 자연스럽게 콘텐츠가 창작되고 소비되는 메커니즘에도 영향을 미치게 된다. 디지털 패러다임 이전에 생산-소비-비평의 과정이 각각 분절적, 폐쇄적, 순차적으로 이뤄졌다면, 이제는 소비-비평-생산의 과정이 순환적, 연계적, 동시다발적으로 이뤄지는 중이다. 사용자들은 적극적인 소비의 과정을 거치면서 비평의 단계를 거치게 되고, 최종적으로 생산의 단계로 진입하게 된다. 이러한 순환적 메커니즘을 통해서 수동적인 '수용자'가 적극적인 '사용자'로 변모하게 된다.

이처럼 사용자 중심의 적극적인 창작 행위는 때때로 원본에서 독립적

* 스토리 리텔링이란?

- 이야기의 근원적 구조에 대한 사용자 이해의 과정 및 결과물이다.
- 이야기의 소비를 마친 수용자가, 시간차를 두고 자신이 이해한 이야기를 재구성해 제3의 독자 내지 관객들에게 전달하는 능력을 지칭한다.
- 리텔링의 기준이 되는 것은 선행 텍스트에 대한 '해석'과 '표현'이다.
- 리텔링은 이야기의 ① 부분화, ② 통합, ③ 재구성의 3단계로 이뤄진다.
- 리텔링의 결과물이 반드시 표면적 텍스트 차원에서 원본과 명확하게 일치할 필요는 없다.

으로 분절되어 자생적으로 '2차 창작'의 텍스트를 생산하고, 나아가 원본 없는 '1차 창작'의 텍스트를 창조하기도 한다. 나아가 각각의 사용자들이 생성한 텍스트 유닛들이 집합적으로 모이면서 일종의 집합적 서사체collective narrative를 구축하기도 한다.

적극적인 소비가 적극적인 생성으로 이어지는 메커니즘에서 주요하게 작동하는 원리가 바로 '스토리 리텔링story-retelling'이다. 본래 스토리 리텔링은 스토리텔링이 이루어지기 전 단계에 해당하는 필수적 단계이기 때문에 엄밀한 의미에서는 스토리텔링의 세분화된 개념이라 할 수 있다. 이제까지는 주로 교육학적 관점에서 이야기를 들은 수용자가 시간차를 두고 자신이 이해나 이야기를 재구성해서 제3의 독자에게 전달하는 능력을 지칭해왔다. 스토리 리텔링은 태생적으로 상호작용적인 개념으로, 트랜스미디어를 통해 나타나는 다양한 사용자 생성 콘텐츠의 의미화 과정을 설명하기에 적합하다. 이를 통해 스토리텔링은 소비의 패러다임에서 생성의 패러다임으로 전환할 수 있을 것이다.

먼저 리텔링의 기준이 되는 것은 선행한 이야기에 대한 적확한 해석comprehension과 표현presentation이다. 단계적으로는 크게 부분화parts,

통합integrate, 재구성reconstruct의 3단계를 거친다. 피교육자는 리텔링을 통해서 자연스럽게 이야기의 근원적 뼈대와 필요충분조건에 대해서 이해하게 된다.

이와 같은 리텔링의 개념은 디지털미디어를 통해서 나타나고 있는 다양한 사용자 생성 콘텐츠와 긴밀한 관계를 맺고 있다. 최근의 리텔링 형식은 문자, 이미지, 동영상 등 다양한 미디어를 활용한다. 가령 책으로 소비한 이야기를 이미지로, 이미지로 소비한 내용을 문자로, 이미지로 소비한 내용을 동영상으로 리텔링할 수 있다. 줄거리를 요약해놓고 보면 동일한 줄거리일지라도 그것을 소설로, 애니메이션으로, 게임으로 표현하고 소비하는 것은 전혀 다른 차원의 경험과 감정을 환기시킨다. 내용적으로도 최소한 원본의 기저 체계를 유지하는 가운데 창작자의 의도에 따라서 일부 이야기를 축소 및 확대, 생략 및 변환하는 과정을 거치게 된다. 이 과정에서 정적이고 결과론적으로 존재하던 이야기는 변화무쌍하고 과정 추론적인 유동체로 변화한다.

다양한 상호작용적 미디어를 활용한 스마트 콘텐츠의 경우, 리텔링의 특징과 효과를 잘 보여준다. 스마트폰 및 패드가 처음 등장한 형성기 어플리케이션의 경우, 스마트 콘텐츠는 대부분 사용자로 하여금 완성된 콘텐츠를 선형적으로 소비하도록 유도하거나 소비의 과정에서 촉각, 시각, 청각 등 다감각적 요소를 환원하는 수준에 머물러 있었다. 그러나 최근의 스마트 콘텐츠들은 소비보다는 사용자 중심의 저작에 중점을 두고 있다. 일단 콘텐츠의 생성 과정에 참여해 그 주체적이고도 적극적인 재미를 경험한 사용자들은 더 이상 콘텐츠를 소비하는 단순한 행위만으로는 쉽게 카타르시스를 얻지 못한다.

콘텐츠와 스토리텔링의 나아갈 방향과 지침은 의외로 명쾌하다. 사용자들로 하여금 적극적이고 주체적으로 콘텐츠 생성에 참여하고 이를 즐길 수 있도록 유도할 수 있는 명석과도 같은 콘텐츠가 필요하며, 이에 따라 개발자의 스토리텔링뿐 아니라 사용자의 스토리텔링을 설계할 필요가 있다.

'스토리 월드에 오신 것을 환영합니다'

현대사회에서 스토리텔링은 더 이상 신선하거나 독창적인 전략은 아니다. 그렇다고 해서 진부하거나 단발적인 전략도 결코 아니다. 오히려 사회 문화 전반적으로 '창조성creativity'이 부각되는 과정에서, 자연스레 스토리텔링의 역할 역시 더욱 강조되는 추세이다. 영화, 애니메이션, 게임 등 일부 특정한 엔터테인먼트 분야에서는 물론이거니와, 보다 광범위하고 다양한 산업 분야에서 창조성과 더불어 스토리텔링 역량을 강조하고 있다.

21세기의 스토리텔링은 종이와 문자로 대변되는 문자 문화의 특징뿐 아니라 다변적, 집합적인 구술 문화, 이미지와 스크린을 통해 다감각적으로 나타나는 디지털 문화의 특징을 전부 아우른다. 즉 동시대의 스토리텔링이란 결코 기존의 서사narrative에 대치되거나 병치되는 개념이 아니라, 오히려 본래 서사의 강점을 핵심으로 하되, 그 기능과 적용 범위를 확장한 개념이라고 전제할 수 있다. 무엇보다도 스토리텔링은 창작의 고정적 결과물을 지칭하는 것이 아니라, 텍스트가 생성되고 소비되는 전 과정을 아우르며 다양한 표현 양식과 가치 전달 체계를 포괄한다.

사실 이야기는 가난, 전쟁, 환경오염 등 인간이 당면한 현실의 문제들을 직접적으로 해결하진 못한다. 그 자체만으로는 세상을 전복시킬 수도 없다. 결정적으로 재미있는 이야기가 반드시 재화로 환산되라는 법도 없다. 기술이 인간을 압도하는 이 시대에, 그럼에도 불구하고 우리가 이야기에 목말라하는 이유는 무엇일까.

현대인이 마주하는 현실은 늘 녹록하지 않고, 온갖 문제와 욕망들로 가득 차 있다. 어떤 욕망이 이뤄지는 바로 그 순간, 충만감은 온데간데 없이 사라지고 또 다른 욕망이 그 자리에 싹을 틔운다. 문제 역시 마찬가지인지라, 이것만 풀면 끝날 것 같으나 곧이어 또 다른 문제들이 줄줄이 이어지기 마련이다.

인간은, 자신이 당면한 현실이 척박하고 문제적일수록 환상적인 이야기의 입구를 서성이게 된다. 이야기 속에서 열쇠를 얻는 것은 어렵겠지만, 끝없는 문제들 앞에서 끊임없이 열쇠를 찾을 수 있도록 도와주는 힘을 얻을 수 있기 때문이다. 프랑스 문화학자 르네 지라르René Girard에 따르면, 근현대 소설의 주인공들은 하나같이 자신의 이상과 실제세계의 괴리 사이에서 갈등하고 괴로워한다. 『컴퓨터는 극장이다』의 저자인 브렌다 로럴에 따르면, 일찍이 그리스인들은 축제를 통해서 감정의 총체적 경험을 하고 철학적 사고를 나눴으며 창조적 예술을 만들어냈다.[5] 트랜스미디어 시대 축제의 서막은 바로 미디어의 융합이요, 환상의 문은 이야기의 변주이다.

트랜스미디어 스토리텔링은 일종의 '매직 서클magic circle'로 기능하면서 우리 시대의 대중을 이야기의 세계로 인도하는 역할을 수행하고 있다. 매직 서클 안으로 들어가는 것은 결코 허황된 세계, 거짓 세계로 도피하는 것이 아니다. 그것은 인간의 유한한 육체를 뛰어넘어 정신의 가치를 담아낼 수 있는 유일한 방편이기도 하다.

이야기를 담아내는 그릇, 즉 기술과 미디어는 아마도 비약적으로 발

5 브렌다 로럴, 『컴퓨터는 극장이다』, 유민호 · 차경애 옮김, 커뮤니케이션북스, 2008.

전하고 다변화될 것이다. 이처럼 급변하는 사회에서 오히려 중요한 것은 바로 이야기라는 중심축이다. 인간이 이야기를 만들어내고 나누고자 하는 근본 원인에 집중하지 않는 트랜스미디어는 한낱 지나가는 바람일 뿐이요, 소란스런 유행에 불과하다. 트랜스미디어 스토리텔링은 마케팅 기법이기 이전에, 인간 본연의 표현 방법이어야 한다.

트랜스미디어 스토리텔링을 통해서 구현할 수 있는 창의성이란, 결코 근대적 낭만주의를 통해 나타났던 개인적 차원의 고뇌나 주체의 문제의식이 아니다. '하늘 아래 새것이 없는' 현실에서, 오히려 동시대 대중의 니즈를 충분히 이해하고 보편적 가치를 다양한 융합을 통해서 충분히 재현할 수 있어야 한다. 이는 미하일 칙센트미하이가 제시했던 창조성과 유사하다. 그에 따르면, 창조성 혹은 창의성이란 '문화 속에서 어떤 상징 영역을 변화시키는 과정'과 '다양한 문화가 교차하는 과정'에서 나타난다.[6]

트랜스미디어 스토리텔링 역시 단순히 다양한 미디어를 소환하는 협의의 개념에서 나아가 문화와 기술, 사용자와 창작자, 텍스트와 콘텍스트를 아우르는 광의의 문화 전략으로 활용되어야 한다. 디지털 인문학자이자 서사학자인 마리-로르 라이언에 따르면, 미디어는 "차이를 만드는 차이"로 작용할 뿐 콘텐츠의 본질로 작용하긴 어렵다. 라이언에 따르면 이야기를 어떻게 전달할 것인지, 그 결과 어떠한 차이가 발생하는지를 알려주는 것이 미디어의 역할이다. 미디어란 문화적 기호가 될 수도 있고, 기술의 발현일 수도 있다. 그러나 이 문화적인 차이의 본질을 설명할 수 있는 것은 바로 스토리이다.[7] 그리하여 라이언은 다양한 이

---

6 미하이 칙센트미하이, 『창의성의 즐거움』, 노혜숙 옮김, 더난출판사, 2003.

7 Marie-Laure Ryan, Jan-Noël Thon, C. B. Harvey, *Story worlds Across Media: Toward a Media-Conscious Narratology*, University of Nebraska Press, 2014.

야기들이 다양한 미디어를 넘나드는 가운데 확장되는 '스토리 월드story world'를 꿈꾸는 것이다.

트랜스미디어 스토리텔링이 우리 시대의 문화적 패러다임으로 거듭나고 새로운 매직 서클을 제시하기 위해서는 기술의 복합과 재현에서 나아가, 모름지기 스토리 자체에 더욱 집중해야 한다. 이것이 바로 트랜스미디어 스토리 월드의 중심이다. 그것이 신기술이든 한 편의 이야기이든, 스토리 월드에서는 뭔가를 만들어내는 일이 가장 어렵고도 위대하다.

2장

트랜스미디어+스토리텔링

: 개념과 유형

서성은

스웨덴 공영방송사와 게임회사의 은밀한 합작

2007년 9월, 스웨덴 최대의 공영방송 SVT에서는 결혼 첫날밤 사라진 새 신부 '마리카Marika'를 찾는 남편의 이야기가 전파를 탔다. 45분 분량의 5부작 주말 드라마 〈마리카에 관한 진실The Truth about Marika〉의 첫 편이었다. 드라마 내용은 특별한 것이 없었다. 문제는 드라마가 끝나고부터였다. 으레 광고를 예상했던 시청자 앞에 난데없이 스웨덴의 유명 사회부 기자 존 칼슨John Carlsson이 등장했다. 드라마 제작과 관련하여 SVT 방송국이 한 블로거로부터 고소를 당했다는 것이었다. '아드리아나'라는 이름의 20대 여성은 드라마의 내용이 2년 전 실종된 자신의 친구 '마리아'의 실화를 도용했다고 주장한다. 이에 칼슨 기자의 주재하에 담당 PD와 블로거의 치열한 공방이 스튜디오에서 펼쳐진다. 시사 토론 프로그램이 시작된 것이다. 여성 블로거는 드라마의 내용이 실종된 친구의 이야기이며 PD가 내용을 취재해간 이후 아무런 상의도 없이 드라마로 제작했다고 비판했고, 담당 PD는 드라마 내용은 100% 허구라며 맞섰다. 토론의 하이라이트는 생방송 도중 스튜디오로 걸려온 '마리아' 남편의 전화였다. 그는 공영방송이 어떻게 개인의 슬픔을 이런 식으로 다루냐며 불같이 화를 냈고, 이에 칼슨 기자는 사실관계를 좀 더 확인하고 다음 주에 다시 찾아뵙겠다며 서둘러 프로그램을 마무리했다.

방송 후 분노한 시청자들은 SVT 홈페이지를 마비시켰고, '아드리아나'의 블로그로 몰려가 '마리아 실종 사건'의 전말을 추적했다. 블로그에는 아드리아나가 친구 마리아를 2년 동안 찾아 헤맨 기록들, 마리아뿐만 아니라 스웨덴에서 이렇게 흔적도 없이 사라진 사람이 1966년 이후로 2만 명이 넘는다는 충격적인 주장도 담겨 있다. 의문의 연쇄실종사건 배후에 스웨덴 정부와 관련된 추악한 음모론이 자리 잡고 있으며, 세계 최고의 사회복지국가라는 위상을 유지하기 위해 스웨덴 정부가 사회부적응자들을 은밀히 제거해왔다는 것. 블로그 하단에는 정부의 음모에 맞선 비밀결사단체 '오도 서펜티스Ordo Serpentis'의 웹사이트 링크가 걸려 있다. 열혈 네티즌 수사대들은 당연히 링크를 클릭한다. 그러나 잠금장치가 걸려 있다. 당신이 우리의 일원임을 증명하려면 트위터를 이용하여 특별한 미션을 수행해야만 한다는 메시지가 뜬다. 미션을 수행한 사람들만 컨스피라레의 일원이 되어 '마리아 찾기'에 동참할 수 있다. 계속되는 미션을 수행하기 위해서는 드라마를 계속 시청하면서 정보를 얻어야 한다. 2회차가 방송되던 날 존 칼슨 기자는 방송국의 과오를 인정했고, 마리아 찾기에 동참하겠다고 선언한다. 방송은 45분의 드라마가 끝난 후 같은 분량의 토론 프로그램이 진행되는 이원 체제로 구성되었다. 드라마에서 '마리카 찾기'가 방송된다면, 토론 프로그램에서는 현실의 '마리아 찾기'가 방송된 것이다. 시청자들은 더 많은 진실을 알기 위해 휴대폰과 블로그, 관련 단체의 홈페이지들, 트위터와 같은 SNS, 심지어 드라마를 위해 특별 제작된 온라인게임까지 넘나들며 '마리아' 찾기에 동참했다. 드라마, 시사 토론 프로그램, 온라인 플랫폼을 넘나드는 트랜스미디어 스토리텔링이 완성된 것이다.

주목할 것은 드라마의 내용뿐만 아니라 다양한 매체를 동원해 펼쳐진 '마리아 찾기'의 내용 또한 제작진이 설계한 100% 허구였다는 사실이다. 이것은 현실의 시청자를 허구적 스토리에 참여시키기 위해 SVT와 게임회사 '컴퍼니 피The Company P'가 공동 제작한 신개념의 인터랙티브 드라마였다. 물론 시청자들도 2부와 3부가 방송될 때쯤에는 '마리아 실종사건'이 허구임을 알았지만, 실화인지 아닌지는 더 이상 중요하지 않았다. 완벽하게 만들어진 허구의 현실에서 시청자들은 불신을 자발적으로 중지하고 마리아 찾기에 몰입했다. 드라마와 게임 활동에 적극적으로 참여한 한 사용자는 참여 후기에서 "〈마리카에 관한 진실〉은 허구와 현실 사이 경계에서 맛본 최고의 경험이었다. 그것은 이야기를 말하고 메시지를 전달하는 새로운 방식이었다."며 드라마가 보여준 새로운 참여문화에 대한 놀라움을 표현했다.[1] 이듬해인 2008년, 〈마리카에 관한 진실〉은 실험성과 작품성을 인정받아 방송계의 아카데미상으로 불리는 에미상의 인터랙티브 TV 시리즈 부문을 수상했다. 주최 측은 선정 이유를 밝히면서 〈마리카에 관한 진실〉이 참여 드라마Participation Drama로서 시청자 참여를 통해 TV 드라마가 얼마나 풍요로워질 수 있는지를 보여주었다고 평한다. 텔레비전, 라디오, 인터넷, 휴대폰 등을 통해서 발

1 Marie Denward, Annika Waern, "Broadcast Culture Meets Role-Playing Culture." *Playground Worlds*, 2008. pp.248-261.

생한 스토리는 시청자가 드라마의 플롯과 결론에 직접적으로 개입할 수 있음을 보여주었고, 매체기술의 발달이 시청자 참여를 어떻게 강화하고 있는지, 그리고 방송 콘텐츠의 부가 가치를 어떻게 창출하는지를 보여주었다는 것이다.

트랜스미디어 스토리텔링의 개념과 특징

트랜스미디어라는 용어를 최초로 사용한 이는 문화연구가 마샤 킨더Marsha Kinder다. 그는 1991년 한 작품의 캐릭터가 여러 플랫폼에 걸쳐 나타나는 현상, 미디어 프랜차이즈media franchise를 서술하기 위해 "트랜스미디어 상호텍스트성transmedia intertextuality"이라는 용어를 사용한 바 있다.[2] 마크 롱Mark Long은 트랜스미디어 콘텐츠가 하나의 콘텐츠이면서 달라야 함을 강조했다. 하나의 비전을 가지고 적어도 세 가지 이상의 미디어에서 시작해야 하는 트랜스미디어는 모든 미디어마다 독특한 점이 있어 사람들로 하여금 호기심을 자극시키고 영화에서 게임으로 게임에서 만화로 넘어올 수 있도록 기획 단계에서부터 설계한다고 했다.[3]

MIT 미디어랩의 헨리 젠킨스는 트랜스미디어 스토리텔링이라는 개념을 대중적으로 확산시키고 일반화시킨 대표적인 연구자로서 저서 『컨버전스 컬처』에서 트랜스미디어 스토리텔링의 요건을 다음과 같이 개념화한다. 첫째, 다양한 미디어 플랫폼을 통해 공개되어야 하며, 둘째, 각각의 새로운 텍스트가 전체 스토리에 분명하고도 가치 있는 기여를 해

2 Andrea Phillips, *A Creator's Guide to Transmedia Storytelling*, McGraw-Hill Professional, 2012, p.14.

3 Mark Long, "Transmedia? Designing IP for Games, Movies and Comics", 2009.

야 하고, 셋째, 각각의 미디어는 자기 충족적이어야 한다. 즉 영화를 보지 않고도 게임을 즐길 수 있어야 하며, 그 역도 성립해야 한다. 넷째, 어떤 상품이든지 전체 프랜차이즈로의 입구가 될 수 있어야 한다. 추가적인 검토가 필요한 것은 세 번째 항목이다. 트랜스미디어의 부분으로서 각 매체별 콘텐츠가 자기 충족적으로 충분히 즐길 만한 완성도를 가져야 한다는 것은 상당히 엄격한 제약 조건이다. 따라서 젠킨스의 정의는 매체를 넘나들며 종횡으로 긴밀한 연결을 유도하는 트랜스미디어 콘텐츠의 다양한 유형을 모두 담아내지 못하는 한계를 가질 수밖에 없다.

이에 트랜스미디어 작가이자 게임 디자이너인 안드레아 필립스는 보다 폭넓은 정의를 시도하면서 트랜스미디어 스토리텔링의 요건을 다매체, 단일하고 통일된 스토리와 사용자경험, 매체 간 불필요한 반복 방지의 세 가지로 요약한다.[4] 이중에서 "매체 간 불필요한 반복 방지"는 트랜스미디어 스토리텔링을 이른바 원 소스 멀티 유즈OSMU와 구분하는 중요한 특성이다. 주지하다시피 OSMU 전략은 성공한 원천 콘텐츠를 각색adaptation하여 다매체로 확장하는 것이다. 콘텐츠 관련 산업 종사자에게 OSMU를 위한 킬러콘텐츠 개발은 지상 최대의 과제였다. 그러나 그 부분은 여전히 물음표로 남아 있고, 뚜렷한 성과를 보여주지 못한 채 유행 지난 용어가 되어버렸다. 반면 트랜스미디어는 다매체를 활용한다는 점에서 OSMU와 공통분모를 갖지만, 들여다보면 전혀 다른 구조를 가지고 있다.

로버트 프래튼Robert Pratten에 따르면, 전형적인 미디어 프랜차이즈에 있어 전체는 부분의 합보다 작다. 따라서 독자/관객audience들은 당연히 불만족스러울 수밖에 없다. 반면에 트랜스미디어의 결과로서 전체는 부

4 Philips, 앞의 책, p.15.

* 트랜스미디어와 혼동되는 용어 정리

멀티미디어 (multimedia)	다중매체, 텍스트, 비디오, 오디오, 이미지 등 다양한 유형의 데이터를 통합 전달할 수 있는 매체를 가리킨다.
멀티 플랫폼 (multiplatform)	복수의 매체를 넘나들며 진행되는 스토리텔링의 한 양식으로, 미디어 플랫폼의 복수적 측면을 강조하는 용어이다.
인터미디어 (intermedia)	복합 미디어를 사용한 전위예술, 미디어아트, 해프닝을 일컫는 개념으로 Mixed media와 유사하다. 몇 개의 미디어를 병용하는 측면을 강조할 때는 Mixed media, 전체적인 작품이 어느 장르에도 속하지 않는다는 점을 강조하는 경우는 Intermedia라고 할 수 있다.
인터랙티브 픽션 (interactive fiction)	인터랙티브 드라마, 인터랙티브 무비, 컴퓨터게임을 가리킨다.
대체현실게임 (ARG)	Alternate Reality Game의 약자. 현실 공간에서 허구의 스토리를 바탕으로 혼자 풀기 어려운 문제를 수십 수백 명이 함께 모여 해결해나가는 게임. 대개 PC, 모바일, 라이브액션 퍼포먼스 등 다매체를 활용하여 전개되는 경우가 많다.
크로스미디어 (crossmedia)	최근까지도 트랜스미디어와 혼용되어 쓰였으나, 점차 "동일한 콘텐츠를 변형 없이 다른 미디어 플랫폼에 공개하는 개념"으로 합의되는 추세이다.

Andrea Phillips, *A Creator's Guide to Transmedia Storytelling*, McGraw-Hill Professional, 2012, pp.18-19 참조.

분의 합 그 이상이다. 독자/관객들은 궁극의 경험을 위해 매체별로 흩어져 있는 스토리 조각들을 적극적으로 모으고 연결시킨다.[5] 이른바 모두를 위한 하나이며 하나를 위한 모두이다. 흩어지면 죽고 뭉치면 사는 것이 아니라 흩어져도 살고, 뭉치면 더 잘사는 것이다. OSMU 전략이 성공한 원작에 대한 반복으로서의 '다시 쓰기'라면, 트랜스미디어 스토리텔링은 비어 있는 스토리 조각을 찾기 위한 여정으로서의 '새로 쓰기'이다. 더욱이 작가 주체에 의해 일방적으로 제공되는 스토리가 아닌 독자/

5 Robert Pratten, *Getting Started in Transmedia Storytelling: A Practical Guide for Beginners*, London, UK: CreateSpace, 2011, p.2.

관객 주체의 적극적인 참여로 완성되는 '함께 쓰기'야말로 트랜스미디어가 가진 가장 강력한 힘이라고 할 수 있다.

트랜스미디어 스토리텔링의 유형

트랜스미디어는 마케팅 캠페인으로 시작해서 영화 · TV 등 매스미디어의 부가적 콘텐츠로 제작되기 시작했는데, 점차 독립적인 트랜스미디어 콘텐츠의 제작이 증가하는 추세이다. 트랜스미디어 스토리텔링의 제작이 활발해지면서 스펙트럼도 다양해지기 시작했다. 필립스에 따르면 트랜스미디어 스토리텔링은 전체 스토리세계의 파편화 방식에 따라 대형과 소형으로 구분될 수 있다.[6]

대형 트랜스미디어 스토리텔링은 조각낸 스토리 파편들이 충분히 크고 독립적이어서 그 자체로 온전한 콘텐츠 상품이 될 수 있는 것이다. 일찍이 〈스타워즈〉, 〈매트릭스〉 시리즈가 훌륭한 프로토타입을 보여주었으며, 최근 마블 스튜디오는 '마블 시네마틱 유니버스'라는 이름하에 마블코믹스의 출판 만화에서 시작된 탄탄한 세계관을 바탕으로 〈아이언맨〉, 〈토르〉, 〈캡틴 아메리카〉를 거쳐 한국 촬영으로 화제가 된 〈어벤져스 2〉에 이르기까지 거대한 스토리 우주를 구축하고 있다.

반면 소형 트랜스미디어 스토리텔링은 매체별로 제공되는 스토리 조각이 작고 비독립적인 경우를 가리킨다. 따라서 단위 콘텐츠가 동시다발적으로 제공되어 매체 간 연결이 필수적인 경우가 많다. 2007년 스웨덴의 〈마리카에 관한 진실〉을 비롯해 2008년 호주에서는 최악의 물 부

6 Philips, 앞의 책, pp.15–16.

족 사태가 닥친 미래의 호주를 다룬 TV 드라마 〈스코츠드Scorched〉를 선보이면서 웹과 오프라인 포럼을 효과적으로 연동하여 물 부족 이슈에 대한 뜨거운 참여를 이끌어냈다. 2009년 프랑스에서는 네 명의 경찰관들이 의문의 사건에 휘말리는 내용의 트랜스미디어 콘텐츠 〈브라코Braquo〉가 방영되었다. TV 드라마가 방영되는 5주 동안 "미션 브라코"라는 이름의 오프라인 게임을 함께 진행함으로써 시청자들이 스토리의 조력자로 참여하는 것을 가능케 했다.

한편 에스펜 올셋은 각 매체별 스토리 버전들이 동시다발적으로 공개되어 긴밀한 연결을 유도하는가 혹은 시간차를 두고 순차적으로 공개되는가에 따라서 동기식同期式, synchronous과 비동기식非同期式, asynchronous으로 구분한다.[7] 〈마리카에 관한 진실〉처럼 TV 드라마, 웹사이트, 온라인게임 등 매체별 콘텐츠가 동시다발적으로 공개되는 경우는 동기식 유형이다. 반대로 마블 스튜디오의 〈마블 시네마틱 유니버스〉처럼 시간차를 두고 순차적으로 공개되는 것은 비동기식 유형이라 할 수 있다.

여기서 우리는 트랜스미디어의 유형을 구분하는 두 가지 축을 볼 수 있다. 첫째는 매체별 스토리의 독립성에 관한 것이다. 독립성이 크고 자기 충족적이면 대형, 그렇지 않으면 소형으로 구분하는 것이다. 두 번째 기준은 콘텐츠 공급의 동시성 문제다. 콘텐츠가 동시적으로 공급되느냐 혹은 순차적으로 공급되느냐에 따라서 동기식과 비동기식으로 나누는 것이다. 두 축을 각각 X축과 Y축으로 설정하면 우리는 트랜스미디어 스토리텔링에 관한 네 가지 사분면의 각기 다른 영역을 고찰할 수 있다. 현재까지 제작된 트랜스미디어 스토리텔링의 주요 작품들을 사분면의 영역에 위치시키면 〈그림 1〉과 같다. 흥미로운 것은 사분면 중에서 대

7 Espen Aarseth, "The Culture and Business of Cross-Media Productions", *Popular Communication: The International Journal of Media and Culture*, 4:3, 2006, pp.203–211.

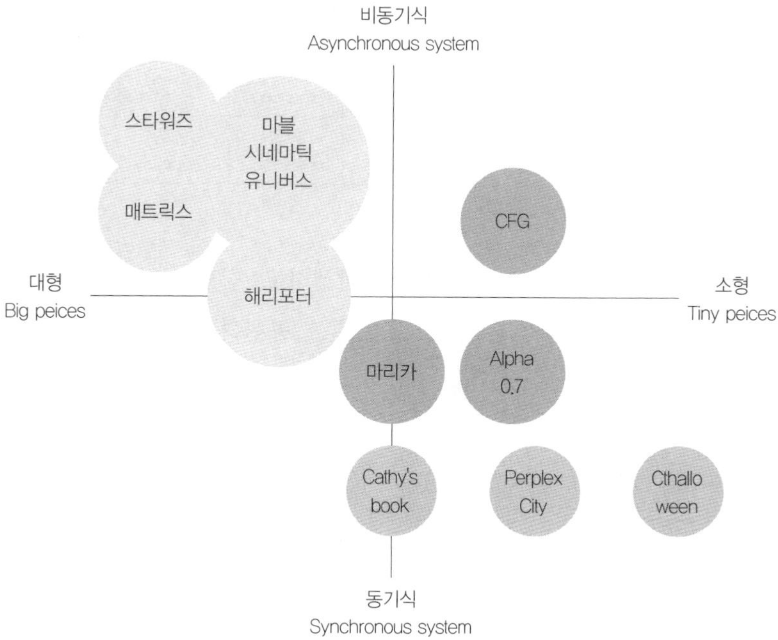

그림 1. 트랜스미디어 스토리텔링의 유형

형·동기식 영역에 위치한 작품들이 전무하다는 것이다. 이는 대형 트랜스미디어의 경우 각 매체별 버전이 충분히 자기 충족적이며 상업 콘텐츠로서 독자적인 수익을 모색할 수 있으므로 시간차를 두고 순차적으로 공개함으로써 이익을 극대화하려는 마케팅 전략으로 해석된다.

트랜스미디어 스토리텔링은 인터랙티브 스토리텔링이다. 프래튼에 따르면 트랜스미디어 스토리텔링은 스토리, 사용자 참여, 게임하기의 삼원구조를 가진다.[8] 또한 프래튼은 사용자 참여engagement는 발견, 경험, 탐험이라는 세 영역으로 나뉘며, 이것은 다시 다섯 가지 레벨로 나누어진다고 말한다. 발견의 영역에서 일어나는 사용자 참여는 주목과

8 Pratten, 앞의 책, p. 7.

표 1. 트랜스미디어 스토리텔링의 사용자경험 스펙트럼

참여의 영역 Stages of Engagement	발견 Discovery		경험 Experience	탐험 Exploration	
참여의 수준 Level of Engagement	주목 Attention	평가 Evaluation	애정 Affection	옹호 Advocacy	공헌 Contribution

평가이다. 경험의 영역에서는 애정이 발생하고, 탐험의 구간은 콘텐츠에 대한 애정을 넘어 적극적으로 옹호하고, 공헌하는 사용자들의 무대라는 것이다.[9]

스토리와 사용자 참여가 필수적인 데 반해 게임하기의 구조는 비교적 선택적이다. 어떤 콘텐츠는 강력한 게임하기 구조를 통해 몰입을 통한 긴밀한 매체 연결을 유도하기도 하고, 어떤 콘텐츠는 수동적인 독자/관객들을 위해 느슨한 게임하기 구조를 취하기도 한다. 그렇다면 앞서 살펴본 트랜스미디어의 각 유형에 따라 스토리, 사용자 참여, 게임하기의 양상이 각기 어떻게 다르게 나타나는지 살펴보는 것도 의미 있는 작업이 될 것이다.

대형·비동기식 트랜스미디어 스토리텔링의 대표적인 사례는 앞서 살펴본 '마블 시네마틱 유니버스'이다. '마블 시네마틱 유니버스'는 마블코믹스에서 시작된 멀티버스 개념을 바탕으로 영화, TV 시리즈까지 아우르는 마블의 거대한 스토리우주를 총칭하는 개념이다. 이처럼 풍부한 생산성을 위해 거대한 세계관을 바탕으로 하는 대형·비동기식 트랜스미디어의 경우 매체 간 스토리텔링의 연속성이 매우 중요하다. 이에 마블의 각 콘텐츠들은 다음 콘텐츠에 대한 복선과 지난 콘텐츠와의 연관성을 중요하게 다루고 있다. 마블의 각 캐릭터는 자신의 시리즈를 갖고 있으며,

9 앞의 책, pp. 23–24.

또한 다른 캐릭터의 시리즈와 긴밀하게 연결되어 있다. 토니 스타크 캐릭터는 세 편의 〈아이언맨〉(2008, 2010, 2013) 영화에 등장했고, 〈인크레더블 헐크〉(2008)에도 짧게 등장했다. 토르는 〈토르: 천둥의 신〉, 〈토르: 다크월드〉에 등장했고, 호크아이가 카메오로 출연했다. 캡틴 아메리카는 〈캡틴 아메리카: 퍼스트 어벤저〉(2011)에 등장했다. 헐크 캐릭터는 2008년 영화뿐만 아니라 〈헐크〉(2003)에도 등장했다. 각각의 캐릭터들은 "마블 유니버스" 안에 존재하지만, 각각은 또한 그러한 우주 내 다양한 스토리세계에 존재한다.

예를 들어 아이언맨은 마블의 〈어벤저스〉 시리즈뿐만 아니라 자신만의 독자적인 영화 시리즈들을 가지고 있으며, 또한 〈천하무적 아이언맨The Invincible Iron Man〉 만화책 시리즈, 12부작의 〈아이언맨〉 애니메이션 시리즈[10]와 애니메이션 시리즈 〈어벤저스The Avengers: Earth's Mightiest Heroes〉의 주인공 중 하나이다. 그러므로 아이언맨은 마블 사의 거의 대부분 콘텐츠에서 나타난다고 해도 과언이 아닌데 각각의 현현은 완전히 동일한 캐릭터가 아니다. 매우 유사하지만 미묘한 차이가 있으며, 다른 캐릭터들과 갖는 관계도 다양하다. 그의 배경 스토리, 아이언맨 갑옷의 기능도 다르다. 마블 스튜디오의 치밀한 세계관 확장과 연속성 전략은 출판 만화와 영화, 영화와 영화 사이를 잇는 것으로 모자라 2013년 TV 시리즈 〈에이전트 오브 쉴드Agent of S.H.I.E.L.D〉를 선보였으며, 블루레이판 DVD에 특별 수록된 단편영화 〈마블 원샷Marvel Oneshot〉은 출판만화에서 영상매체로 빠른 속도로 이동하면서 연결고리가 매끄럽지 않은 부분들을 매끄럽게 다듬는 접착제 역할을 위해 출시되었다.

대형·비동기식 트랜스미디어의 사용자 참여는 〈표 1〉의 전 영역에

10 Marvel Entertainment 및 일본 Madhouse 애니메니션 스튜디오 공동제작.

서 일어난다고 해도 과언이 아니다. 사용자에 따라 단순히 주목하고 평가하는 데서 그칠 수도 있으며, 빅팬들은 강력한 팬덤을 형성하고 원작과 관련한 다양한 사용자 생성 콘텐츠UCC를 제작할 수도 있다. 다만 주목할 것은 대형·비동기식 작품의 경우 사용자경험을 스토리 안에서 직접 유도하지 않는다는 것이다. 대형 트랜스미디어 작품들은 폭넓은 연령대와 성별을 대상으로 대중성을 확보해야 하므로 사용자 참여에 있어 80%의 유저들은 수동적이라는 사실을 인정한다. 또한 비동기식의 경우 시간차를 두고 순차적으로 매체별 콘텐츠가 공개되기 때문에 매체 간 긴밀한 연결을 요구하는 직접적 사용자 참여는 구현하기 어렵다.

같은 이유에서 대형·비동기식의 경우 게임하기 구조도 간접적이며 느슨하다. 이른바 '스토리 고고학story archeology'이다. 스토리 고고학은 사라진 스토리를 복원하는 게임이다. 필립스는 이것을 "플레이어로 하여금 스토리의 논리 연쇄를 따라가도록 요구하고 스토리의 중요한 조각들을 추론하도록 요구하는 작업"이며, "과제 달성의 보상은 대부분 부가적인 콘텐츠"라고 말한다.[11] 닫혀 있던 스토리를 열고, 사라진 스토리를 찾는 작업이야말로 최고의 보상이다. '스토리 고고학'에서 고고학이란 단어가 부담스럽다면 '스토리 복원' 정도로 번역해도 무방하지만, 무릇 고고학이 유적·유물의 발굴, 수집과 분석을 통해서 인류의 역사·문화·생활 방식 등을 연구, 복원, 해석하는 학문이라는 점을 감안할 때 꽤 적합한 용어라고 할 수도 있다. 이것은 마치 직소 퍼즐을 연상케 한다. 스토리의 조각을 찾아 전체 그림을 맞춰가는 작업인 것이다. 이러한 작업은 스토리세계의 파편화가 큰 유형에서 자주 등장하는 도전 과제이다. 예를 들어 〈스타워즈〉, 〈매트릭스〉, 〈어벤져스〉 시리즈를 영화, 만화, 게임 등

11 Phillips, 앞의 책, p.143.

매체를 넘나들며 향유하고, 이를 통해 이야기의 전후 과정을 맞추고, 캐릭터의 과거와 현재, 미래를 꿰맞추면서 전체 스토리의 거대한 세계를 완성해가는 작업이라 할 수 있다.

소형 · 동기식 트랜스미디어 스토리텔링 작품들의 제작 시도는 〈마리카에 관한 진실〉의 성공 이후 전 세계적으로 활발하게 이어졌다. 대표적인 작품으로 독일에서 제작 방영된 독일 남부지역 최대 공영방송사 SWR의 〈알파 0.7: 당신 안의 적Alpha 0.7: Der Feind in dir〉을 꼽을 수 있다. 〈알파 0.7〉은 2010년 11월부터 12월까지 방영되었고 "이것은 시리즈가 아니다, 하나의 우주이다Keine Serie Ein Universum"라는 슬로건하에 광고되었다.[12] 스토리세계의 핵심은 TV 미니시리즈였다. 25분물 TV 시리즈(6회분)의 방영 이후 라디오드라마(7회분)가 후속 이야기를 담당했고, 이와 함께 TV 드라마 속 실종 인물을 찾는 대체현실게임ARG이 전개되었으며, 드라마 스토리의 주인공들은 블로그, 유튜브 등을 활용하여 중심 플롯을 뒷받침하는 자신들의 이야기를 펼쳐나갔다. 그야말로 TV, 라디오, 유튜브, 블로그, SNS(페이스북), 게임 등 매체 연동의 가능성을 시험해본 작품이라 할 수 있다. 〈그림 2〉는 〈알파 0.7: 당신안의 적〉(2010)의 매체 활용 양상을 도식화한 것이다.

〈알파 0.7〉의 스토리는 2017년 가상의 독일을 배경으로 시민들의 안전을 명목으로 개인의 자유가 희생되는 암울한 독일의 미래를 그리고 있다. 가상의 2017년에서 시민들은 공항과 기차역 등에서 전신 스캐너로 검사를 받는데, 이러한 현상은 굉장히 자연스러운 것으로 취급된다. 거리, 공공장소, 보행자, 주거지역 등도 지속적인 모니터링의 대상이다. 얼굴과 행동을 인식할 수 있는 소프트웨어를 탑재한 야간투시 CCTV 카

12 Marie-Laure Ryan, "Transmedial Storytelling and Transfictionality", *Poetics Today*, Vol.34, No.3, 2013, pp.361–388.

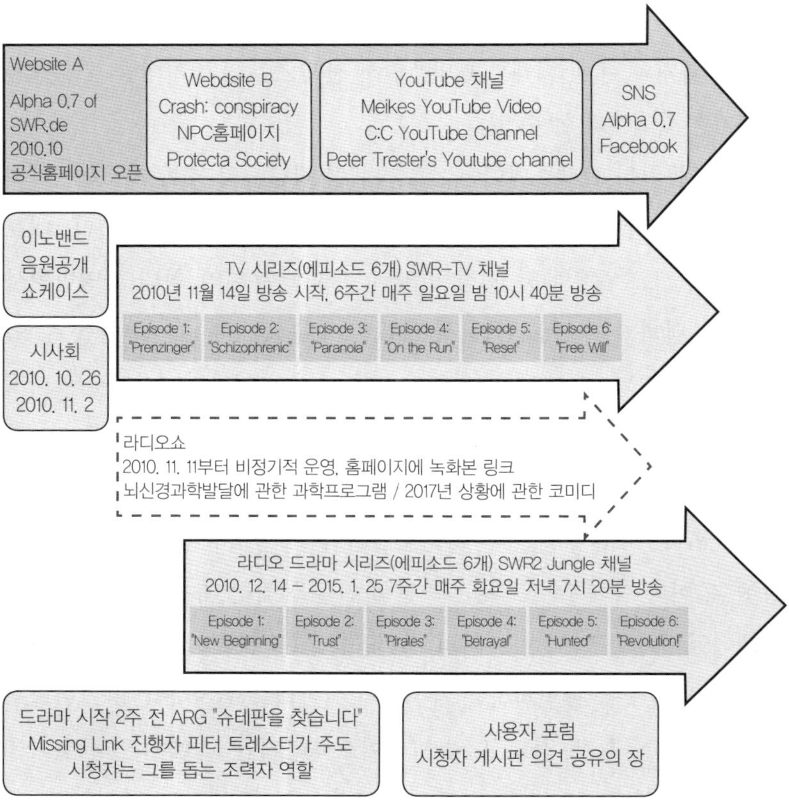

그림 2. 〈알파 0.7: 당신 안의 적〉(2010)의 매체 활용 구조도

메라는 모든 움직임을 포착하고 기록한다. 지구 정지 궤도상에 있는 120개의 NASA와 EU 인공위성들은 전 지구적인 도청 시스템 "에켈론"에 데이터를 꾸준히 지급하며, 우리의 일상생활 속 통화 기록 등을 녹음하고, "검열 대상listed" 목록에 있는 특정 단어가 사용될 경우 통제에 들어간다. 이런 상황에서 독일 최고의 보안기술회사는 정신병 가족력이 있는 시민들을 잠재적 범죄자로 규정하고 이들의 일거수일투족을 감시하기 위해 이들의 머릿속에 칩을 삽입하는 "알파 프로젝트"를 비밀리에 수행한다. 남편, 외동딸과 함께 살고 있는 30대 전문직 여성 요한나는

알파 프로젝트의 일곱 번째 버전인 "알파 0.7"이다. 하지만 이런 사실을 꿈에도 알지 못하는 요한나는 직장을 따라 슈투트가르트라는 도시로 이사하고, 이후 그녀에게 의문의 사건들이 연이어 일어나기 시작한다.

〈알파 0.7〉의 스토리는 "이것은 허구의 세계이다. 그러나 어떤 것도 하지 않는다면 당신의 세계가 될 것이다"라는 메시지를 통해 사용자 참여를 유도하고 있다. 이를 위해 스토리에 등장하는 보안회사, 기술회사, NGO 단체 등의 사이트 등을 정교하게 제작하여 제공하며 실재감을 확보하기 위해 노력했고, 실제 신문 기사 등 다양한 논픽션 자료를 스토리와 연결시킴으로써 허구와 현실을 넘나드는 경계성 환상을 제공하고자 했다.

2010년 11월 초 스토리에 등장하는 캐릭터인 '크래시밴드'의 음원 공개로 트랜스미디어 콘텐츠가 본격적으로 런칭되었다. 이어서 11월 14일 메인 콘텐츠인 TV 드라마를 필두로 전체 콘텐츠가 동시다발적으로 공개되었으며, TV 드라마 방송 말미에 홈페이지 주소를 자막으로 공개하여 사용자 참여를 유도했다. 홈페이지에는 등장 캐릭터들의 풍부한 부가적 스토리와 사용자 참여를 유도하는 웹사이트들이 링크되어 있었다. 주인공 요한나의 블로그, 딸 마이케가 올린 유튜브 영상, 보안기술회사의 웹사이트, 크래시밴드의 웹사이트, ARG를 유도하는 채널 등을 집합적으로 제공했으며, 포럼을 통해 활발한 사용자 참여를 유도했다. 사용자 참여의 가장 적극적인 형태라 할 수 있는 대체현실 게임은 드라마 1-2회에 등장하는 "하트만의 실종사건"을 모티브로 삼았다. "피터 브레스터"라고 하는 진행자가 "미싱 링크Missing Link"라는 팟캐스트를 통해 실종수사사건을 취재하는 형식이었다. 보안기술회사의 추악한 음모를 고발하기 위해 도망친 하트만을 찾는 데 협조해달라는 내용이었다.

〈알파 0.7〉은 트랜스미디어의 가능성을 실험해봤다고 해도 과언이 아닐 정도로 TV시리즈와 다양한 매체를 연동하여 단일한 스토리세계를 창출하는 데 성공했다. 다만 매체 간 연결고리의 정교한 설정과 사용자 참여를 촉발하는 요인이 부족하여 활발한 사용자 참여가 일어나지 않았다는 것이 아쉬운 점이었다. 〈알파 0.7〉은 사용자경험의 가장 높은 단계인 탐험의 영역에서 사용자들의 적극적인 참여와 공헌을 원했으나, 반응은 저조했다. 예를 들어 ARG는 탄탄한 스토리를 바탕으로 10단계의 퍼즐 게임으로 구성되었으나, 사용자 입장에서는 ARG 참여가 어떠한 보상을 제공하는지 뚜렷하지 않아 참여 욕구를 불러일으키는 데 실패했으며, 특히 메인스토리와 관련성이 전혀 없어 스토리세계 내적 탐험에도 영향을 미치지 못했다. 그러나 이 같은 한계에도 불구하고 〈알파 0.7〉은 트랜스미디어 초기 작품으로서 높은 스토리적 완성도와 매체 활용 가능성의 확장, 무엇보다 허구적 스토리와 현실의 사용자 참여를 결합시키는 또 하나의 가능성을 제시했다는 점에서 분명 상당한 성과를 이루어냈다.

소형 · 비동기식의 예는 흔치 않다. 2010년 노키아가 후원하고 유명 미국 드라마 〈히어로즈Heroes〉의 팀 크링Tim Kring 감독이 제작한 트랜스미디어 콘텐츠 〈선을 위한 음모Conspiracy For Good, 이하 CFG〉[13]는 그래서 특별하다. 앞서 작품들이 다매체를 동시다발적으로 활용한 데 반해 콘텐츠가 순차적으로 제공된 점이 특징이었다. 4월부터 시작된 3개월간의 온라인 퍼즐 게임 이후, 7월 한 달간 라이브액션 롤플레잉 게임을 진행했으며, 이를 웹비소드로 제작하여 참가자들이 지속적으로 스토리세계 안에 머물 수 있도록 했다. 휴대폰 문자, 인터랙티브 드라마, 웹비소드, 블로그 포스트와 모바일게임 등을 활용한 ARG 기반의 하이브리드 게임 스토리텔링이었다.

13 이하 CFG

대략적인 스토리는 다음과 같다. 잠비아 동부의 한 마을에 학교 선생님이자 레코딩 아티스트인 나디아Nadirah X는 자신의 학생들을 위해 영국의 한 시민단체에 도서관 설립을 요청한다. 그러나 이 단체에서 잠비아로 보낸 책들이 중간에서 사라지는 사건이 발생하고, 이 과정에서 세계적인 대기업 블랙웰 브릭스Blackwell Briggs가 유력한 용의자로 지목된다. 도서관을 지을 자리에 송유관을 짓기 위해 도서관 설립을 무산시킨 것이다. 이에 나디아는 전 세계 사람들에게 도서관을 지을 수 있도록 도와달라는 메시지를 보내고, 악덕 기업에 맞서 싸우기 위한 분투를 시작한다. 이 과정에서 그녀를 도우려던 많은 사람들이 연이어 실종되고, 이에 현실의 참여자들이 비밀을 파헤치고 그녀를 돕고자 조력자로 나서게 된다.

〈CFG〉의 최종 목표는 트랜스미디어의 참여자들이 어린이들에게 책을 제공하는 자선단체와 연관될 수 있도록 하는 것이었다. 결말은 성공적이었다. 트랜스미디어 체험이 끝난 후 잠비아의 차타이카 마을에 450명의 어린이들을 위한 도서관이 건립되었으며, 50명의 여학생에게 장학금이 주어졌으며, wegivebooks.org를 통해서 10,000권의 책이 기부됐다. 이에 제작진들은 〈CFG〉를 '공익적 스토리텔링Social Benefit Storytelling'이라 부른다. 허구적 스토리로 시작된 사용자 참여가 현실세계를 변화시키는 데 기여함으로써 '관객 참여'의 완전히 새로운 정의를 구축했다는 점에서 의미 있는 성과를 보여준 작품이다.

또한 〈CFG〉는 대단히 적극적인 사용자 참여를 요구했다. 시작은 2010년 4월 시행된 바이럴 티저 캠페인이었다. 나디아 X의 호소문을 들은 사용자들은 "나는 회원이 아닙니다I'm not a member" 링크를 클릭해서 서명하고 자신의 미션 영상을 녹화해서 보내면 비밀결사단체의 회원이 될 수 있었다. 이후 약 4개월에 걸쳐 온라인 이벤트가 진행되었다. 노키아

폰의 무료 퍼즐 게임을 통해 ARG 단서들을 단계적으로 노출시켰다. 스토리라인 및 캐릭터 소개가 목적이었다. 게임은 900,000회 이상 다운로드되면서 하나의 진입로 역할을 했다. 스토리텔링의 하이라이트는 2010년 7월 런던에서 4회에 걸쳐 진행된 대규모 라이브 액션 플레이였다. 충분한 플레이어를 확보하기 위해 지역 채널을 통해 광고를 지속적으로 내보냈으며 온라인게임 플레이 여부와 관계없이 누구나 참여 가능했다. 라이브 이벤트는 주말마다 총 4회에 걸쳐 각 6시간 동안 진행되었고, 회당 참여자는 80-180명에 이르렀다. 온라인 콘텐츠와 라이브 이벤트 간에 폐쇄 루프closed loop를 창조하기 위해 팀 크링 감독은 매주 웹비소드를 제작하여 업로드했다. 이는 온라인 이벤트에 참여할 수 없는 플레이어들에게 진행을 전달하는 동시에 다음 이벤트의 광고 역할을 했다.

〈CFG〉의 사용자 참여는 발견, 경험, 탐험의 세 영역에서 고루 일어났으며, 특히 주목, 평가, 애정, 옹호를 넘어 콘텐츠에 대한 헌신contribution의 가장 적극적인 결과를 이루어냈다는 점에서 의미 있다.

그러나 소형 트랜스미디어 스토리텔링에서 비동기식의 진행은 신중하게 접근할 필요가 있다. 관련 연구에 따르면 3개월간의 온라인 플레이와 라이브 플레이 사이에는 상당한 괴리가 있었다.[14] 제작진의 예상과 달리 온라인게임의 플레이어와 라이브액션 플레이어는 동일 인물이 아니었다. 온라인게임은 노키아 폰을 통해 전 세계에서 플레이될 수 있었고, 대부분 ARG 경험이 있었던 반면 라이브 플레이어들은 물리적인 이유로 주로 런던과 인근 지역에서 모집되었다. 따라서 라이브 참가자들 중 캐릭터나 주요 스토리라인, 게임의 목표 및 동기를 알지 못하는 사람들도

---

14 Jaakko Stenros, Jussi Holopainen, Annika Waern, "Reality Games: Design Insights from Conspiracy For Good", Paper presented at Think Design Play: The fifth international conference of the Digital Research Association (DiAGRA), January, 2011.

있었는데, 이는 스토리라인이 중요한 트랜스미디어에서 분명 문제가 되는 부분이다. 게임세계의 커다란 맥락 안에서 행위의 의미와 동기가 실종된 것이다. 이를 해결하기 위해 운영자들은 스토리를 설명해주는 배우들 및 사건들을 배치하고, 플롯 포인트를 설명해주는 전문 플레이어들을 별도 모집했다. 이로써 전체 콘텐츠 내에서 스토리를 다시 말해주는 시간이 많은 부분을 차지하게 되었고, 그럼에도 여전히 이해하기 어려웠다. 요컨대 CFG는 서로 다른 사용자층을 위한 두 개의 게임이었다고 해도 과언이 아니었다.

트랜스미디어 스토리텔링, 여러 개의 증식하는 방을 가진 집

우리는 왜 복수의 매체를 통해 스토리를 말하는가? 우리는 수많은 미디어와 콘텐츠, 창작물, 엔터테인먼트에 둘러싸여 있고, 그 대양을 탐색할 수 있는 능력과 기회를 가지고 있다. 항해를 계속할 수도 있고, 한자리에 잠시 정착할 수도 있는 선택의 권한을 가지고 있다. 관련 기술과 시장은 맞춤화, 개인화, 민감성의 전례 없는 수준을 보여주고 있다. 이제 더 이상 '모두에게 맞는one size fits all' 미디어(콘텐츠)는 통하지 않는 시대이다. 현대 미디어 콘텐츠의 소비자는 "나는 내가 원하는 것과 관련해 내가 원할 때 내가 원하는 것을 원하는I want what I want when I want on what I want." 사람들이다.[15] 이 욕망은 출판 만화, 영화, TV 등, 단일 미디어 환경에서는 결코 충족될 수 없다는 것이다. 그러나 매체기술의 발달과 모바일 혁명은 이를 실현시켰다. 매체 간 경계가 허물어지고 있는 현

15 Tom Dowd, Michael Niederman, Michael Fry, Josef Steiff, *Storytelling Across Worlds: Transmedia for Creatives and Producers*, Focal Press, 2013, p.65.

상은 분명 새롭지만 스토리텔링의 미래요, 진화라고 과장할 것도 아니다. 매체를 활용하는 또 하나의 방식이 "발견"되었을 뿐이다. 복수의 매체를 통해서 스토리를 말하는 것, 트랜스미디어 스토리텔링은 더 많은 사용자에게 다가가고, 더 많은 사용자를 만족시킬 수 있는 가능성이다.

트랜스미디어 스토리텔링의 제작 과정은 집을 짓는 것과 같다. 그것은 이미 만들어진 집에 방을 추가하는 것이 아니다. 처음부터 "여러 개의 증식하는 방을 가진 집"을 설계하는 것이다. 트랜스미디어 스토리텔링의 특징은 하나의 세계, 여러 갈래의 스토리들One World, Many Stories로 요약된다. 스토리세계는 이야기가 만들어지는 문맥이다. 풍부한 세계에서 창조된 여러 갈래의 이야기들과 생명들은 종횡무진 연결되며 흘러간다. 트랜스미디어 스토리텔링의 목표는 방과 방 사이가 끊임없이 연결되며 자유롭게 증식하되, 동시에 전체와 조화를 이루는 집을 만드는 것이다. 입주자들의 욕망은 하나이다. 그들은 '내가 원하는 스토리를 내가 원할 때 내가 원하는 방식으로 향유'하고자 한다.

3장

게이미피케이션

: 트랜스미디어 시대의 게이미피케이션

안진경

오아시스와 신기루 사이

수많은 사람들이 게임을 즐긴다. 이들이 게임을 즐기는 이유는 단 하나, 재미있기 때문이다. 이들은 게임에 대한 보상으로 경제적 이윤이 주어지지 않더라도 기꺼이 자신의 시간을 투자할 가치가 있다고 느낀다. 호이징하가 놀이를 자발적 몰입 행위이며 놀이 그 자체에 목적이 있는 것이라 설명했던 것처럼 말이다.[1] '게임game'과 '-화化'가 더해져 '게임화'라고 번역되는 게이미피케이션gamification은, 게임이 가진 자발적 몰입의 힘을 빌려 메시지를 전달하는 강력한 도구로 기능한다.

1 요한 호이징아, 『호모 루덴스』, 김윤수 옮김, 까치, 1993, p.19.

게이미피케이션의 개념은 디지털미디어 및 게임 산업에서 비롯되었지만, 먼저 주목하고 활용하려는 노력을 보인 것은 광고 마케팅 분야이다. 미디어의 발전으로 정보가 범람하는 이 시대에 원하는 메시지를 소비자에게 전달하기 쉽지 않기 때문이다. 일본의 광고대행사 덴츠는 이를 소비자의 '정보 방어막'이라고 설명한다. 정보 방어막이란 접할 수 있는 정보량이 폭발적으로 증가하면서 정보 처리 능력에 한계가 생긴 소비자들이 정보를 그냥 흘려보내는 현상을 일컫는다. 자신이 원하는 정보, 흥미로운 정보에만 관심을 보이게 되었기에 정보 방어막 안에 있는 소비자들에게 메시지를 전달하는 방식이 중요해졌고, 더 나아가 소비자가 스스로 방어막을 뚫고 나오게 하는 발상이 주목받게 되었다.[2] 게임의 자발적 몰입을 지켜보던 마케터들은, 정보 방어막을 스스로 뚫고 나오게 하기 위한 방법으로 게이미피케이션을 선택했다.

또 다른 배경으로 트랜스미디어 시대, 콘텐츠를 향유하는 소비자의 니즈가 달라졌다는 점을 들 수 있다. 정보를 흡수하는 능력이 높아진 사람들은 단순하고 직접적인 커뮤니케이션, 쉽게 얻을 수 있는 콘텐츠보다 이전에 접하지 못했던 경로를 통한 이색적인 경험을 원한다. 핵심보다는 주변, 뚜렷한 것보다는 무형적인 것, 도전적인 커뮤니케이션과 엔터테인먼트 형식을 선호하며 간접적인 방식의 커뮤니케이션 프로세스와 스토리에 신선함을 느끼는 것이 소비자들의 모습이다.[3] 간접적으로 재미있게 브랜드를 체험케 하는 게이미피케이션의 활용은 이들의 니즈를 충족시키는 좋은 수단일 수밖에 없다. 트랜스미디어 시대의 출현과 정보의 홍수와 같은 배경 속에서 게이미피케이션은 새로운 커뮤니케이션

---

2 덴츠 크로스미디어 개발 프로젝트팀, 『크로스위치』, 김덕영 · 배성자 · 김혜원 옮김, 나남, 2009, pp.16–20.

3 장동련 · 장대련, 『트랜스 시대의 트랜스 브랜딩』, 이야기나무, 2014, p.66.

기법으로 주목받았다.

그렇다면 게임 분야의 시각으로 게이미피케이션을 바라보면 어떨까? 게임학자들은 게이미피케이션이 새롭게 고안된 콘셉트가 아니라 새로운 용어일 뿐이라고 이야기한다. 게임으로 사용자 혹은 세상을 변화시키고자 하는 시도는 계속 있었고 이를 지칭하는 말만이 변해왔다는 것이다. '세상을 바꾸는 게임Games for Change', '설득적 게임Persuasive Game', '기능성 게임Serious Game', '행동하는 게임Behavioral Game' 등의 개념은 게이미피케이션이란 용어가 등장하기 이전부터 '게이미피케이션'을 차용한 콘텐츠를 지칭하던 말이다.

하지만 게이미피케이션에 관한 오랜 논의와 비전에도 불구하고, 효용성과 지속성에 대한 의심은 강해져만 가고 있다. 포인트와 순위, 배지 삽입이 게이미피케이션의 전부라고 생각하는 막무가내식 접근이 사용자들의 피로도를 높이고 흥미와 재미를 앗아가는 결과를 낳았기 때문이다. '게이미피케이션은 쓰레기bullshit'[4], '포인서피케이션pointsification이라 불러야 한다'[5]는 말이 모두, 현재의 게이미피케이션을 향해 쏟아진 전문가들의 비난이다. 게이미피케이션이 문제에 부딪히게 된 이유는 이것이 수단으로만 고려되었다는 데 있다. 전달하고자 하는 메시지와 목적, 그리고 전후 맥락은 고려하지 않은 채 상업성을 포장하기 위한 수단으로만 남용된다는 것이다.

이제 게이미피케이션이 한때의 유행으로 사라지는 신기루가 아닌, 사용자 참여에 대한 갈증을 해소하는 오아시스로 남게 하기 위한 두 가지 고민이 필요하다. 첫 번째 고민은 게임성에 기반을 둔 본질을 돌아보는

4 Ian Bogost, "Gamification is bullshit", Ian Bogost blog, 2011. 8.

5 Margaret Robertson, "Can't play, won't play", Hide&Seek: Inventing new kinds of play blog, 2010.10.

것이다. 포인트와 배지 등 형식적인 게임 요소 이외에, 자발적 몰입과 재미를 가져오는 내적인 게임성을 돌아봄으로써 게이미피케이션의 수단과 목적 사이의 균형을 맞추는 것이다. 두 번째 고민은 트랜스미디어 환경에서의 적응에 대한 고민이다. 미디어의 발전은 새로운 형식을 낳고 형식은 다시 새로운 콘텐츠를 낳는다. 이를 통해 게이미피케이션이라는 형식이 구축한 콘텐츠의 생태계를 되짚어보고, 게이미피케이션의 가능성을 재발견할 수 있을 것이다.

게임, 게임성, 게이미피케이션

2009년 큰 인기를 끌었던 위치 기반 소셜 네트워크 서비스 〈포스퀘어Foursquare〉는 게이미피케이션 열풍을 불러일으킨 주인공이다. 〈포스퀘어〉의 사용자들은 강제하는 사람도, 경제적인 보상도 없는 서비스에 자발적으로 체크인을 하고서 가상 시장이 되기 위해 끊임없이 경쟁하고, 특이한 배지를 획득하고자 열을 올렸다. 과거의 영광만큼 큰 이슈를 끌지는 못하지만 여전히 〈포스퀘어〉가 사용한 게임 요소인 포인트와 배지, 리더보드의 포맷은 게이미피케이션의 매뉴얼처럼 자리하고 있다.

이처럼 게이미피케이션은 흔히 "게임 디자인 요소를 게임 외적인 맥락에서 사용하는 것"으로 정의된다.[6] 여기서 게임 디자인 요소란 게임의 기본 구조를 이루는 규칙과 목적, 보상 등을 뜻하며, 게임 외적인 맥락이란 게임 외의 정치, 헬스, 마케팅 등 게임이 아닌 분야를 일컫는다.

6 Deterding, S., Dixon, D., Khaled, R., & Nacke, L. "From game design elements to gamefulness: defining gamification", *MindTrek Conference: Envisioning Future Media Environments*, ACM, 2011.

로제 카이와에 따르면 규칙이 강조된 놀이는 루두스ludus로, 야단스러운 소동에 가깝게 자유로운 놀이는 파이디아paidia로 분류된다. 체스나 크로스워드 퍼즐이 루두스이고 아이들의 인형 놀이나 격투기 놀이가 파이디아이다.[7] 위의 정의는 카이와의 루두스, 즉 규칙과 목적이 있는 놀이를 게임하기gaming, 자유로운 놀이인 파이디아를 놀이하기playing로 분류하고 게이미피케이션은 '놀이가 아닌 게임과 관련되어 있다'고 전제한다. 더 나아가 전체 게임의 형태를 갖췄는가, 아니면 게임 디자인의 요소를 부분적으로 활용했는가의 기준을 두어 다른 용어–기능성 게임serious game, 유희적 디자인playful design, 장난감toys–와 게이미피케이션을 구분한다.

이에 따르면 온전한 게임의 요소를 갖춘 기능성 게임은 게이미피케이션의 영역에 포함되지 않는다. 하지만 이러한 접근은 분명 한계가 있다. 게임 디자인 요소를 많이 가지느냐, 적게 가지느냐의 차이를 가르는 기준을 산출해내기 어렵기 때문이다.

게이브 지커맨과 크리스토퍼 커닝햄은 게이미피케이션을 "게임적인 사고와 기법을 활용해 유저를 몰입시키고 문제를 해결하는 과정"이라고 정의한다. 동기 유발 혹은 행동 변화를 통해 해결할 수 있는 모든 문제에 적용할 수 있도록 게이미피케이션의 개념을 광의로 넓힌 것이다. 예를 들어 '아이들이 싫어하는 브로콜리를 어떻게 먹게 할 수 있을까?'라는 문제의 해결책으로 게이미피케이션을 활용할 수 있다. 브로콜리를 먹는 경험을 브로콜리 비행기가 입에 착륙하는 게임으로 바꾸고 착륙에 무사히 성공했을 경우 치즈 소스나 후식과 같은 보상을 제공하는 것으로 말이다.[8]

---

7 로제 카이와, 『놀이와 인간』, 이상률 옮김, 문예출판사, 1994, p.70.

8 게이브 지커맨 · 크리스토퍼 커닝햄, 『게이미피케이션』, 김지원 · 정진영 · 송준호 옮김, 한빛미디어,

게이미피케이션의 정의를 내리기 위한 논의는 아직도 진행형이다. 많은 학자와 업계 관계자들이 의견을 내놓고 있지만 논란은 항상 존재한다. 최근 '가트너Gartner'에서 업데이트한 게이미피케이션에 대한 정의는 "어떤 목표를 달성하기 위해 게임 매커닉과 경험 디자인을 사용하여 동기를 유발시키거나 디지털적으로 참여시키는 것"[9]이다. 포인트로 대표되는 게임 매커닉뿐만 아니라 플레이어들의 플레이, 스토리, 공간의 요소 등 경험 디자인 요소를 활용하는 것까지 포함시켜 게이미피케이션의 영역을 확장시켰지만 논란이 된 것은 '디지털적으로digitally'라는 부분이다. 사용자들이 직접 참여하기보다 디지털적으로, 즉 컴퓨터, 스마트폰, 웨어러블 모니터와 같은 디지털 디바이스들을 통해서 게임에 참여하게 된다는 것이다. 게이미피케이션은 디지털미디어를 통해 구현, 확산되는 경우가 많긴 하나 디지털적인 참여가 반드시 전제되어야 하는 것은 아니다. 일상 전반에서 나타날 수 있는 게임성에 굳이 미디어의 제한을 둘 필요는 없다.

게이미피케이션에 대한 정의가 장황해 보이는 이유는 동기, 참여, 목적 등 흔히 알고 있는 게임의 특징을 설명하는 데 많은 부분을 할애하고 있기 때문이다. 게임을 설명하는 부분을 축약시키면 결국 게이미피케이션은 '게임Game'과 '-화化'라는 조합 자체로 뜻을 드러내는 셈이다.

게이미피케이션에서의 '게임'은 게임이 지닌 모든 특성을 뜻한다. 이는 '목표와 규칙이 있는 자발적인 놀이'라는 게임의 고전적 정의에서도 찾아볼 수 있다. 게임 개발자이자 연구자인 제인 맥고니걸Jane McGonigal은 목표, 규칙, 피드백 시스템, 자발적 참여를 게임의 특징 네 가지로 정리한다. 목표는 플레이어가 성취해야 하는 결과이고 규칙은 플레이어가

2012, p.24-26.

9 Brian Burke, "Gartner Redefines Gamification", Gartner Blog, 2014. 4. 4.

* 게이미피케이션이란?

게이미피케이션은 동기를 유발, 참여시키고 목표를 달성하기 위해 게임 디자인 요소와 게임의 플레이, 스토리라인 등의 사용자경험 디자인을 차용한다. 이는 게임이 아닌 영역에까지 사용될 수 있다.

쉽게 목표를 이루지 못하도록 하는 제약이다. 피드백 시스템은 플레이어가 목표에 얼마나 다가섰는지를 알려주는 것으로 점수, 레벨, 진행률 등의 형태로 나타나며 플레이어가 계속 게임을 하도록 의욕을 불어넣는다. 자발적 참여는 모든 사람이 목표, 규칙, 피드백 시스템을 받아들이고 인정하게 만들고, 함께 플레이할 공동 기반을 형성한다. 그리고 플레이어들은 언제든 게임에 참여하고 그만둘 수 있다는 자율성 때문에 어렵고 스트레스를 받더라도 게임에서 재미를 느끼게 된다.

특히 맥고니걸은 게임 하면 으레 떠올리는 상호작용, 점수, 스토리, 보상, 경쟁, 가상 환경, 승리 등의 개념은 게임의 공통점이기는 하나 본질은 아니며, 네 가지 특징을 보강하고 강화하는 보조재일 뿐이라 강조한다.[10] 이처럼 게임의 특징에 기반하여 게이미피케이션을 살펴보면 포인트와 배지 등의 요소가 피드백 시스템의 극히 작은 일부분이라는 점을 알 수 있다. 게이미피케이션에 중요한 것은 게임을 위한 포인트 놀음이 아닌, 재미를 만들어내는 게임의 본질이다.

다음으로 '-화化, -ification'는 어떤 대상의 변화를 전제한다. 이안 보고스트는 자신이 주장한 '절차적 수사학Procedural Rhetoric', 또는 '기능성 게임'이라는 명칭을 제치고 게이미피케이션이란 용어가 널리 확산된 데

10 제인 맥고니걸, 『누구나 게임을 한다』, 김고명 옮김, 알에이치코리아, 2012, pp.42-43.

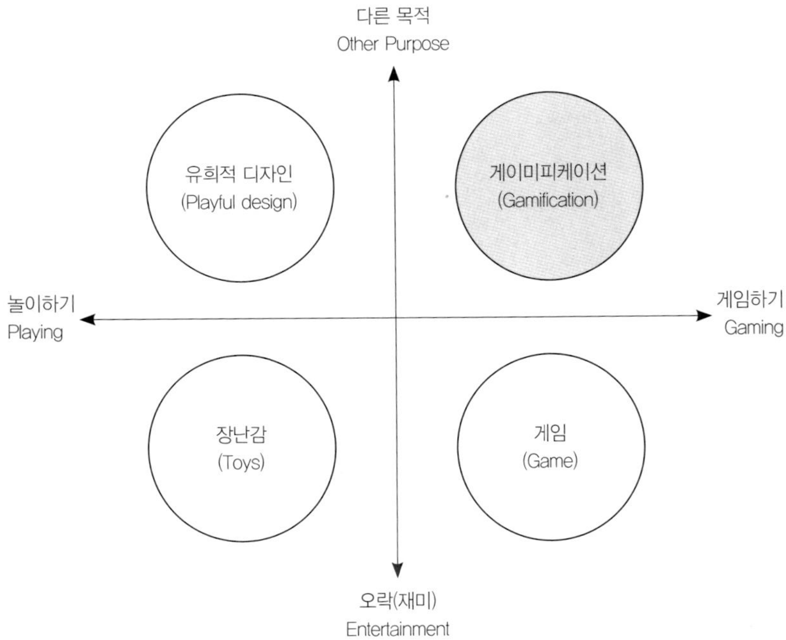

그림 1. 게임하기와 목적의 축에 따른 게이미피케이션

는 단어의 힘이 컸다고 분석한다. '게임'을 앞에 배치시키면서 묘한 주목을 끌 뿐만 아니라 '-ify'라는 파워풀한 어미를 사용함으로써 널리 각인될 수 있었다는 것이다. 보통 '-ify'는 어떤 것을 특정한 상태로 만들거나 특정한 성질로 채우고 싶을 때 사용된다.[11] 물론 이안 보고스트는 어떻게 성질을 바꾸고 채울 것인지는 모호한 입장을 취하고 있기에 게이미피케이션의 의미도 혼선이 생길 수밖에 없다며, 게임의 미학적인 측면에 대한 고려가 이루어져야 한다는 비판도 잊지 않았다.

정리하자면 게이미피케이션은 어떤 목적을 달성하기 위해 게임이 아닌 분야를 게임으로 만들거나, 게임의 특성으로 채우는 것을 의미한다.

---

11 Ian Bogost, "Persuasive games: Exploitationware", GAMASUTRA, 2011.5.3.

달성하고자 하는 목적은 아이들을 위한 교육이 될 수도 있고, 브랜드를 알리기 위한 마케팅이 될 수도 있다. 즉, 게임과 게임성을 활용하여 재미 외의 다른 목적을 이루고자 하는 모든 시도를 게이미피케이션이라 한다. 게임과 목적의 축을 기준으로 하는 이 정의에 따라, 게임과 게이미피케이션, 장난감과 유희적 디자인은 〈그림 1〉과 같이 분류될 수 있다.

주의해야할 점은 게이미피케이션에서 재미 이외의 다른 목적은 은밀히 숨겨져야 한다는 것이다. 설득을 위한 다른 속내가 있다는 사실을 알아차리는 순간 사용자들의 몰입은 깨지고 말기 때문이다.

숨은 메시지 찾기

우리가 일상적으로 마주할 수 있는 몇 가지 문제가 있다.

① 분주한 지하철 역사. 사람들은 계단을 이용하지 않고 대부분 에스컬레이터를 이용한다. 계단을 이용하게 할 방법이 없을까?

② 쓰레기를 무단 투기하거나, 병이나 플라스틱의 분리수거를 제대로 하지 않는 사람들이 대부분이다. 쓰레기통 이용과 분리수거 시행을 높이려면 어떻게 해야 할까?

위와 같은 상황에서 어떤 방법을 생각할 수 있을까? 가장 쉬운 방법은 '계단을 이용합시다'와 '쓰레기는 쓰레기통에'라는 표어를 제작하는 접근일 것이다. 하지만 폭스바겐은 '재미가 사람들의 행동을 나은 방향으로 바꿀 수 있다'는 모토 아래, 강제하지 않아도 재미를 위해 자발적으로 참여하게 되는 포맷을 고민했다. 그 결과 탄생한 것이 〈재미이론The

Fun Theory〉 캠페인이다.[12]

폭스바겐은 스톡홀름 지하철의 한 출구 계단에 피아노 건반 모형을 설치했다. 계단의 한 칸이 피아노 건반의 한 칸이 되는 모양새로 계단을 밟으면 고유의 음이 흘러나오게 만든 단순한 구조의 피아노 계단이었다. 설치 결과는 놀라웠다. 사람들은 바로 옆에 에스컬레이터가 있음에도 불구하고, 계단이 내는 멜로디에 이끌려 자발적으로 계단을 이용하기 시작했다. '에스컬레이터보다 계단을 이용하자'는 지시문 대신에, 재미만으로 사람들의 행동을 변화시킨 것이다. 이어진 쓰레기통 이용과 분리수거 문제는 어떻게 해결했을까? 그들은 공원 한복판에 쓰레기를 넣으면 아주 깊은 곳으로 떨어지는 효과음이 출력되는 쓰레기통을 설치했다. 무심결에 쓰레기를 던져 넣은 사람들은 그칠 줄 모르고 이어지는 '휘유우웅' 효과음 때문에 고개를 갸웃거리며 쓰레기통의 깊이를 확인했다. 그리고 이를 지켜본 다른 사람들도 재미를 느끼고는 하나 둘 쓰레기를 쓰레기통에 던져 넣었다. 분리수거 문제 역시, 병을 넣어 게임을 할 수 있는 재활용함을 설치하는 것으로 간단히 해결할 수 있었다.

〈재미이론〉 캠페인은 게이미피케이션의 가장 기초적인 모습이다. 복잡한 규칙이나 점수 계산은 없지만, 간단한 재미로 자발적 참여를 이끌어낸 성공적인 캠페인이다. 이후 폭스바겐은 위의 사례를 통해 화제를 일으킨 뒤, '재미이론 어워드'를 개최하여 일반인들을 대상으로 '재미가 세상을 바꿀 수 있는 아이디어'를 공모했다. 그렇게 뽑힌 '과속 감시 카메라 복권The Speed Camera Lottery'은[13] 시속 30km 속도 제한이 있는 거리에 속도 측정계를 설치하고, 정규 속도로 운행한 차를 추첨하여 속도 위반 벌금의 일부를 복권 당첨금으로 지급하는 아이디어로, 규정 속도

---

12 http://www.thefuntheory.com/

13 http://www.thefuntheory.com/speed-camera-lottery-0

를 지켜야 한다는 날것의 메시지 대신에 복권이라는 재미와 당첨금이라는 보상을 통해 행동의 변화를 이끌어냈다.

여기서 의문점이 생긴다. 왜 자동차 회사인 폭스바겐이 공익 캠페인을 진행한 걸까? 자동차 회사와 계단 이용은 무슨 관련이 있었을까? 쓰레기를 버리거나 재활용을 하는 것은?

이상의 답을 얻기 위해서는 캠페인이 전개되었던 배경을 살펴야 한다. 2006년 폭스바겐은 블루모션Blue Motion이라는 친환경 엔진 기술을 선보였다. 연비를 극대화하여 이산화탄소 양을 줄이면서도 차의 성능은 유지하는 기술이다. 친환경이라 하면 환경을 위해 약간의 손해는 감수해야 한다는 인식이 깔려 있지만, 블루모션은 친환경 기술이면서도 운전의 즐거움을 포기하지 않게 도와준다. 〈재미이론〉 캠페인은 이러한 '친환경'과 '즐거움'이라는 폭스바겐 블루모션의 메시지를 전달하기 위해 고안된 것이다. 피아노 계단을 오르내리며 전력 절약에 동참한 사람들, 과속을 피하며 에코 드라이빙을 체득한 사람들은 '친환경 기술도 즐거울 수 있다'는 블루모션의 메시지를 자연스럽게 경험한다. 이는 자연스럽게 '환경을 위한 배려와 운전자의 즐거움'이라는 폭스바겐의 브랜드 스토리를 표현하고 전달한다.

게이미피케이션을 활용한 콘텐츠의 목적은 겉과 속이 다르다. 표면으로 드러나는 게임성의 심층에 이루고자 하는 목적을 숨겨둔다. 재미를 따라가다 보면, 저절로 숨겨진 목적을 달성하게 되는 것이 게이미피케이션의 이상적인 방향이다. 이처럼 표층과 심층의 목적이 다른 까닭은 게이미피케이션의 전제가 사용자들로 하여금 게임을 하는 플레이어와 현실에서의 개인이라는 정체성을 동시에 갖는 것이기 때문이다.

게이미피케이션은 겉으로 보이는 목적에 대해서는 플레이어로서 규칙을 따르고 재미를 따르도록 유도하지만 기저에 깔린 목적을 위해서는 개인으로서 현실세계에서의 변화를 요구한다. 특히 마케팅 분야에서 사용될 때의 게이미피케이션은 자연스러운 몰입을 통한 개인과 브랜드 간의 강한 유대 형성이라는 심층의 목적을 지닐 때가 많다.

〈재미이론〉 캠페인의 '과속 감시 카메라 복권'의 경우, 소비자들은 플레이어로서 '시속 30km 이하로 달리면 복권 당첨의 기회를 얻게 된다'는 게임의 규칙을 인지하고, 행동한다. 그리고 이는 개인으로 하여금 정속 운전의 필요성을 인지하게 하는 동시에, 폭스바겐의 블루모션이 지닌 친환경의 메시지를 되새기고 폭스바겐에 대한 긍정적 유대감을 쌓도록 돕는다.

게이미피케이션의 다른 사례들에서도 사용자들의 개인 층위에 숨겨둔 진짜 목적을 확인할 수 있다. 스포츠 브랜드 나이키에서 출시한 〈나이키 플러스〉는 사용자들의 달리기를 도와주는 어플리케이션이다. GPS를 통해 사용자들의 동선을 파악하고 몇 km를 뛰었는지, 시간은 얼마나 걸렸는지, 얼마나 주기적으로 뛰고 있는지를 상세히 보여준다. 뿐만 아니라 친구들에게 자신의 기록을 공유하고, 게임하듯 순위 경쟁을 할 수 있다. 여기서 '친구들보다 많이 뛰어 높은 순위를 차지한다'는 것은 〈나이키 플러스〉가 가진 게임의 규칙이고 사용자들의 플레이어로서의 행동이다. 게임을 하다 보니 달리기를 즐기게 되었다는 것은 사용자 개인 층위의 변화이고, 나이키는 이 층위에 '달리기를 즐기기 위한 필수적인 브랜드, 나이키'라는 메시지를 숨겨두었다. 이후 〈나이키 플러스〉가 나이키 러닝화의 매출 신장을 이끈 것은 당연한 결과였다.

〈포스퀘어〉의 사례에서도 마찬가지이다. '체크인을 하면 포인트가 쌓인다', '포인트가 높은 사람은 가상의 시장이 되고, 다양한 배지를 얻을 수 있다'는 것은 〈포스퀘어〉가 제시한 게임의 규칙이다. 이 규칙은 사용자들이 가지게 되는 플레이어로서의 행동강령이 되고, 개인의 층위에서는 '위치를 기반으로 친구들에게 나의 근황을 공유한다'는 SNS로서의 기능을 수행한다.

이외에도 우리 주변에는 게이미피케이션의 메커니즘을 확인할 수 있는 사례들이 포진되어 있다. 2009년 뉴욕에 세워진 공립학교 '퀘스트 투 런Quest 2 Learn, 이하 Q2L'은 교육에 게임 요소를 활용한 세계 최초의 게임 기반 교육기관이다.[14] 학생들은 여러 형태의 온/오프라인 퀘스트를 수행하며 수학, 과학, 역사 등의 지식을 익히고, 레벨업을 하며 게임의 파티 플레이를 하듯 협업하여 문제를 해결해낸다. 일찍이 라프 코스터는 게임을 효과적인 학습 도구라 정의하며 불규칙한 것으로 보이는 현상에서 패턴을 찾고 연습하여 문제를 해결하는 과정이 곧 게임이 주는 재미의 본질이라 했다.[15] Q2L은 패턴을 찾고, 숙달하고, 실패하며 익히는 게임의 학습성을 극대화한, 게이미피케이션의 단면을 보여준다.

여러 분야의 기능성 게임Serious Game 역시 게임의 지식을 현실의 지식으로 치환시킨다. 기능성 게임은 엔터테인먼트 외의 목적을 위해 기획된 게임을 뜻하며 주로 교육, 군사, 헬스 케어, 정치 등의 분야에 쓰인다. 미 육군이 홍보를 위해 제작한 〈아메리카 아미America's Army〉라는 게임을 플레이하다 보면 미군의 기초 군사훈련에 대해 자연스럽게 학습할 수 있다. 이스라엘과 팔레스타인의 전쟁을 모티프로 한 〈피스 메이커Peace Maker〉, 재해와 기아 문제에 대한 구호 활동을 담고 있는 〈푸드 포스Food Force〉 등도 게임을 통해 현실을 알리는 공익적 성격의 기능성 게임이다. 국내의 기능성 게임은 아이들을 위한 교육 분야에 집중되어 있는 경우가 많은데, 게임을 통해 한자를 익히는 〈한자마루〉, 영어를 학습하는 〈오디션 잉글리시〉, 〈호두 잉글리시〉 등이 대표적인 사례이다.

---

14 http://q2l.org/

15 라프 코스터, 『라프 코스터의 재미이론』, 안소현 옮김, 디지털미디어리서치, 2005, p.50.

요컨대 게이미피케이션은 게임성의 표층 아래, 재미 이외의 다른 목적을 숨겨둔다. 특히 마케팅 분야에서는 브랜드 스토리를 체험시키고 소비자와의 유대를 형성하기 위한 목적을 종종 숨기고는 한다. 사용자들은 게이미피케이션을 통해 플레이어로서의 정체성과 개인의 정체성을 동시에 지니게 되며, 플레이 과정에서 자연스럽게 현실세계의 변화를 경험한다.

게이미피케이션으로 '텔링'하라

여러 미디어를 통한 통합적인 스토리텔링이 요구되는 트랜스미디어의 시대, 게이미피케이션은 어떻게 자신의 모습을 드러내고 있을까?

2010년 마이크로소프트는 자사의 검색엔진 빙Bing의 지도 서비스를 홍보하기 위해 게임성을 가미한 캠페인을 선보였다. 바로 미국의 유명한 힙합가수 제이-지와 함께한 〈제이-지를 풀어라Decode JAY-Z〉 캠페인이다.

이 캠페인은 제이-지의 자서전 출간 소식과 함께 시작된다. 하지만 자서전은 일반 종이책으로 출간되기 전, 한 장씩 분리되어 미국 전역에 뿌려졌다. 자서전을 쪽지로 접어 보물찾기라도 할 셈이었을까? 놀랍게도 이는 실제 보물찾기였다. 단, 찾아야 할 보물은 종이책의 형태가 아닌 옥외광고물로 위장하여 숨겨졌다.

하루에 한 페이지씩, 검색엔진 빙을 통해 자서전이 숨겨진 장소의 힌트가 공개되었다. 각 페이지가 숨겨진 장소는 제이-지의 자서전 내용과 밀접한 관련이 있었다. 제이-지가 어린 시절을 회고하는 페이지는 그가 어릴 적 살던 동네의 벽에, 그의 차 캐딜락이 등장하는 페이지는 어느 거리 한복판의 캐딜락에 도배되어 있는 식이었다. 버스 정류장의 광고판, 제이지가 운영하는 햄버거 가게의 햄버거 포장지, 당구장의 당구대, 구찌 매장에 전시된 자켓의 안감, 호텔 수영장의 바닥, 정차된 자전거의 바퀴에 이르기까지. 페이지의 위치를 확인한 사람들은 실제세계로 뛰쳐나와 보물찾기에 참여하고, 인증샷을 찍어 자신의 SNS와 캠페인 사이트에 게시했다. 가장 먼저 발견해 사진을 업로드한 사람에게는 제이지의 자서전에 '페이지 70-71, OOO에 의해 해독됨DECODED BY OOO'이라는 디지털 서명의 행운이 돌아갔기에 사람들은 누구보다 더 열심히 자서전을 찾아 헤맸다.

4주간 지속된 캠페인의 마지막 날, 수많은 사람들의 참여 덕분에 제이-지의 자서전 퍼즐 조각은 완성되었고, 온라인에서 먼저 공개된 후 『디코디드Decoded』라는 책으로 출간되었다. 광고대행사 드로가5Droga5가 펼친 이 캠페인은 2011년 칸 국제 광고제에서 아웃도어 부문 그랑프리를 수상하기도 했다.

〈제이-지를 풀어라〉 캠페인은 미디어를 넘나드는 사용자 참여의 힘을 드러낸 사례이다. 사용자들이 인터넷에서 현실로, 모바일에서 다시 인터넷으로 옮겨가면서도 집중력을 잃지 않고 캠페인에 열을 올릴 수 있었던 것은 게임성 덕분이다. '해독하다'라는 이름에 걸맞게, 캠페인은 미션-힌트-탐색-보상에 이르는 전형적인 게임의 메커니즘을 활용하여 사용자들을 유혹했다. 그러면서도 제이-지와 관계 있는 장소를 힌트로 제공함으로써 '사용자에게 의미 있는 정보를 검색해주는 서비스'라는 빙Bing의 브랜드 철학을 충실히 체험시킨다.

〈제이-지를 풀어라〉에서 또 다른 주목할 부분은 바로 단일 미디어를 통해 전개한 것이 아니란 점이다. 인터넷 사이트, 모바일, 사용자의 SNS가 최종적으로 책이라는 결과물로 이어지기까지 다양한 미디어가 하나의 스토리를 완성하기 위해 사용되었다. 이는 곧, 복수의 미디어를 통해 하나의 스토리, 단일한 사용자경험을 제공하는 트랜스미디어 스토리텔링에 해당한다. 비록 허구적인 세계관은 없지만 현실의 인물 제이-지와 미국 전역이라는 공간을 배경으로 '빈 자서전 페이지'라는 사건이 발생하고 다양한 미디어를 통해 단서를 얻은 사용자의 탐색으로 문제가 해결되는 스토리텔링의 구조를 띄고 있는 것이다.

트랜스미디어 스토리텔링은 사용자의 참여를 전제로 하는 경우가 대다수이다. 아무리 재미있는 게임을 만들어도 플레이하는 이가 없다면 무용지물이 되고 마는 것처럼, 다양한 미디어에 흩어져 있는 스토리의 파편만으로는 어떠한 사건도 일어나지 않는다. 사용자들이 참여하여 파편을 연결시키고 스토리의 통합체를 구성했을 때 비로소 트랜스미디어 스토리텔링으로 자리한다. 그렇기에 트랜스미디어 스토리텔링에서 자발적인 사용자의 참여를 일으킬 수 있는 게임성의 적절한 활용은, 매력적인 스토리의 뼈대를 만드는 것만큼 중요하다.

트랜스미디어 스토리텔링의 성공적 사례를 한 가지 더 살펴보자. 바로 2008년 영화 〈다크 나이트〉의 프로모션으로 진행되었던 〈와이 소 시리어스Why so serious?〉의 캠페인이다. 이 캠페인에서 사람들은 현실공간의 암호를 해독하거나 웹상의 퍼즐을 풀고, SNS를 통해 미션을 수행하며 악당 조커의 편에 선다. 한 달에 걸친 사용자들의 적극적인 참여에 따라 조커는 잔인한 범행에 성공하게 되는데, 이것이 바로 영화 〈다크 나이트〉의 시작, 은행털이 신이다. 조커의 공범이 된 사용자들은 영화의 첫 장면을 보고 나서야 자신들이 조커가 타고 도망칠 스쿨버스를 마련해주었다는 사실을 깨닫는다.

이 캠페인은 대체현실게임, 즉 가상의 사건을 두고 펼쳐지는 현실 배경의 게임이다. 배트맨과 조커라는 매력적인 캐릭터와 탄탄한 스토리가 담긴 세계관이 성공을 이끌었다는 것은 자명한 사실이지만 그것이 유일한 요인은 아니다. 스토리의 판을 가상에서 현실로 옮겨오고, 스토리를 감상하던 관객들을 스토리의 참여자로 열광케 한 중심에는 게임이 있었다.

다수의 트랜스미디어 스토리텔링 콘텐츠를 만들어온 안드레아 필립스는 퍼즐이나 게임적인 매커닉을 활용, 스토리를 이끌어나가기 위해 플레이어의 행동을 요구하는 모든 것을 도전이라 명명한다.[16] 도전은 '트랜스미디어 스토리텔링에서 어떻게 관객들을 움직이게 할 것인가?'라는 질문에 대한 해답으로, 게임적인 기법을 지칭하는 동시에 사용자들이 플레이어로서 참여하여 게임을 플레이하게 되는 지점을 의미한다. 도전을 플레이하는 사용자들은 마치 스토리 고고학자처럼 퍼즐을 풀거나 암호를 해독하고 단서를 통해 사건을 추적하며 빈 칸을 채워 나간다.

그렇다면 도전은 트랜스미디어 스토리텔링을 구성하기 위한 게임 기법을 일컫는 말에 불과한 것일까? 사실 게임의 시각에서 바라보는 도전은 기발한 기법이 아니다. 도전은 '게임이란 무엇인가'의 물음과 함께 해온 게임의 본질로, 플레이어가 목표를 달성하는 것을 방해하는 장애물과 이를 극복하고자 하는 행위를 뜻한다.

그렉 코스티키얀은 이 개념을 두고 투쟁이라 했다. 주인공이 장애물을 극복하고 목표를 달성하는 것은 소설에서도 흔히 나타나는 표준 이야기 모델이다. 장애물은 항상 악당이거나 적일 필요는 없으며, 자연의 힘이나 망가진 하드 드라이브, 심지어 주인공 스스로의 무능함까지도 장애물이 될 수 있다. 게임도 마찬가지로 플레이어 이외의 캐릭터NPC, 게임의 공간, 퍼즐에 이르기까지 수많은 장애물에 맞서 투쟁하고 이를 극복해내는 과정에서 재미가 발생한다.[17]

16 Phillips, 앞의 책, p.137.

17 Costikyan, Greg. "I Have No Words but I Must Design: Toward a Critical Vocabulary for

영화를 보는 관객들은 장애물을 극복하는 주인공을 관람하지만 게임의 사용자들은 장애물을 극복해나가며 스스로 행동한다. 그리고 적당한 난이도의 도전 끝에 목표를 이뤘다는 성취감, 해냈다는 즐거움, 승리의 기쁨 등을 느낀다. 게임에서 도전이나 투쟁은 게임 기획을 위한 부분적인 기법이라기보다는 사용자로 하여금 놀이판에 뛰어들어 몰입하게 하는 게임의 과정 전반이다. 즉 목표와 사용자 사이를 방해하는 장애물인 동시에 이를 극복하고자 하는 플레이이며 목표 후에 얻어지는 감정까지를 포함한다.

위의 캠페인은 조커가 은행을 털기 전 동료를 모집한다는 스토리를 가지고 있다. 스크린에 담기에는 매력이 부족한, 불필요한 신이다. 그러나 일련의 과정을 게임으로 치환하여 사람들을 참여시키자 결과는 달라졌다. 도전의 과정이 된 스토리는 점점 사람들을 몰입하게 하고, 영화의 조연이 되었다는 즐거움부터 자신의 플레이가 악당을 도왔다는 충격까지, 다양한 감정을 만들어냈다.

정리하자면, 트랜스미디어 스토리텔링에서 게임은 스토리-도전(게임)-스토리와 같이 분절된 단계로 적용되는 공식 같은 것이 아니다. 게임이 스토리와 만나, 혹은 게임이 다른 미디어와 만나 전체의 판이 변화를 일으키는 거대한 게이미피케이션이 일어나는 것이다. 이는 포인트와 배지를 첨가하는 물리적인 게이미피케이션이 아닌, 게임성이 스며들어 새로운 형식과 콘텐츠를 만들어내는 화학적인 변화의 게이미피케이션이다.

우리는 이미 게임, 게임성을 활용한 다양한 게이미피케이션의 사례를 접하며 살아가고 있다. 게이미피케이션은 놀이하는 인간, 호모 루덴스

Games", Proceedings of Computer Games and Digital Cultures Conference, 2002.

에 기원을 둘 정도로 오랜 논의를 자랑하지만 지금까지의 게이미피케이션은 게임의 기법, 즉 게임의 시스템 요소를 차용하는 좁은 의미로 사용되며 자신의 가치를 떨어뜨리기 일쑤였다. 몇 가지 게임의 요소만을 가지고도 자발적 참여를 일으킬 수 있다는 오해에 빠져, 게임의 본질이나 미학을 돌아볼 여유를 찾지 못했던 것이다. 하지만 복잡한 미디어 환경 속에서 기법을 흉내 내는 데 그친 콘텐츠는 목적을 잃고 표류하게 된다는 사실을 잊지 말아야 한다. 지금은 툴로서의 게이미피케이션이 아닌 콘텐츠로서의 게이미피케이션을 고민할 때이다. 게임의 본질과 사용하고자 하는 목적, 미디어에 대한 균형 있는 시각이 선행된다면, 게이미피케이션은 트랜스미디어 시대에서 스토리텔링의 가장 재미있는 방법으로 자리하게 될 것이다.

4장

트랜스미디어+브랜드/마케팅

: 트랜스미디어 시대의 브랜드 스토리텔링 전략

이동은

브랜드는 왜 스토리를 품었을까?

사실을 내게 말하면 나는 배울 것이다.
진실을 말하면 나는 믿을 것이다.
그러나 나에게 스토리를 말해주면 그것은 내 마음 속에 영원히 남을 것이다.
Tell me a fact and I'll learn.
Tell me a truth and I'll believe.
But tell me a story and it will live in my heart forever.

인디언 속담이다. 이 속담은 스토리가 사실이나 진실보다 더 큰 설득력과 생명력을 가지고 있음을 말해준다. 스토리는 쓸모없는 것을 쓸모 있게, 주목하지 못했던 것을 주목하게끔 만드는 마법의 힘을 지니고 있다.

스토리는 그것이 목적이냐 아니면 수단으로 활용되느냐에 따라 두 가지의 방향성을 갖는다. 목적으로서의 스토리는 일반적으로 소설이나 영화, 드라마, 애니메이션, 게임 등에서 활용되는 콘텐츠의 핵심을 말한다. 반면 수단으로서의 스토리는 특별한 목적을 위해 스토리를 도구로 바라보는 관점이다. 상품을 구매하게 한다거나 기업의 이미지를 고취시키기 위해, 혹은 이념이나 핵심 가치를 전달하기 위해 스토리를 활용한다. 기본적으로 인간은 스토리를 통해 웃고, 울고, 감동하는 등의 카타르시스를 추구하기 때문에 표면적으로는 스토리를 활용하여 재미를 추구하고, 이면적으로는 특정한 목적을 수행하려는 이러한 전략은 매우 기능적인 것이 사실이다.

단편 애니메이션 〈미트릭스The Meatrix〉는 그 대표적인 사례이다. 공장식 축산의 실상이라는 심각한 사회적 문제를 날것 그대로 대중에게 전달하는 것은 사실 여간 어려운 일이 아니다. 대부분의 대중은 피로 사회를 견디고 있기 때문에 심각한 이슈들을 기피하는 경향이 있기 때문이다. 따라서 〈미트릭스〉는 동일한 메시지를 패러디와 애니메이션이라는 기표를 사용하여 스토리텔링하는 전략으로 정보를 보다 가볍고 재미있게, 그리고 감동적으로 그 의미까지 전달했다. 뿐만 아니라 심각한 사회적 문제를 해결할 수 있는 실마리를 제공하는 효과를 만들어냈다.

정보는 사건과 사물의 메시지를 있는 그대로 전달하는 성격을 갖는 것에 비해 스토리는 메시지뿐 아니라 그것들을 체험한 사람의 경험과 감성을 함께 전달하기 때문에 사람의 마음을 움직이는 데 더욱 효과적이다. 특히 전달되는 메시지가 매력적이라면 대중은 이 메시지를 확장시키기 위해 최선의 노력을 다할 것이다. 있는 그대로 제2, 3의 인물에게 전달하는 것은 물론이고 이미지를 추가하거나 삭제, 변형시킴으로써 또 다른 창작물을 제작하여 전파시키기도 한다. 이런 다양한 활동으로 창작된 콘텐츠들은 긴 시간 살아남을 수 있는 생명력을 가지게 된다.

무엇보다 브랜드를 마케팅하는 데 스토리텔링 기법이 선호되는 까닭은 마케팅과 스토리의 본질이 '변화'에 있기 때문이다. 마케팅은 태생적으로 소비자의 마음을 움직여 상품을 구매하고 사용하고 신뢰하게 만드는 데 그 목적이 있다. 스토리도 그렇다. 스토리의 최소 필요조건은 바로 사건event이며 사건이란 변화를 의미한다. 스토리에서 인물은 일반적으로 어떤 극적인 상황에 처하게 되고, 이 때문에 인물의 삶은 급격하게 뒤흔들리는 변화를 맞이하게 된다. 그리고 등장인물의 삶에 의미 있는 변화가 만들어질 때 스토리는 가치를 지니게 된다.

국내 방송 내내 30%를 넘는 시청률을 기록, 중국 및 동남아에서 폭발적인 인기를 얻고, 미국 ABC 방송을 통해 리메이크되고 있는 〈별에서 온 그대〉를 예로 들어보자. 400년 동안 지구에 살면서 인간의 삶에 시니컬함을 보였던 외계인 도민준은 천송이라는 운명의 연인을 만나면서 변화를 경험하게 된다. 그 변화는 도민준의 몸과 마음, 그리고 자신의 별로 돌아가고자 하는 욕망에도 영향을 미친다. 반면, 시청자는 도민준의 변화 때문에 즐겁다. 과연 도민준은 천송이와의 사랑을 이어갈 수 있을까? 초능력은 유지할 수 있을까? 지구별에 남을 것인가? 아니면 자신의 고향별로 돌아갈 것인가? 도민준만 변하는가? 아니다. 천송이도 변한다. 톱스타였던 천송이는 도민준을 만나면서부터 내리막길을 걷는다. 마녀사냥을 당하고 조연으로 밀려나고 도도한 모습 대신 망가지는 모습을 보여준다. 도민준과 천송이가 변화하지 않는다면 시청자는 이야기에 흥미를 잃고 채널을 돌릴 것이다. 등장인물에게 아무런 변화도 일어나지 않는다면 드라마는 종결되기 마련이다.

브랜드 마케팅에서 스토리텔링 기법을 활용하는 까닭도 마찬가지이다. 그레이 홀랜드Gray Holland는 경험의 사이클Experience cycle을 통해 소비자가 제품 혹은 서비스를 알게 되는 과정에서부터 사용하고 신뢰하게 되는 과정까지를 구조화했다.[1] 발견 → 인지 → 학습 → 취향 → 구매 → 사용 → 신뢰 → 재발견의 단계를 통해 소비자는 제품 혹은 서비스를 만나고, 경험하고, 이 경험을 유지할 것인지 아니면 다른 경험을 취할 것인지를 결정하게 된다.

이상의 사이클에서 우리가 주목해야 하는 것이 바로 소비자의 변화이다. 소비자는 이 순환적 과정을 경험하면서 제품에 대한 태도 혹은 정서적 변화를 경험한다. 제품을 향한 감정적 유대 관계를 생성하거나 소멸시키는 것이다. 만일 이 사이클 내에서 변화가 동반되지 않는다면 다음 단계의 경험을 획득하지 못할 것이고, 그럴 경우, 브랜드는 소비자와의 접점을 성공적으로 만들어내지 못해 외면당하게 된다.

변혁을 꾀하는 문제 기반의 스토리텔링

지금까지의 브랜드 스토리텔링은 브랜드와 스토리텔링의 접점인 '변화'를 축으로 다양한 이야기들을 전개시켜왔다. 가장 활발하게 활용되었던 스토리텔링 기법은 바로 문제 기반의 스토리텔링이다. 문제를 발발시키고, 중심인물이 그 문제와 싸워나가면서 변화를 추구하고 종국에는 초반에 설정되었던 문제를 해결하는 식의 기법으로, 일반적으로 우리가 지금까지 마주하던 브랜드 스토리텔링의 대부분은 모두 이 스토리텔링 기법을 적용하고 있다. 코카콜라 직원이 레스토랑에서 잔뜩

1 http://www.grayholland.com/experience-chain/

눈치를 보면서 자사의 콜라병에 펩시콜라를 채운다는 설정의 광고 이미지나 맥도날드의 대표 캐릭터라 할 수 있는 피에로가 버거킹에서 주문을 하고 있는 스토리텔링의 광고는 경쟁사의 문제를 부각시키고 자사의 상대적 우월함을 드러내는 기법의 대표적 사례이다.

그런데 디지털 기술의 발달로 웹과 모바일 등 다양한 플랫폼이 등장하고 그에 따른 다양한 미디어가 선보임에 따라 소비자들은 변화하기 시작했다. 그들은 더 이상 주어진 정보를 수동적으로 향유하는 수신자가 아니다. 정보를 탐색하고 직접 체험함으로써 자신만의 스토리를 만들고 자신의 경험과 이야기를 다른 사람들에게 공유하는 주체자로 거듭난 것이다.

미래학자인 제레미 리프킨은 이런 새로운 세대의 인간형을 '가상세계 안에서 자기 몫의 인생을 즐기고 흥미롭고 신나는 체험에 관심이 많은 세대'로 명명한다. 그들은 또한 "온라인 세계와 오프라인 세계를 자유자재로 넘나들 수 있는 능력자로 가짜든 진짜든 눈앞에 펼쳐지는 새로운 현실에 자신의 인격을 재빨리 적응시킬 수 있는"[2] 존재이다. 그들은 유연하고 파편화된 정체성으로 가상세계를 배회하는 '산책자flaneur'[3]이며 디지털 장비로 무장한 채 자유로운 유목 생활을 하는 '디지털 유목민digital nomad'[4]이다.

그렇다면 디지털 시대의 소비자들이 원하고 경험하고 싶어 하는 새로운 이야기는 무엇일까? 첫째, 안정된 하나의 스토리가 아니라 예기치 못했던 숨겨진 수많은 이야기를 반복적으로 탐색할 수 있기를 바란다. 둘째, 자신이 조력자 혹은 주인공으로 참여하여 사건에 개입할 수 있도록

2 제레미 리프킨, 『소유의 종말』, 이희재 옮김, 민음사, 2001, p.274.
3 발터 벤야민, 『발터 벤야민의 문예이론』, 반성완 편역, 민음사, 1983.
4 자크 아탈리, 『21세기 사전』, 정혜원 옮김, 중앙 M&B, 2000.

＊ 트랜스미디어 시대의 브랜드 스토리텔링 전략 네 가지

- 데이터베이스를 구축하라.
- 인터랙티비티를 단계화하라.
- 게임성을 도입하라.
- 멀티 플랫폼을 활용하라.

디자인된 이야기를 원한다. 셋째, 태어나면서부터 게임이라는 뉴미디어의 형식에 노출된 세대이므로 게임처럼 즉각적인 피드백과 보상, 그리고 재미를 보장하는 이야기를 좋아한다. 마지막으로 하나의 미디어 혹은 하나의 플랫폼이 아니라 다수의 미디어와 플랫폼을 오가면서 이야기 조각들을 맞춰 하나의 거대 서사를 완성할 수 있는 독창적인 스토리 구조를 기대한다.

따라서 디지털 시대, 더 나아가 트랜스미디어 시대에 변화된 소비자들이 원하는 이런 이야기를 창작하기 위한 브랜드 스토리텔링 전략으로서 위에 제시한 네 가지 전략을 제언하고자 한다.

트랜스미디어 시대의 브랜드 스토리텔링의 본격적인 전략을 살펴보기 전에 재미있는 사례를 하나 소개하고자 한다. 이 사례는 바로 〈사냥꾼, 곰을 쏘다A Hunter shoots a bear〉인데, 앞서 언급한 네 가지 전략들을 엿볼 수 있는 대표적인 예라 할 수 있다.

> 한 사냥꾼이 양치질을 하고 있다. 그 사냥꾼 뒤로 곰 한 마리가 모습을 드러낸다. 양치질을 하고 있던 사냥꾼은 곰의 등장을 알아차리고 허둥지둥 총을 찾는다. 그리고 엉성한 포즈로 곰을 향해 총구를 겨눈다. 사냥꾼은 곰을 향해 총을 쏘았을까? 아니면 곰에게 습격당했을까? 다음 이야기

가 궁금해질 때 즈음 영상은 멈춘다. 그리고 다음과 같은 두 메시지가 화면에 뜬다.

"곰을 쏘세요Shoot the bear."

"곰을 쏘지 마세요Don't shoot the bear."

Tripp-EX이라는 수정 테이프의 광고 영상의 시작 부분이다. 수정 테이프라는 제품과 곰을 쏘거나 쏘지 않는 일과는 어떤 관계가 있을까? 궁금증을 해결하기 위한 유일한 방법은 두 메시지 중 하나를 선택, 클릭해 보는 것뿐이다. 그래, 쏘지 않으면 곰이 먼저 선공을 날릴지도 모른다. "Shoot the bear." 클릭! 유튜브의 새 창이 뜨면서(사실 실제 유튜브 url로 넘어가는 것은 아니다. 유튜브의 디자인을 그대로 본 딴 조작된 화면일 뿐이다.) 사냥꾼이 곰을 향해 다시 총구를 겨누는 영상이 보여진다. "쏴라, 쏴!"를 외치는 순간 사냥꾼은 영상을 보고 있던 나를 쳐다보며 "곰을 쏘지 않겠어요!I don't wanna shoot this bear!"라고 외친다. 그러고는 갑자기 영상 밖으로 손을 내밀어 영상 바로 옆에 광고처럼 붙어 있던 수정 테이프를 집어 들고는 제목의 'A hunter shoots a bear'에서 'shoots'를 지워버린다. 그런 다음 그 자리에 다른 동사를 넣어보라고 제안한다. 영상을 보는 이가 아무런 액션도 취하지 않으면 화면에서 사라졌던 사냥꾼이 다시 돌아와 얼른 빈칸을 채우라며 재촉한다. 사냥꾼의 재촉에 어쩔 수 없이 적합한 단어 하나를 선택하여 타이핑한다. 총을 쏘지 않을 것이라면 싸워야지!

"싸워라fight."

엔터를 치면 영상이 다시 시작된다. 피켓 걸이 나와 시합을 알리고 종이 울리자 사냥꾼과 곰의 일대일 대결이 시작된다. 사냥꾼이 곰을 향해

달려들고 곰은 단박에 사냥꾼을 제압한다. 그것도 잠깐! 'fight'는 다시 지워지고 다른 단어를 써 넣으라고 한다.

광고하는 제품이 바로 수정 테이프이다 보니 빈칸에 들어갈 단어는 얼마든지 지우고 다시 쓸 수 있다. 그리고 그때마다 단어에 따라 제각기 다른 에피소드가 연출된다. 대략 50여 개 정도의 에피소드가 마련되어 있다.

앞서 언급했다시피 이 영상은 틀린 글자를 지우고 다시 쓸 수 있도록 도와주는 수정 테이프의 광고이다. 눈치챘겠지만 영상은 기존의 TV 매체를 중심으로 하는 광고와는 180도 다른 특징들을 가지고 있다. 이 광고는 웹을 기반으로 한다. 기본적으로 소비자의 참여를 유도하는 스토리텔링을 취하고 있는데 소비자가 참여하지 않으면 스토리는 더 이상 진행되지 않는다. 여러 단어를 채워 넣는 행위 자체가 재미있기 때문에 이 광고는 한 번 보고 마는 것이 아니라 보고 또 보는 반복적 시청을 유도한다.

재미있지 않은가? 이처럼 데이터베이스, 인터랙티비티, 게임성, 멀티플랫폼의 특징들을 엿볼 수 있는 이런 스토리텔링이야말로 오늘날 가장 적합한 형식이라 말할 수 있을 것이다.

전략 1: 데이터베이스를 구축하라

디지털미디어의 도입은 21세기를 데이터베이스 패러다임으로 바꾸어 놓았다. 디지털 시대에 등장한 데이터베이스 패러다임은 모더니즘 시대의 순서 짓기와는 대립되는 포스트모더니즘 시대에 적합한 문화적 형식이다. 뉴미디어의 대표적 이론가인 레프 마노비치는 데이터베이스 이전

세계의 문화 표현의 핵심적인 형식인 서사가 컴퓨터 시대를 맞이하면서 바뀌고 있음을 지적한 바 있다.[5] 디지털 시대에는 모든 문서와 이미지, 영상물까지도 데이터 형식으로 전환하여 데이터들을 집합체인 데이터베이스에 저장하고 보관한다. 데이터들의 집합체인 데이터베이스는 순서와 방향성이 존재하지 않는 독립적인 데이터들로 가득 차 있다.

따라서 작가, 예술가 등의 창작자와 같은 데이터 생성자들은 기존에 제공되는 이야기 외에 더 많은 정보를 자발적이고 적극적인 방법으로 탐색할 수 있다. 그들은 데이터를 모아서 구성하는 새로운 방법론으로 등장인물의 알려지지 않은 이야기들을 찾아내고, 간략히 다루어진 사건 대신 숨겨진 세부 사항들을 찾아내 채워지지 않은 사건의 빈칸들을 온전히 채우려고 한다. 이를 통해 그들은 생산자가 제공하는 하나의 스토리가 아니라 예기치 못했던 숨겨진 수많은 이야기를 창작하게 되는 것이다.

이와 같은 창작 환경을 아즈마 히로키는 모더니즘 시대를 지배하던 큰 이야기가 쇠퇴하고 작은 이야기가 유통, 소비, 허용되는 시대라고 명명한다. 큰 이야기는 모두가 용인하는 가치관이나 이데올로기를 지향한다. 지금까지의 이야기들은 사회가 공유하고 긍정하는 질서나 규범, 전통이나 생활양식 등을 테마로 삼아 이야기에 반영하는 고전적인 스토리텔링 기술에 지배되어왔다. 이런 이야기는 치밀한 설정과 중후한 세계관을 가진 장대한 서사를 탄생시킨다. 그러나 포스트모던 시대에 접어들면서 거시적인 수준의 이야기보다 미시적인 수준에서의 이야기들, 컬트나 음모론과 같은 부정의 축에 존재했었던 이야기들이 두각을 나타내기 시작한다. 음지에서 양산되었던 소재들이 어떠한 공유화의 압력 없

5 레프 마노비치, 『뉴미디어의 언어』, 서정신 옮김, 생각의나무, 2005, p.284.

이 자유롭게 표현되기 시작한 것이다. 이른바 오타쿠를 비롯한 다양한 소비자의 기호에 부합할 수 있도록 조정되고 맞춤화customized된 이야기들이 기괴한 엉뚱함과 결합하여 양산되고 있다. 아즈마 히로키는 이런 이야기들이 다른 이야기를 상상할 수 있도록 허용하는 관용성을 가지고 쓰여 있는 한, 데이터베이스 소비의 토대인 '작은 이야기'로 다루어져야 한다고 주장한다.[6]

앞에서 언급했던 〈사냥꾼, 곰을 쏘다〉의 사례로 돌아가 보자. 데이터베이스를 구축하고 그것의 콘텐츠화가 무엇을 의미하는지를 구체적으로 살펴볼 수 있다. 사냥꾼이 수정 테이프로 문장에서 'shoot'을 지웠다. 사용자는 대신 그 자리에 'love'를 넣는다. 어느새 반지를 준비한 사냥꾼은 곰 앞에 무릎을 꿇고 앉아 프로포즈 자세를 취한다. 곰은 기다렸다는 듯이 사냥꾼을 포옹하려하는 영상이 플레이된다. 이번엔 'love'를 지우고 'sing'을 넣어볼까? 사냥꾼이 열창을 한다(물론 듣기 좋은 노랫소리는 아니다). 사냥꾼 뒤편에 자기 몸만 한 하프를 들고 곰이 노래에 맞춰 연주를 한다. 'dance'는 어떤가. 흥겨운 음악에 맞춰 사냥꾼과 곰은 나란히 춤을 춘다. 'have'와 같은 단어를 타이핑할 경우에는 곰이 성큼성큼 걸어 나오며 절대로 자신을 소유할 수 없다는 듯한 표정으로 고개를 저으며 손사래를 친다.

수정 테이프를 광고하는 이 영상은 하나의 스토리로 이루어져 있지 않다. 'shoot'을 대신하는 수십 개의 영단어들은 적을 때마다 저마다 다른 영상들을 보여주어 다양한 스토리텔링을 보는 재미를 준다. 어떻게 이런 일이 일어나는 걸까? 그 비밀은 데이터베이스 구축에 있다. 이 광고 영상의 개발자는 우선 사용자가 타이핑할 만한 예측 가능한 대부분의

6 아즈마 히로키, 『게임적 리얼리즘의 탄생』, 장이지 옮김, 현실문화, 2012, p.11.

단어들을 몇십 가지로 그룹핑하여 리스트업하고 각 그룹에 통용될 수 있는 적합한 후반부의 이야기를 만들어 영상물을 제작했을 것이다. 이후 각 단어와 제작된 에피소드를 매칭할 수 있는 알고리즘을 설계하여 프로그래밍 작업을 진행했을 것이다. 그 결과 사용자가 타이핑을 하는 순간 데이터베이스에 집합되어 있던 수많은 데이터들 중 하나가 선택되고, 그 단어의 앞뒤로 연결되어 있는 복수의 영상 데이터들을 연결시킴으로써 최종적으로 하나로 완성되는 '곰과 사냥꾼의 이야기'를 생성한 것이다. 어떤 데이터를 선택하고 어떻게 연결시키느냐에 따라 경험의 폭과 질은 달라지고 소비자는 예기치 못했던 숨겨진 이야기 중 하나를 경험하게 된다.

전략 2: 인터랙티비티를 단계화하라

인터랙티비티Interactivity는 향유자가 콘텐츠에 참여하여 영향력을 행사하고 이야기의 전개 및 구조를 변화시킬 수 있는 요소를 말한다. 인터랙티비티는 개발자(작가)가 완결된 스토리를 제공하고 사용자(독자)는 그것을 수동적으로 향유만 하던 일방향적 스토리텔링의 성격을 완전히 바꾸어놓은 대표적인 공신이다. 개발자가 기본적인 내러티브와 바운더리를 사용자에게 제공하면 사용자는 주어진 이야기를 따르거나 제한된 범위 내에서 변종의 이야기를 생성하게 된다. 설계된 범주를 넘어 전혀 예상하지 못했던 스토리가 발생하기도 하고, 때로는 시스템을 통제할 수 없는 상황까지도 발생한다. 그리고 이 과정에서 다수의 사용자들에 의한 커뮤니티가 발생한다.

문제는 인터랙티비티의 질과 양이다. 확장형 서사학자인 마리-로르 라이언은 뉴미디어의 가장 두드러진 성질 중 하나인 인터랙티비티를 스토리에 미치는 영향 정도에 따라 다섯 단계의 층위로 나눈다.[7] 첫 번째 층위는 주변적 인터랙티비티로, 이야기가 상호작용적 인터페이스를 통해 제시되는 영상 이미지의 오브젝트들을 작동시킬 수는 있지만, 스토리 자체나 스토리가 보여주는 순서 모두에 영향을 미치지 못하는 가장 소극적인 개입의 층위이다. 두 번째 층위는 담화 층위에만 영향을 미치는 유형으로 스토리를 구성하는 요소들은 미리 결정되어 있으나 사용자가 개입하는 양상에 따라 실제로 사용자에게 제시되는 스토리는 달리 나타나는 유형을 말한다. 특히 이 유형은 앞서 언급했던 데이터베이스를 적극적으로 활용하고 있는 유형이다. 사용자가 더 많은 자료를 검색하여 스토리를 완성할 수 있도록 적극적으로 돕는 형태이다. 앞서 살펴본 〈사냥꾼, 곰을 쏘다〉의 사례가 두 번째 층위 정도의 인터랙션 질과 양이라 할 수 있다.

세 번째 층위는 미리 제시된 이야기에 변수를 생성하는 유형이다. 이 단계에서 사용자는 스토리세계의 일원으로 활동하고 시스템은 사용자에게 이야기 속을 자유롭게 탐색, 조정할 수 있는 권한과 행동의 자유를 부여한다. 그러나 그럼에도 불구하고 사용자는 개발자들이 제공한 세계의 영역을 벗어나 움직일 수 없다. 아바타를 만들고 아바타를 움직이면서 직접 서사를 체험하는 디지털 게임의 어드벤처나 미스터리 장르의 게임 등이 바로 이런 예가 될 수 있다.

네 번째 층위는 실시간 이야기 생성형로 미리 정해진 스토리가 있는 것이 아니라 데이터와 시스템만 존재하고 그것을 정교하게 연결짓는 것은 모두 사용자의 몫으로 남겨두는 유형의 것을 말한다. 생활형 가상세

7 Marie-Laure Ryan, "The interactive Onion: Layers of User Participation in Digital Narrative Texts", *New Narratives*, University of Nebraska Press, 2011, pp. 35-62.

계인 〈심즈Sims〉나 인터랙티브 드라마 프로젝트인 〈파사드Façade〉[8]가 대표적인 예이다. 〈파사드〉는 웹 기반의 인터랙티브 드라마로 사용자가 문장을 직접 쓰면서 이야기를 생성해나가는 구조를 가지고 있다. 영상이 시작되면 사용자는 그레이스와 트립 부부가 살고 있는 아파트를 방문한다. 대학 동창인 그들과 나(사용자)는 오랜만에 재회한다는 설정으로 게임은 시작된다. 반가운 마음으로 아파트를 찾아갔지만, 부부의 분위기가 심상치 않다. 트립 부부의 결혼생활이 끝날지도 모르는 상황에서 사용자가 어떤 문장으로 이야기를 끌고 가느냐에 따라 부부의 결혼은 파국을 맞이할 수도, 혹은 화해할 수도 있다. 사용자의 반응에 따라 트립이 보는 앞에서 그레이스와 키스를 할 수도 있다. 모든 것은 사용자의 실시간 인터랙션에 의해 결정된다.

그럼에도 불구하고 실시간 이야기 생성형에는 최소한의 고정적 스토리를 필요로 한다. 예를 들어 몇 번을 플레이하든 부부는 싸우게 되고, 마지막에는 사용자에게 집을 나가달라고 요청한다. 그들이 어떤 관계로 전개되었느냐에 상관없이 말이다. 따라서 이 네 번째 층위의 인터랙션은 최근 ARG라는 형식을 도입한 브랜드 스토리텔링으로 다수 활용되고 있는 추세이다. 이에 대해서는 네 번째 전략인 멀티 플랫폼과 트랜스미디어 스토리텔링 도입에서 더욱 자세히 살펴보도록 하겠다.

마지막 다섯 번째 층위는 메타-상호적 유형이다. 이 유형의 인터랙티비티는 스토리텔링 내부에서 제공되는 조건을 뛰어넘어 개발 시스템 자체에 개입하는 층위의 것으로, 개념적으로는 유효하지만 브랜드 스토리텔링에 적용되기에는 아직 연구가 진행 중인 유형이다.

---

8 http://www.interactivestory.net/

전략 3: 게임성을 도입하라

2012년 11월, 코카콜라는 영화 〈007 스카이폴〉과 연계한 브랜드 스토리텔링 캠페인을 진행했다. 미국의 한 지하철 플랫폼에 코카콜라 제로 밴딩 머신을 설치하고 콜라를 구입한 소비자에게 〈007 스카이폴〉 영화 관람권을 제공하는 이벤트를 마련한 것이다. 다만 이 티켓은 모두에게 제공되는 것이 아니라 특정한 미션을 수행하는 데 성공한 소비자에게만 제공된다.

미션은 다음과 같다. 70초 안에 밴딩 머신에서 지시하는 다음 장소, 즉 6번 플랫폼으로 이동하는 데 성공해야 한다. 이 미션은 말처럼 쉽지 않다. 달려가는 도전자에게 낯선 여자가 말을 걸고 강아지들과 상인들은 진로를 방해하고, 에스컬레이터에 역주행하는 사람들도 등장한다. 짓궂은 방해에도 불구하고 목적지에 도달하면 도전자는 007의 주제가를 큰 소리로 불러야 한다. 이 모든 미션을 완수하고 나면 도전자에게는 영화 관람권이라는 보상이 제공된다. 실제로 이 밴딩 머신이 설치된 물리적 장소는 한 곳에 불과했지만 도전자들의 플레이를 담은 동영상이 유튜브에 소개되자마자 조회 수가 천만 건을 돌파하며 바이럴 마케팅의 성공 사례로 기록되었다.

제품이나 기업을 마케팅하는 데 게임성을 활용하라는 주문은 다소 거리감이 느껴지기도 한다. 자고로 브랜드는 고급스럽고 찬사 받아 마땅한 것인데, 어린아이들이나 하는 장난 같은 게임을 도입하라니 말이다. 그러나 2014년을 살아가는 소비의 주축은 바로 게임 제너레이션이라는 점을 잊으면 안 된다. 게임 제너레이션은 1960년대 컴퓨터가 등장하고 1972년 비디오게임의 기원인 〈퐁Pong〉이 출시된 이래로 게임과 더불어 성장기를 보낸 세대를 말한다. 그들은 태어나면서부터 게임을 문화로 자연스럽게 접한 세대이다. 따라서 게임 제너레이션은 명확한 규칙과 시스템을 선호하고 시간 제약과 공간 탐험을 중심으로 하는 퀘스트 형식의 스토리텔링에 익숙하다. 뿐만 아니라 퀘스트 수행에 성공했을 때에는 즉각적인 피드백과 보상을 원한다.

최근 텔레비전 방송 프로그램을 주의 깊게 관찰했다면 게임성이 이 사회에 알게 모르게 얼마나 많이 관여하고 있는지를 알 수 있을 것이다. 〈무한도전〉이나 〈1박 2일〉과 같은 버라이어티 프로그램은 정해진 스토리가 없다. 게임의 규칙과 미션, 그리고 그 결과에 따른 보상만이 존재할 뿐이다. 수많은 오디션, 혹은 서바이벌 프로그램은 어떠한가. 심지어 프로 가수들이 출연하는 음악 방송조차도 경쟁이라는 게임성을 도입하여 순위를 정한다. 올드미디어인 텔레비전이 뉴미디어인 게임의 성질들을 자발적으로 차용하고 개선, 개조하는 재매개의 사례라 볼 수 있다.

방송뿐만이 아니다. 음료를 열 잔 마시면 한 잔을 더 준다는 식의 포인트 제도 역시 게임의 기본적이 메커니즘에 기반을 둔다. 따라서 오늘날 브랜드 마케팅에 게임성을 고려하지 않는다면 오히려 올드하다는 평가를 면할 수 없다. 코카콜라의 〈007 스카이폴〉 프로모션은 게임의 성질들을 모두 만족시키면서 브랜드를 스토리텔링했다는 점에서 가히 귀감이 될 만하다.

전략 4: 멀티 플랫폼을 활용하라

마지막 전략으로 멀티 플랫폼의 활용을 들 수 있다. 이 모델은 향후 비즈니스 현실에 적용되고 기업의 리더들이 신상품을 개발하거나 기업의 시장 조사와 주요 의사를 결정하기 위해 고객을 활용하는 시뮬레이션의 발전된 형태라고 말할 수 있다. 궁극적으로 트랜스미디어 시대의 브랜드 스토리텔링이 지향하고 있는 지점인 것이다.

디지털 시대에는 다양한 플랫폼이 공존한다. 하나의 콘텐츠가 하나의 플랫폼에서 작동되던 시대는 끝났다. 광고의 사례만 보더라도 텔레비전, 영화관, 웹, 모바일 기기까지 다양한 플랫폼에서 구동된다. 그렇다고 플랫폼만 바뀐 상태로 동일한 콘텐츠를 제공하는 것은 구시대적 발상이다. 플랫폼의 특성과 기능, 해당 플랫폼을 사용하게 되는 소비자의 전후 맥락까지 고려하여 콘텐츠의 내용과 형식에도 변화를 만들어내는 것이 대세이다.

여기서 한 걸음 더 나아가면 멀티 플랫폼을 활용하면서 동시에 거의 유사한 스토리가 아니라 관계는 있지만 상이한, 혹은 시각이 다른 스토리를 담고 있는 콘텐츠가 급부상하고 있는데, 그것이 바로 트랜스미디어 스토리텔링이다. 트랜스미디어 스토리텔링의 성격은 기본적으로 OSMU와는 다르다. OSMU는 하나의 성공한 이야기가 다른 미디어 형식으로 리텔링되는 것을 말한다면, 트랜스미디어 스토리텔링은 미디어들이 부분이 되고 그것들의 퍼즐이 맞춰졌을 때에 비로소 거대한 하나의 스토리체를 완성할 수 있다는 개념이다. 트랜스미디어 스토리텔링의 기본 조건은 멀티 플랫폼, 매체 간의 반복을 회피하고, 부분의 합이 전체가 되는 이야기 구조이다.

멀티 플랫폼을 활용하여 트랜스미디어 스토리텔링한 구체적인 사례가 바로 ARG이다. 대체현실게임이라고도 명명되는 ARG는 문화 콘텐츠가 제품 등의 출시에 맞춰 새로운 마케팅 수단으로 기획, 개발되는 경우가 많다. ARG는 가상의 사건이 현실에서 일어났다는 가정하에 네티즌들이 사건을 해결해가는 형식을 띄고 있다. 현실세계의 다양한 미디어를 플랫폼으로 하여 참여자와 인터랙티브한 스토리텔링을 만들어가는 이 게임에 참여하는 참여자들은 플레이 중 자연스럽게 노출되는 제품에 대한 브랜드와 정보, 서비스를 인지하게 된다.

최초의 ARG는 2001년 스티븐 스필버그 감독의 영화 〈에이 아이A.I.〉를 홍보하기 위한 목적으로 기획, 개발된 〈더 비스트The Beast〉이다. 기본적인 스토리는 다음과 같다. 이야기는 영화보다 50년이 지난 미래에서 시작된다. 2142년 에반 찬Evan Chan이라는 인물이 어느 날 살해당한다. 이 사건에 대한 열쇠를 가지고 있는 인물로 제니 살라Jannie Salla가 유일하게 지목된다. 몇몇 온라인 뉴스와 인쇄물을 통해 이 내용이 알려지고 전 세계 3백만 명 이상의 참여자들의 살인자를 찾기 위한 탐정 놀이가 시작된다.

〈더 비스트〉의 개발진들은 단서를 가지고 있는 유일한 인물인 제니가 근무하고 있는 대학을 만들고 전화번호와 이메일 등을 생성하여 가상의 인물이지만 진짜 존재하는 인물처럼 보이게 하는 전략을 수립했다. 대중은 온라인을 통해 이 정보를 널리 공유했고, 그들은 수백 개의 웹 사이트와 이메일, 팩스와 보이스 메일, 심지어 허위광고까지 활용하면서 퍼즐을 풀어갔다. '집단 탐정' 스토리가 시작된 것이다.

아우디의 해치백 스타일의 신모델 2006년형 A3 모델을 홍보하기 위해서 기획, 제작된 ARG도 있다. 기획은 아우디의 신차 발표에 앞서 동일한 시기에 BMW에서 비슷한 가격대의 3 시리즈 모델이 출시되고, 그렇게 되면 자차 판매에 큰 위기가 생길 것이라는 점을 인식하는 데서 비롯되었다. 일반적으로 미국인들은 해치백 스타일의 자동차가 저렴하고 경제적이라는 인식을 가지고 있다. 따라서 아우디가 신차 경쟁에서 살아남기 위해서는 광고의 차별화 전략이 필요했다. 시장 조사 결과 A3 모델의 잠재 고객은 독립적, 개혁적, 인텔리전트 성향의 소유자로, 스타일리시하고 테크놀로지에 밝으며 다소 전통적인 미디어에서 벗어나 웹에

치중하는 경향이 있었다. 또한 현실과 허구의 경계를 넘나드는 〈다빈치 코드The da Vinci Code〉나 〈메탈 기어 솔리드Metal Gear Solid〉, 〈본 아이덴티티The Bourne Identity〉 같은 콘텐츠를 선호하는 것으로 나타났다.

따라서 아우디는 전통적인 스토리텔링 방법이 아닌 ARG를 활용하여 브랜드 캠페인을 런칭하기로 결정한다. 신모델 런칭 준비 중 오토쇼에서 전시될 적색 A3가 도난당하는 스토리를 구상해낸 것이다. 뿐만 아니라 그들은 실제 예술품이나 고가의 물품 도난을 전문으로 하는 '라스트 리조트 리트리벌The Last Resort Retrieval'에 연락하고 사립 탐정인 니샤와 이안을 고용했다는 정보를 웹사이트를 통해 알린다. 이후 도난을 추적할 수 있는 다양한 단서가 웹과 모바일, 게임이라는 미디어를 통해 제공되고 참여자들은 퍼즐 속에서 미스테리를 풀어가는 새로운 경험을 하게 된다. 캠페인이 진행되는 3개월 동안 온라인 광고를 통해 총 9만 1천 명이 넘게 참여했으며 결과적으로 아우디 A3 모델은 놀라운 판매 성과를 낼 수 있었다.

이외에도 ARG를 활용한 다양한 트랜스미디어 스토리텔링의 사례들은 다수 찾아볼 수 있다. 2007년 베이징 올림픽을 위해 기획된 〈더 로스트 링The Lost Ring〉, LG전자 모니터의 〈낸시 랭 실종사건〉과 FPS(First Person Shooting) 게임 〈투 워2 WAR〉의 〈노르망디의 이방인〉은 모두 ARG를 활용한 새로운 브랜드 스토리텔링 전략의 사례들이다.

이처럼 현실세계의 다양한 미디어를 플랫폼으로 인터랙티비티가 있는 스토리텔링을 만들어가는 형식의 콘텐츠들은 브랜드의 광고와 홍보 방식을 바꾸고 있다. 이러한 콘텐츠들은 소비자를 수동적으로 정보를 받아들이는 존재가 아닌 적극적이고 능동적인 참여자로 바꾸어놓았으며 그들로 하여금 다양한 이야기를 직접 생성하도록 유도하는 데 성공했다. 따라서 트랜스미디어 시대의 브랜드들은 쌍방향의 참여식 콘텐츠를 창작하고 소비자를 플레이어로 변화시키는 다양한 트랜스미디어 브랜드 스토리텔링 전략을 구사해야 한다.

제2부

다양한 트랜스미디어 스토리텔링

5장

SNS+게임

: MUD의 부활

권보연

SNS와 게임, 재현세계라는 교집합과 차집합

SNS인 〈페이스북〉과 비디오게임 〈심즈 온라인〉, 두 매체의 공통점은 무엇일까? 쉽게는 모두 컴퓨터 프로그램에 의해 만들어진 가상 환경에서 작동하는 디지털 매체라는 점, 조금 복잡하게는 둘 다 이기고 지는 승부가 명확하지 않은, 사회적 교류와 표현을 목적하는 매체라는 공통점을 떠올릴 수 있다. 이처럼 SNS와 비디오게임은 매체 본질과 토대에 관한 핵심을 공유하며, 둘 사이에는 어떤 관련이 있으리라는 실마리를 전하고 있다. 하지만, 여전히 SNS와 비디오게임의 관계를 자연스럽게 받아들이는 것은 쉽지 않다. 왜일까? 무엇보다 둘의 겉모습은 그다지 비슷하지 않다. SNS가 문자, 이미지, 영상 등으로 분절된 로그가 조합되어 작동하는 시뮬레이션이라면, 비디오게임은 애니메이션 그래픽으로 구성된 배경 세계에서 캐릭터의 퍼포먼스가 펼쳐지는 세계를 보여준다. 겉모습, 즉 인간의 감각 기관을 통해 지각되는 '재현세계'가 우리로 하여금 SNS와 비디오게임을 서로 비슷하기보다 다른 것으로 생각하도록 만든다.

브렌다 로럴Brenda Laurel에게 컴퓨터는 '극장'이었다. 디지털 매체의 토대가 되는 컴퓨터는 단지 도구가 아닌 그 자체로 하나의 매체이며 무엇보다 재현세계를 창조하여 인간과 상호작용하는 본질을 지니고 있다. 로럴의 논리를 이어간다면 SNS와 비디오게임은 다양한 의미를 담지하고 있는 기호들이 재현되는 시공간에서 머릿속에 상상으로만 존재하는 세계imaginary world가 아닌 실재하는 세계actual world로 태어난다. 따라서 '재현'은 컴퓨터 스크린을 통해 나타나 눈, 귀, 피부 감각과 같은 물리적 자극 반응을 통해 인간에게 지각되는 세계라는 점에서 SNS와 비디오게임의 공통분모이며 각 장르와 개별 매체 사이의 서로 다른 미적 경험을 구분 짓는 분기점으로 역할한다. 다시 말해서 SNS와 비디오게임은 재현세계를 가지고 있다는 점에서 교집합을 형성하지만 재현 양상에 따라 차이를 드러낸다는 점에서는 고유한 차집합을 갖는다.

비디오게임은 '게임에서 재현의 역할은 무엇인가'를 주제로 격렬한 초기 논쟁을 거쳤으며 그 과정에서 SNS와 같은 다른 디지털 매체의 재현을 함께 이해할 수 있는 속성이 도출되는 성과를 얻었다. 게임 연구자들에 의하여 해명된 재현 양상은 크게 네 가지로 각 유형은 '무엇을' 재현하는가와 '어떻게' 재현하는가에 관한 두 가지 측면을 포함한다.[1] 첫 번째 재현 양상은 로럴의 드라마 구조에 입각한 사용자 행위 관점 재현으

1 곤잘로 프라스카, 『억압받는 사람들을 위한 비디오게임』, 김겸섭 옮김, 커뮤니케이션북스, 2008, pp.16–20.

로, 비디오게임을 액션이 재현되는 디자인 매체로 인식한다. 두 번째, 자넷 머레이Janet Murray에 의해 제안된 사용자 실천 서사로서의 재현 양상이다. 머레이는 사용자의 참여적 서사 생성을 가능하게 하는 것은 비디오게임을 포함한 디지털 매체의 주된 자질에 해당하는 몰입, 에이전시, 변형 영향으로 판단한다. 세 번째 재현 양상은 담화 시뮬레이션의 개념이며 올셋은 이 논의의 선구적 연구자이다. 올셋은 디지털 매체의 재현은 시스템적인 작동 구조를 가지고 있는 바, 전통적 서사와 달리 담화의 기계적 작동에 초점을 맞추는 시뮬레이션 대상으로 이해되어야 한다고 주장한다. 올셋의 관점에서 디지털 매체는 사용자가 읽고, 쓸 때마다 유동적으로 변화하는 기호를 생산하는 기계적 재현을 통해 기존 매체들과 변별된다. 그리고 디지털 매체 가운데 정해진 데이터 세트 안에서 단순히 선형적 순차 조합만이 변경되는 담화와 달리 발생적이고 창조적인 생성과 해석이 가능한 열린 구조를 지닌 매체를 '에르고딕 문학ergodic literature'으로 규정한다.[2]

초기의 재현 논제는 일차적으로 '무엇을' 재현하는가에 집중되었으나 '어떻게' 재현하는가에 대한 내용을 포함하여 각 유형들은 매체가 도달하고자 하는 목적에 부합하는 표현 지향에 따라 선택된다는 합의에 도달했다. 디지털 매체의 재현 대상은 '서사 중심적'이거나 '시뮬레이션 중심적'인 것 사이 어느 지점일 것이며 재현 방식은 '이미지 중심적'이거나 혹은 '텍스트 중심적'인 양극단 사이 어딘가에 위치하고 있다는 것이다. 즉 우리가 직관적으로 받아들이는 SNS와 비디오게임의 유사함과 다름은 재현세계를 구성하는 각 요소의 조합 비율 차이에 기인한다.

2 에스펜 올셋, 『사이버텍스트』, 류현주 옮김, 글누림, 2007, pp. 15-25.

〈MUD〉의 분화와 SNS

재현 양상에서 SNS는 화려한 그래픽과 캐릭터 액션이 몰입적으로 펼쳐지는 비디오게임과 비교했을 때 공통점보다 차이점이 두드러지는 것이 사실이다. 그러나 서로 다른 매체 간 연관은 같은 시대에 속한 공시태를 통해서만 영향을 주고받는 것은 아니다. 마샬 맥루한Marshall McLuhan은 미디어 법칙인 '테트래드tetrad'를 통하여 매체 진화는 선형적 시간 흐름과 현시점의 지배적 매체 위계에 속박되지 않음을 강조한다. 특히, 테트래드를 구성하는 '부활retrieval'은 매체의 과거를 현재에 되살리는 역할을 맡게 된다고 밝힌다.[3] 부활은 과거에 존재했던, 그러나 일정 시간 동안 약화되었던 속성이 다시금 회복되는 현상으로 이를 통해 매체 진화에 대한 통시적 이해가 가능해지고 직전 혹은 현재 익숙한 매체상과의 차이를 해명할 수 있는 근거를 발견할 수 있다. 그러므로 '부활'은 재현을 표현하는 측면에서 보다 텍스트 중심적인 SNS와 이미지를 중심으로 재현세계를 전달하는 비디오게임 사이의 멀어진 거리를 지금이 아닌 오래 전 게임으로부터 추론하여 다시 연결할 수 있도록 지원한다. 이에 SNS와 비디오게임의 끊어진 다리를 잇기 위해 우리가 주목해야 하는 게임이 바로 〈MUD: Multi User Dungeon〉 게임이다.

〈MUD〉는 1979년 영국의 로이 트럽쇼Roy Trubshaw에 의해 최초로 개발된 텍스트 기반 어드벤처 게임이다. 초기 〈MUD〉는 이미지가 전혀 사용되지 않는 글자들, 즉 텍스트 표현만이 가능한 재현세계를 가지고 있었다. 단 하나의 이미지도 없이 텍스트로 가득 채워진 스크린 공간에서 플레이어들은 게임세계를 모험하는 데 필요한 인물, 사건, 배경의 모든

3 마샬 맥루한 · 브루스 R. 파워스, 『지구촌: 21세기 인류의 삶과 미디어의 변화』, 박기순 옮김, 커뮤니케이션북스, 2005, pp.3–15.

*** 테트래드**

맥루한은 모든 매체를 다른 매체와의 관계를 통해 끊임없이 변화하고 새로운 감각 비율을 발생시키는 형식 중심적인 인공물로 인식한다. 테트래드는 그의 매체 법칙을 규정하는 진화 체계로 매체의 두드러진 특성으로 부각되는 전경figure에 속하는 증강amplification과 부활retrieval, 전경 인식을 위한 토대로 역할하는 매체 배경ground으로서 퇴화obsolescence와 역전reversal으로 이루어진다. 모든 매체는 테트래드의 구성 요소에 관한 속성에 답함으로써 현재의 감각 비율을 표출할 수 있다. 그 질문은 아래와 같다.

- 증강: 매체는 어떤 속성을 확대하고 있는가?
- 퇴화: 매체는 어떤 속성을 약화시키거나 위축시키는가?
- 부활: 매체는 이전에 퇴화되었던 속성 가운데 무엇을 부활시키는가?
- 역전: 매체가 지금까지와 다른 방향으로 전환시키고 있는 속성은 무엇인가?

요소를 글로 묘사하고 탐험과 도전을 즐김에 부족함 없는 재현세계 창조에 성공한다. 플레이어는 자신이 본 것과 자신의 행동, 외모, 느낌과 판단 등을 모두 명령어command를 사용하여 입력하고 시스템은 이에 반응하여 게임세계를 변형시킨다. 〈MUD〉는 명령어, 일종의 '말'로 진행되는 게임이라 볼 수 있다. 예를 들어, 플레이어가 현재 위치하고 있는 방을 나와 다른 방향으로 이동하고자 하는 경우의 화면 상황은 다음과 같이 제시된다.[4]

```
>Exit

Obvious exits:
    North –Sun Valley City– The Future
    East – Glowing Blue Path
    South – Tech Road 1– South

Let's go east
```

플레이어가 명령어 '나감'을 입력하면 시스템은 스크린을 통해 '방을 나왔음'을 알리고, 플레이어가 이동할 수 있는 방향과 목표 지점을 제안한다. 그리고 플레이어는 시스템이 제안하는 보기 가운데 하나를 골라 다시 '동쪽으로 가자'라는 명령어를 입력하여 눈에 보이지 않는 캐릭터를 텍스트로 이동시키는 것이다. 〈MUD〉에서는 플레이어의 움직임 뿐 아니라 게임세계에서 보여지는 것들이 모두 텍스트를 사용하여 묘사된다. 플레이어가 선택한 '빛나는 파란 길'에 대한 〈MUD〉 시스템의 배경 묘사는 다음과 같이 이루어진다.

>e
Glowing Blue Path
You are walking along blue path.
It Seems almost like it was lit by magic. But how could that be? Magic doesn't' exit, does it? The path continues to the east. There are ruins to the west. A small sward lies here.

'빛나는 파란 길.
당신은 빛나는 파란 길을 따라 걷고 있습니다.
마치 마법에 걸린 것 같은 길이에요. 어떻게 이런 일이 있을 수 있을까요? 마법 같은 것은 존재하지 않는데 말이죠. 길은 계속해서 동쪽으로 이어지고 있습니다.
서쪽에는 폐허가 있습니다. 그리고 여기에 작은 칼이 하나 떨어져 있네요'

〈MUD〉는 화려한 이미지가 흘러넘치는 오늘날의 게임과는 전혀 다르게 텍스트 중심적인 표현 방법으로도 게임 플레이가 가능하다는 것을 보여주는 사례이다. 1990년대 이전까지 〈MUD〉는 비디오게임, 특히 컴퓨터게임의 대중적 인기를 주도하면서 게임세계를 창조하는 재현 양상을 이미지가 아닌 텍스트에 수립하도록 만드는 영향력을 행사한다. 물론, 이미지보다 텍스트 중심적 재현이 초기 비디오게임을 지배할 수 있

4 Sean Carton, *Internet virtual worlds quick tour*, Ventana Press, 1995, p.46.

었던 배경에는 당시 이미지 기술이 현재와 비교하여 하드웨어와 소프트웨어 모두 미흡했기 때문에 시각적으로 충분히 매력적인 환상세계를 구축하기 힘들었다는 환경적 요소도 일정 원인으로 작용했을 것이다. 그러나 분명한 것은 당시 비디오게임 플레이어들이 보내준 〈MUD〉에 대한 환호는 이미지 재현이 없어도 텍스트를 통해 재미있는 플레이가 가능했다는 것을 증명한다. 그렇게 〈MUD〉는 전 세계 플레이어들의 열광적인 지지를 받으며 빠르게 성장하고 분화될 수 있었다.

'텍스트'라는 고유한 재현 방식을 채택했던 〈MUD〉는 문화적으로도 차별적인 코드를 소유하고 있었다. 공과대학 학생들의 프로그래밍 기량으로 만들어진 초기 탄생 배경이 보여주듯, 〈MUD〉는 기본적으로 컴퓨터 프로그래머들의 개방적 해커 정신을 매체 배경이자 관습으로 지니고 있었다. 1979년 최초로 개발된 〈MUD1〉 사례에서 설계자들은 프로그램 공개를 통해 플레이어가 게임을 조작, 개조할 수 있는 권리를 허용했다.[5]

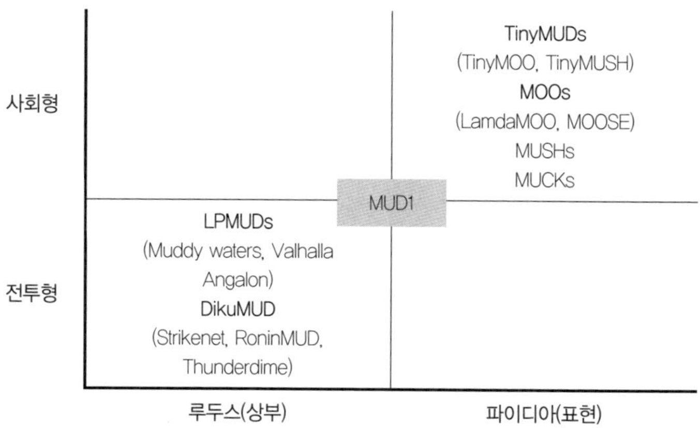

그림 1. MUD1(최초의 MUD)의 1차 분화와 주요 MUD의 유형

5 권보연, 『SNS의 게임화 연구』, 이화여자대학교 디지털미디어학부 박사 학위 논문, 2015, 177–178.

이처럼 파생 〈MUD〉 양산에 우호적인 태도가 취해짐으로써 〈MUD〉는 게임 목적에 따라 루두스적 경쟁 요소가 강조된 '전투형 MUD'와 파이디아로서 사회적이며 자유로운 표현적인 목적이 강한 '사회형 MUD'로의 분화가 빠르게 이루어졌다. 이것을 〈MUD〉의 1차 분화로 칭할 수 있을 것이다.

〈MUD〉 분화가 촉진된 시점은 컴퓨터 그래픽 기술이 함께 성장한 시기였다. 따라서 다양성을 향한 〈MUD〉의 진화는 서로 다른 게임 목적뿐 아니라 상이한 목적에 부합하는 독창적인 재현 방식의 적용, 즉 게임의 시각적 표현 층위로 이어져 나아가게 되었다. 목적에 따라 전투형과 사회형 〈MUD〉로 구분된 세계는 재현세계의 주된 표현 기호에 따라 다시 2차 분화를 겪는다. 2차 분화를 통해 텍스트 중심 표현에 보다 충실하여 전통적 〈MUD〉의 표현 양식을 유지하는 계열과, 발전된 이미지 기술을 적극 수용하여 화려한 영상 효과를 통한 시각 이미지 중심적인 재현세계를 추구하는 계열이 분기되어 서로 다른 성장 경로를 설정하기 시작한다.

전투형 〈MUD〉는 1990년대 이후 그래픽 영상을 활용한 이미지 세계를 적극적으로 받아들이며 텍스트 기반 표현으로부터 점점 멀어지는 진화 방향을 선택한다. 따라서 전투형 〈MUD〉의 진화 계보에서 텍스트 기반 루두스는 약화되었으며 승부를 내는 비디오게임 대부분은 강렬한 시각 이미지를 통해 환상적인 세계를 재현하려는 일관된 노력을 전개하기에 이른다. 반면, 사회형 〈MUD〉는 현실세계와의 모방적 관계를 강화하며 보다 다양한 표현 생성과 해석이 허용되는 재현 방식을 두 가지 갈래로 유지하며 실험을 지속한다. 첫 번째 축은 초기 〈MUD〉의 텍스트 중심성을 따르는 〈싸이월드〉, 〈페이스북〉과 같은 SNS로, 또 다른 축은 〈세컨드 라이프〉, 〈데어닷컴〉과 같은 이미지 재현에 충실한 사회형 가상세

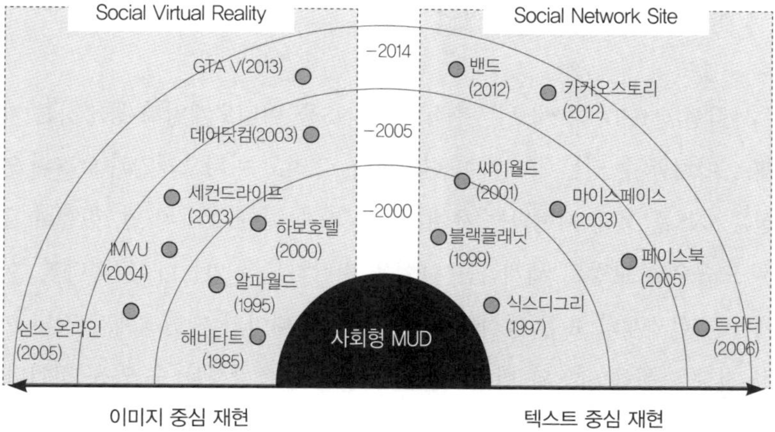

그림 2. 사회형 MUD의 2차 분화

계를 구성하기에 이른다.

〈MUD〉의 분화 과정을 추적함으로써 우리는 현재의 재현 양상으로는 관계 규명이 쉽지 않은 SNS와 비디오게임의 연결 고리, 즉 SNS와 비디오게임 사이에서 왜 유사성보다 상이성이 먼저 지각되는지에 대한 실마리를 발견할 수 있게 되었다. SNS는 이미지 중심적 재현이 부각된 비디오게임에 나타난 재현 기법과는 거리를 두고 있으나 오래된 게임으로서 MUD의 텍스트적 표현과 사회적 전통을 되살리며 시간을 뛰어넘는 공명을 시도한다. 게임 목적에서 이기고 지는 승부보다는 함께 어울리는 사회적 교류와 자유로운 표현에 충실한 SNS는 일차적으로 '사회형 MUD'과 연결되어 있으며, 몰입적 영상과 시각적 액션 플레이보다 분절된 로그 시뮬레이션을 통해 재현세계를 표현한다는 점에서 '텍스트 중심 MUD 게임'의 계보와 맞닿아 있다.

SNS, 현실 모방을 향하다

사회형 〈MUD〉의 계보를 추적하여 SNS를 비디오게임과 공명하는 매체로 이해할 수 있는 근거가 마련되었다. 그리고 비디오게임과 SNS의 연결은 SNS를 통해 재현되는 세계가 현실과 동일한 것이 아닌, 현실과 닮은 모습으로 모방된 세계라는 사실을 지각하도록 만든다. 그렇다면, 이제는 재현세계의 표현 방식에서 한 걸음 더 나아가 재현세계가 지닌 미적 지향을 통해 SNS와 비디오게임의 관계를 조망해볼 수 있을 것이다. 캐서린 흄Kathryn Hume에 따르면 인간에 의해 재현되는 세계는 '모방mimesis'과 '환상fantasy'이라는 서로 다른 두 방향의 충동을 모두 필요로 한다.[6] 재현세계에서 인간이 지각하는 미적 경험은 모방과 환상 가운데 어떤 하나만으로는 결코 이루어질 수 없다는 것이다. 실질적으로 특정한 재현세계로부터 지각되는 미적 감각의 차이는 모방과 환상 충동 가운데 어느 방향을 향한 흐름이 보다 우세한가에 따라 발생한다. 가령, 현실 '모방'이 강조된 재현세계는 다른 사람들도 나의 경험을 공유할 수 있다는 사실감을 통해 현실에 존재하는 사건, 사람, 상황 등을 모방하려는 욕구가 높게 나타난다. 반면, 환상이 강조된 재현은 현실세계의 형상과 경험, 관습으로부터 자유로운 일탈적 상상 기회가 증가하는 것이 특징이다.

이처럼 서로 다른 재현세계를 이해하기 위해서는 플레이어 사이의 '용인된 가정'이 필요하다. 용인된 가정이란 문예 비평가 노스럽 프라이Northrop Frye의 개념이며 절대적으로 강제되지는 않으나 그것에 동의하지 않다면 특정 장르를 통해 재현된 보편 문화와 맥락이 수용되지 않는다는 점에서[7] 개별 비디오게임을 통해 드러나는 미적 지향을 파악할 수 있는

6 캐서린 흄, 『환상과 미메시스』, 한창엽 옮김, 푸른나무, 2000, pp.55-62.

7 노스럽 프라이, 『비평의 해부』, 임철규 옮김, 한길사, 2011, p.171.

고유한 출발점이라 할 수 있다. 예컨대, 비디오게임 〈피파 온라인〉, 〈AA 온라인〉, 〈테트리스〉, 〈WOW〉를 재현세계가 지닌 환상과 모방의 균형으로 비교하는 경우, 〈피파 온라인〉과 〈AA 온라인〉은 〈테트리스〉, 〈WOW〉 대비 높은 현실 모방성을 통해 사실감을 발생시키며, 반대로 〈WOW〉와 〈테트리스〉는 상대적으로 높은 수준의 환상성을 획득한다. 이처럼 재현세계의 미적 충동을 근거로 분류하는 경우, 모방 충동 비중이 높은 비디오게임을 '리얼리티 게임reality games'으로, 환상 비중이 높은 비디오게임은 '판타지 게임fantasy games'으로 분류할 수 있다.

SNS는 용인된 가정의 힘으로 플레이어가 현실세계와 현실세계에 속한 나의 존재를 반영한 인물이 되어 활동할 것을 요구한다. 이와 같은 가정은 일상 세계의 다양한 면모를 재현할 수 있도록 고안된 SNS의 표현 규칙에 의해 유지된다. 즉 SNS는 MMORPG와 같이 직접적인 배경 서사를 전달하지 않지만 용인된 가정을 기반으로 현실을 반영하는 매체 문맥과 관습을 통해 플레이어가 모방하고자 하는 현실 사건들을 재현한다. 다시 말해서 SNS는 내재된 표현 기능이 플레이어의 선택과 조작에 의하여 사실관계가 입증되지 않은 허구 창조를 허용한다 하더라도 본질적으로 현실과의 완전한 괴리를 원치 않으며 현실과 연결된 모방 표현이 전제되는 재현세계를 지향하고 있다는 의미이다. 이렇듯 SNS는 리얼리티 게임의 모방적 충동에 보다 가깝게 다가서고 있는 '게임화 매체 gamified media'이며, SNS를 통해 구축되는 재현세계는 미메시스와 환상의 충동 비율을 조절하여 현실세계와 근접한 거리를 설정하고자 한다. 이 과정에서 재현세계 내의 환상은 약화되고 사실성이 높아져 플레이어가 만들어낸 표현들은 현실의 일상과 복잡하게 뒤섞인다. 이것은 현실과 현실 아닌 것의 경계를 흐리게 만들며 SNS가 재현하는 세계를 '혼재형 게임pervasive games'의 맥락으로 변화시킨다.

SNS를 통한 게임세계의 확대

SNS와 사회형 MUD의 관계에 근거하여 우리는 SNS가 게임과 혼종하고 있는 '게임화 매체'라는 이해에 도달했다. 게임화 매체로서 SNS는 현실과 환상의 경계를 의도적으로 흐리게 지우며 모호한 재현 특성 자체를 고유한 게임 미학으로 제시하고 있는 것이다. SNS는 현실을 향해 게임의 재현세계를 확대한다는 점에서 '혼재형 게임'의 이상을 공유한다.

안드레아 란지Andrea Lange는 혼재형 게임이 GPS, 모바일 기술 발달과 게임 플레이어 증가에 따른 놀이 문화 확대와 같은 최근의 기술 사회적 맥락을 반영하고 있다고 판단한다. 란지의 관점에서 혼재형 게임은 통시적으로 가장 진화한 게임 유형 가운데 하나로 평가될 수 있다.[8] 혼재형 게임의 재현세계는 현실세계 내에서 게임 플레이가 발생하는 공간, 시간, 사회적 경계로 설정된다. 현실에서 발생하고 있지만 현실 그 자체가 아닌 게임의 유효한 힘이 도달할 수 있는 특별한 문맥이 설정되는 곳에 '매직 서클'이 형성되는 것이다. 혼재형 게임의 매직 서클은 호이징하에 의해 최초 제안된 것으로, 현실과 게임이 서로 넘나들 수 없는 불투명한 장벽 개념으로부터 변화했다. 혼재형 게임의 매직 서클은 투과가능하며, 극단적으로는 현실과 경계가 구분되지 않는 투명한 상태로 볼 수 있기 때문이다.

SNS는 혼재형 게임의 매직 서클과 마찬가지로 '공간적 확장', '시간적 확장', '사회적 확장'을 통해 현실과의 경계 허물기를 시도한다.[9] 공간적,

---

8 Andreas Lange, ed. Borries, von F., Walz, P., S., Bőttger, M., Places to play: What game settings can tell us about games, *Space Time Play: Synergies Between Computer Games, Architecture and Urbanism: the Next Level*, Springer, 2007, pp.16–19.

9 Montola Markus, Jaakko Stenros, Annika Waern, *Pervasive games: theory and design*, Morgan

시간적 확장은 현실 시공간의 장벽과 한정을 극복하여 플레이어가 원하는 시공간이라면 언제 어디서든 SNS를 통한 재현세계의 창조와 개입이 가능해짐으로써 가능해진다. SNS의 재현세계는 승부가 필요한 상황부터 그와는 무관하게 오직 자유로운 표현만이 발생하는 모든 맥락에 도달할 수 있으며 플레이어는 일상과 게임에 대한 엄밀한 구분을 거부하는 것이 가능하다. SNS 플레이어는 재현 대상들이 지금 당장 플레이 맥락에 수용되지 않을 수 있지만 언제든 플레이로 변할 수 있는 잠재적인 상태라는 점을 이미 지각하고 있기 때문이다.

매직 서클에서 시공간과 함께 사회적 서클이 확장하는 것은 자연스러운 일이다. 매직 서클로부터 현실과 현실 아닌 것, 게임과 게임 아닌 것의 경계가 깨어질 때 사람들은 불가피하게 플레이 상황에 노출되며 이에 대한 적극적 인식 여부와 상관없이 플레이 상황에 참여하고 개입할 수 있는 기회가 증가한다. SNS의 재현세계로부터 플레이 맥락 전환을 적극적으로 수용하는 사람을 강한 게임 인식을 지닌 '플레이어'로 정의한다면 상대적으로 이에 대한 지각이 없거나 낮은 사람은 '참여자'로 분류한다. 그러나 혼재형 게임의 원리는 매체가 게임적인 맥락으로 수시 전환되는 구조라면 그와 같은 상황에 노출된 사람들은 더 이상 단순한 도구의 '사용자'로 볼 수 없다고 밝힌다.[10]

SNS는 사회형 MUD로부터 이어진 재현 전통을 계승함으로써 게임화 매체의 인식을 획득한다. 그것은 특정한 매체를 게임의 관점으로 바라보게 만든다는 점에서 '게임 프레임'의 적용으로 볼 수 있다. 게임 프레임을 통한 새로운 시야 확보는 모방 충동을 지닌 SNS를 단지 현실을 답습하고 이에 순응하는 매체가 아니라 게임이 지닌 놀이와 유희 감각으

Kaufmann Publishers Inc., 2009, pp.11-17.

10 앞의 책, 2009, pp.118-119.

로 경험하도록 지원한다. SNS의 확장된 매직 서클은 매체와 상호작용하는 인간을 플레이어로 변화시키며 그들에게 기존 현실 관습과 상식으로부터 벗어날 수 있는 자격과 기회를 부여하는 것이다. 혼재형 게임 관점에서 SNS의 사용자는 곧 플레이어이며 이들은 재현세계를 대하는 '태도'를 놀이와 진지함 사이 어느 지점에 위치시킬 것인지 스스로 선택하는 것이 가능한 존재이다. 또한 재현세계로부터 발생하는 '상황 이해'를 조작된 것과 일상적인 것 사이의 어떤 지점으로 규정하는 것도 가능하다. 그러나 이러한 인식 상태는 가변적이며 사건이 발생하는 매 순간 새롭게 설정되는 것이 특징이다.

몬톨라 마르쿠스Montola Markus 등은 혼재형 게임에서 플레이어의 재현세계 인식 상태는 태도mindset와 상황context 이해에 관한 매트릭스 조합을 통해 순간을 포착할 수 있다고 판단한다. 인식 상태의 역동성은 플레이어의 태도와 상황 인식이 현실적이고 진지함에 가까워지는 변화를 '하강 조정down-keying', 그와 반대로 거짓에 가까운 허구 조작과 즐기기 위한 놀이적인 태도에 근접하는 변화를 '상승 조정up-keying'으로 분류한다.[11] 게임화 매체로서 SNS에서도 플레이어가 자신이 대면한 상황을 무엇으로 이해하고 어떤 태도를 취하는가에 따라 재현세계에 관한 인식은 크게 달라질 수 있다. SNS를 통해 발생하는 다양한 표현과 반응들이 매회, 매순간 일정하지 않은 지각으로 경험되는 것은 혼재형 게임의 재현 원리와 유사하다.

게임 프레임을 통한 시야 확보는 SNS를 현실의 허구화를 확장하는 매체로 지각하게 만든다. 확장된 매직 서클은 플레이어가 기존의 현실 관습과 상식으로부터 벗어날 수 있는 자격과 기회를 제공하기 때문이다.

11 앞의 책, pp.268-273.

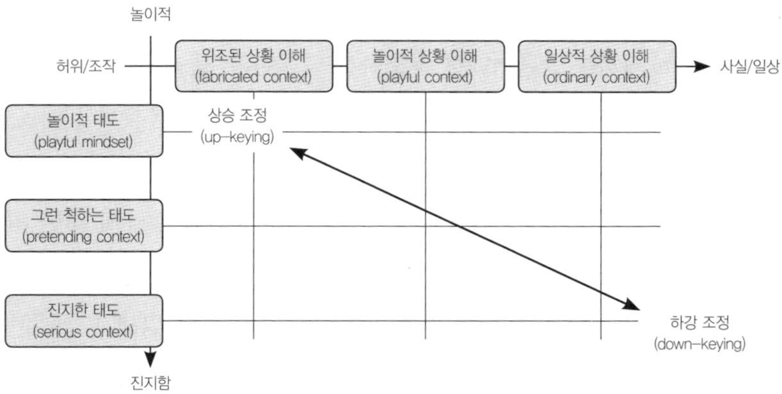

그림 3. 혼재형 게임의 재현세계 인식 매트릭스

그리고 그 영향은 게임의 허구를 통하여 일상 현실의 부조리와 갈등을 노출시키는 '벼랑 끝 게임brink games'으로 이어진다.[12] 예컨대, 혼재형 게임 〈크루얼 투 비 카인드Cruel 2 B Kind〉의 미션은 일상에서 만나는 낯선 이에게 갑작스럽고 우연한 친절을 베푸는 것이다. 친구와 적, 호의와 적의에 대한 상식은 게임의 허구 속에서 뒤바뀌고 의문에 빠진다.[13] 이러한 행동은 보편적인 현실 관습에서는 낯선 것이며 재현된 상황은 게임 문맥에 포함될 때 비로소 타당해진다.

SNS에서는 낯선 사람에 대한 경계심이 높지 않고, 타인에 대한 관심과 개입이 흔히 발생한다. 그것은 소셜 네트워크로 연결된 사람들 전체에 대한 친밀감이 현실에서 생겨나는 것보다 높게 설정되는 현상으로, 현실세계에서라면 무례하거나 의외의 것으로 여겨져 금기시되는 일이라고도 볼 수 있다. 무엇보다 SNS 플레이어는 재현세계를 창조하고 해석하는 모든 과정에서 높은 수준의 능동적 개입과 주관적 판단을 보장

12 앞의 책, p.124.
13 제인 맥고니걸, 『누구나 게임을 한다』, 김고명 옮김, 알에이치코리아, 2012, pp.271–279.

받는다. 그는 단순히 주어진 세계를 순서만 바꾸어 경험하는 존재가 아니며 스스로 세계를 만들어내는 창조자로 역할한다. 플레이어는 의심과 회의를 가지고 현실과 허구, 놀이와 진지함의 불명확한 경계에서 매 순간 새롭게 자신의 위치를 조정해야 한다. SNS를 통한 게임세계의 확장은 일상적인 보편 관습을 낯선 것으로 변화시켜 당연한 것들에 대한 의문을 제기하도록 만든다. 진지한 현실과 유희적 놀이 경계에서 지금 이 순간 발생하는 사건과 행동의 진정한 의미를 파악하기 위해 도전하는 것, 무엇도 당연한 것으로 받아들이지 않는 것, 그리고 그러한 사유와 판단의 지속을 즐겁게 경험하는 것을 SNS가 게임으로서 우리에게 전하는 메시지라 칭할 수 있다.

맥루한은 『미디어의 이해: 인간의 확장』 2부에서 '게임'을 가장 이상적인 매체로 긍정한다.[14] 맥루한은 뜨겁고 시각적인 매체의 단일하고 몰입적인 지각과 비교하여 차갑고 청각적인 매체가 지닌 공감각적 속성을 이상적인 매체 감각으로 평가하면서 인간은 오직 게임을 하고 있을 때, 부분이 아닌 자신의 전체를 활용할 수 있다고 말한다. 맥루한의 관점에서 게임화는 SNS와 상호작용하는 인간의 모든 감각을 확장하고 긴장을 해제시켜 제약 없이 열려진 여러 방향을 향해 사유를 펼칠 수 있도록 만드는 매체 진화 현상이다. 맥루한은 게임을 대중 예술로 규정하며 게임과 예술은 모두 인간을 틀에 박힌 일상 관습이 부과하는 압력으로부터 한걸음 비켜설 수 있도록 해주고, 또한 그것을 관찰하고 의문을 제시할 수 있는 능력을 가질 수 있도록 만드는 힘을 지니고 있다는 말로 그 가치를 긍정했다. 게임은 인간에게 순응을 가르침과 동시에 순응으로부터 벗어나 저항할 수 있도록 도움을 준다는 것이다. 무엇보다 게임은 본질

14 마샬 맥루한, 『미디어의 이해: 인간의 확장』, 김상호 옮김, 커뮤니케이션북스, 2013, pp.404-422.

적으로 열린 사회를 향하는 대중 예술로서 매체 본질을 공동체와의 교류와 표현에 두고 있는 SNS와 혼종 가능한 교점을 형성한다. 플레이어에 의해 두 매체 모두 매 순간 새로운 상태로 변화하는 '살아 숨 쉬는 예술lively arts'로 나아가고 있다.[15]

문화와 관습의 변화는 예술에 관한 인간 경험과 고정관념을 함께 변화시킨다. 그러므로 지금까지 예술로 인식되지 못했던 매체라 할지라도 그로부터 예술적 감각이 새롭게 포착되는 것은 놀라운 일이 아니다. 특히 SNS와 비디오게임처럼 누구나 창조적 재현에 참여하는 매체의 경우 전문화된 사회가 권위를 인정한 예술가의 존재가 사라지기 때문에 예술에 대한 고정 관념과는 이질적인 측면이 있는 것이 사실이다. 그러나 맥루한이 지적하는 바, 원시 부족 시대처럼 '부족민' 모두가 예술가로 활동하던 시대에는 예술가에 대한 별도의 제한이 필요하지 않았다. 오늘날 SNS는 게임과 유의미한 관계를 맺으며 '플레이어'라는 놀이 부족의 감각을 일깨워 그들을 통한 '일상의 예술 되기'를 실천하고자 한다. SNS의 게임화는 익숙한 일상 경험을 새로운 형태로 바꿈으로써 평범하고 무덤덤한 현실을 놀이의 언어로 번역한다. SNS는 게임을 향해 진화함으로써 순응을 요구하는 현실에 의문을 품고 저항과 전복을 꿈꾸는 예술로 변화하고 있다.

15 Henry Jenkins, *Games, the new lively art*, Handbook of computer game studies, 2005, pp.175–192.

6장

모바일+게임

: 모바일 미디어와 게임 플랫폼

이진

움직이는, 완전한 개인의 등장

모바일mobile은 '움직이는 조각'을 뜻하는 모빌에서 비롯되었다. 1932년, 알렉산더 칼더Alexander Calder는 평소에 친분이 있던 피에트 몬드리안Piet Mondrian의 추상 형태 원반들을 움직이게 하고 싶었다. 칼더는 몬드리안의 원반들을 철사에 매달아 최초의 모빌을 선보였고, 조각은 움직이지 않는다는 고정관념을 깨뜨렸다. 칼더의 모빌은 예술 작품에서 움직임을 하나의 조형 요소이자 본질로 수용하면서 혁명적 변화를 일으켰다. 스마트 디바이스와 무선네트워크 환경 또한 전화라는 프레임에 갇힌 '이동전화'를 컴퓨팅의 영역으로 나오도록 만들었다. 사용자의 손에 들린 모바일은 그 형태가 폰이든 패드이든, 태블릿이든 '움직이는 개인 컴퓨터PC'이자 스크린이 되었다. 언제 어디서나 꺼내들 수 있는 강력한 컴퓨팅 툴인 모바일로 인해 컴퓨터와 전화는 각기 저마다 의미의 변화를 맞이하기 시작했다.

적국에 대한 공격과 방어를 위한 군사 시뮬레이션을 목적으로 만들어진 컴퓨터는 멀티-미디어를 생산할 수 있는 문화적 도구로 거듭났다. 연구실을 채우는 거대한 크기의 애니악ENIAC은 개인의 책상 위Desk-top로 자리를 옮기면서, '사용자user'라는 중립적인 존재를 탄생시켰다. 사용자로서 개인은 콘텐츠를 수동적으로 소비하는 독자/관객이라는 소비자에서 생산자로 그 위상의 변화를 겪는다. 적극적인 사용자로서 개인은 입력input을 통해 결과값output을 도출해내는 상호작용을 본질로 하는 컴퓨팅 기술과 만나 자신이 원하는 정보를 검색하고, 댓글을 달고, 타인과 이를 공유하고 나아가 자신의 이야기를 덧붙이는 단계에 이르렀다.

결합되는 카메라, 이미지 및 텍스트 편집 툴, 오디오 어플리케이션과 같은 저작 도구의 질이 향상되고 인터페이스가 쉬워지면서 컴퓨팅 기술은 사회 주체들이 수행하던 생산의 역할을 개인이 수행할 수 있도록 만들었다. 프로와 아마추어, 생산자와 소비자의 경계가 흐릿해지는 과도기적 상황에서 모바일 미디어는 그 중심에 자리 잡고 있다. 책상 위에 묶여 있던 컴퓨팅 기술은 이동전화와 결합하면서 인간의 손 안에서 전환기를 맞았다. 글쓰기 도구가 우리 사고에 함께 반영된다고 했던 니체의 말처럼 모바일 디바이스는 가장 강력한 글쓰기 도구로서 일상의 많은 부분을 주조하는 미디어가 되었다. 그렇다면 모바일 미디어는 개인의 일상을 정말 변화시키고 있을까?

아침에 일어나 알람을 끄고, 출근길 지하철에서 게임을 하며 뉴스를 검색한다. SNS에 접속해 밤새 친구들이 남긴 포스팅을 둘러보고, 웹툰을 보며 조금 늦을 것 같다고 모바일 메신저로 직장 동료에게 메시지를 보낸다. 시간과 공간의 제약을 벗어나는 것을 넘어, 시간과 공간을 조정하고, 일상은 모바일로 매개된다. 이러한 모바일이 가진 물리적인 특징은 이동성과 휴대성을 기반으로 극대화된다. 인터넷과 컴퓨터를 통해 접속하던 가상세계는 그야말로 언제 어디서나 접속해 나를 드러낼 수 있다. 개인을 주체로 시간과 공간을 조정한다는 것은 결국, 모바일 미디어를 통해 개인이 시간과 공간을 인지하는 방식이 바뀐다는 것이다.

모바일을 통해 시간은 조각나지만, 겹겹으로 중첩된다. 30분 동안 지하철을 타고 어디론가 간다고 가정해보자. 업무 메일을 쓰거나, 친구들과 이야기를 하고, 게임을 플레이하거나, 기사를 볼 것이다. 30분이라는 시간은 잘게 쪼개지며, 다양한 콘텐츠들로 채워진다. 이러한 미시적 시간은 동시에 일어날 수도 있다. 친구들과 모바일 메신저를 하는 동시에 음악을 들으며 모바일 음악 스트리밍 서비스에 음악평을 남길 수도 있기 때문이다. 모바일 미디어의 미시적 시간의 중첩화를 프랜시스 조레기베리는 시간의 조밀화densification of time와 이중 시간double time의 생성이라는 말로 설명한다.[1]

공간은 모바일을 통해 가상과 실재의 경계가 흐려지는 혼종적인 공간성을 가진다. 책상 앞에 앉아 컴퓨터가 켜지기를 기다려 인터넷에 접속하던 것과 달리, 모바일을 통해 항상 가상세계에 접속할 수 있다. 일종의 네트워크 항상성을 유지하기 위해 모바일은 범위를 넓히고, 속도를 올리고, 끊임없이 사용 가능한 무선 네트워크를 찾아 헤맨다. 모바일 메신저를 통해 친구와 이야기할 때 그곳은 곧 가상의 카페, 가상의 방이 된다. 웹에서 메타포적으로 사용되던 카페와 룸에서 모바일은 원격 현존telepresence을 실시간으로 경험하게 해준다. 모바일 미디어를 통해 커

1 Francis Jauréguiberry, "Mobile telecommunications and the management of time", *Social Science Information*, Vol 39., No. 2, 2000, pp.255–268.

뮤니케이션에 참여하는 사람은 가상적 공존virtual coexistence을 이룬다. 사용자의 신체가 있는 물리적 공간이 대화가 이루어지며 형성되는 가상 공간과 끊임없이 교차된다는 점에서 이러한 원격 현존이 갖는 의미는 다른 어떤 미디어보다 크다고 할 수 있다.[2]

인간 경험은 기술에 의해 일방향적으로 변하지 않는다. 기술 자체는 오히려 비어 있으며, 인간이 어떻게 사용하느냐에 따라 비어 있던 곳이 채워진다. 즉 인간과의 관계 속에서 기술은 그 의미를 획득하는 상호의존적인 관계이다. 돈 아이디는 인간과 기술 간의 관계를 논하며, 체화된 관계, 해석적 관계, 배경적 관계라는 개념을 제시한다.[3] 체화된 관계는 안경이나 전화와 같은 신체 기능의 확장에 해당한다. 해석 관계는 온도계와 같은 해석(독서)를 요하는 텍스트를 제공하는 기술이며, 배경 관계는 스마트 홈과 같이 기계와 직접 관계를 맺진 않지만, 배경으로써 인간을 둘러싸고 있다. 모바일 미디어는 세 가지 관계를 아우르는 복합적인 관계를 형성한다. 시각과 청각, 촉각을 사용하는 인간의 공감각적 확장이자 다양한 해석을 요구하는 콘텍스트로서 어플리케이션을 접하게 되는 창구이다. 내용적으로는 비어 있는 모바일은 어떠한 것으로 채우느냐에 따라 사용자의 일상적 배경은 달라진다. 새로운 기술과 미디어를 인간 신체의 확장으로 이해했던 맥루한의 말처럼 결국 기술을 객관적인 대상으로 고찰하기보다는 인간에게 새롭게 도입되는 새로운 척도로 보아야 한다.[4]

모바일 미디어는 디지털 패러다임에서 컴퓨터와 인터넷 이후 새로운 인간 경험을 구성하는 척도로 작용하고 있다. 모바일 미디어에 의해 시

2 이재현, 『모바일 미디어』, 커뮤니케이션북스, 2013, p.64.
3 돈 아이디, 『기술철학: 돈 아이디의 기술과 실천』, 김성동 옮김, 철학과현실사, 1998, pp.44-59.
4 마셜 맥루한, 『미디어의 이해』, 박정규 옮김, 커뮤니케이션북스, 1997, p.25.

간과 공간에 제약을 넘어선 완벽하게 네트워크화된, 생산자이자 소비자로서의 개인이 등장한 것이다. 물론 소셜 미디어와 개인 미디어와 같은 키워드가 오롯이 모바일 미디어에 의해 촉발된 개념은 아니다. 그러나 모바일 미디어에 의해 외연이 넓어졌음을 부정할 수 없다. 문자와 독서를 통해 홀로 책을 읽으며 사유하는 '합리적인 이성을 지닌 개인'이 등장했다면, 모바일 미디어에 이르러서는 홀로 사유한 것을 집단과 공유할 수 있는 '움직이는, 완전한 개인', 즉 시간과 공간의 조정자로서 개인이 등장했다.

모두의 게임, 게임하기의 의미 변화

한국의 온라인게임은 2000년 이후 인터넷의 보급과 함께 극적인 성장세를 보여주었다. 온라인 분야에서만큼은 북미와 일본에 뒤지지 않는 독보적인 영역을 구축한 것이다. 그러나 성장세가 둔화되고 플레이어들이 까다로워지기 시작하면서 정체기를 겪고 있다. 'PC 플랫폼 온라인게임의 시대는 갔다'라는 말이 나올 정도로 게임 개발의 중심축은 온라인에서 모바일로 이동했다. 그만큼 플레이어의 관점에서 접근성이 좋고 다양하고 새로운 플레이 경험을 얻을 수 있는 모바일게임은 매력적이다.

전 연령층을 타깃으로 TV와 경쟁하고자 했던 닌텐도의 위Wii나 마이크로소프트의 엑스박스 키넥트와 같은 체감형 게임들은 그 영역을 넓히고 있지만, 아직까지 모바일게임만큼 극적인 성장세를 보여주지 못하고 있다. 이에 비해 모바일 미디어를 플랫폼으로 한 모바일게임들은 빠른 속도로 정착과 동시에 체감형 게임과는 다른 의미에서 전 연령층이 게임을 하도록 만들었다. 남녀노소를 불문하고 각기 자신의 모바일 기기의 스크린을 들여다보며 따로 또 같이 플레이를 즐기고 있는 것이다. 그런 의미에서 모바일게임의 경쟁재는 PC게임이 아닌, 텔레비전이다. 닐슨-코리안클릭에 따르면 국내 모바일게임 이용자 수는 2014년 기준 2,100만 명, 하루 평균 이용 시간은 62분으로 추정된다. 한국인의 낮은 여가 시간을 고려했을 때, 모바일게임은 이미 TV와 더불어 주요한 놀이 미디어로 자리 잡았다. 단일 모바일게임의 매출이 시장에 안정적으로 자리 잡은 PC 플랫폼 온라인게임의 매출을 넘어섰다는 것도 이 점을 시사한다. 모바일 RPG 게임인 〈블레이드〉의 월 매출은 처음으로 MMORPG 게임 〈리니지〉의 월 매출을 넘어섰다. 엔씨소프트의 〈리니지〉는 2013년 서비스 15주년을 맞아 250억 원이라는 월 최고 매출액을 기록했고, 2014년 4월에 출시한 〈블레이드〉는 월 매출 270억을 기록했다. 이는 모바일게임이 게임 플랫폼으로서 안정적으로 자리 잡았음을 나타내는 산업적 지표이다. 이러한 모바일게임의 극적인 대중화는 스마트폰과 태블릿이라는 1차적인 하드웨어 플랫폼의 높은 보급률과 함께 '카카오톡 게임하기', '라인 밴드', '아프리카TV' 등의 2차적인 서비스 플랫폼이 결합한 결과이다. 서비스 플랫폼의 다양화와 함께 안정적인 게임의 유통이 가능해지면서 모바일 플랫폼은 다양한 장르의 게임을 수용하는 안정적이고 독립적인 게임 플랫폼으로 자리 잡았다.

성공적인 모바일 미디어의 게임 플랫폼화는 플레이어들에게 기존의 PC 플랫폼과는 다른 경험을 선사하고 있음을 보여준다. 그렇다면 모바일 미디어는 게임 플랫폼으로서 어떤 플레이 경험을 생성해내는 기반이 되는가? 이러한 이야기의 출발점은 모바일 미디어가 가져온 시간과 공간에 대한 인간 경험의 변화에서부터 시작할 수 있다. 개인이 경험하고 인지하는 시간과 공간의 변화는 모바일게임의 구조 자체와 게임 플레이에도 영향을 미친다.

*** 게임 플랫폼**

게임을 접하고, 플레이할 수 있는 매개 환경을 의미하는 기존의 게임 플랫폼은 게임이 플레이되는 하드웨어를 기준으로 온라인, PC, 비디오, 아케이드, 모바일 등으로 구분되었다. 모바일게임의 폭발적인 성장세와 함께 전반적인 플랫폼의 개념은 다층적으로 형성되었다. 기존의 하드웨어 플랫폼에 더해 카카오톡, 라인, 스팀과 같은 서비스 플랫폼, 안드로이드와 ios와 같은 운영체계 기반의 플랫폼 등이 그것이다.

모바일 미디어의 이동성에 의해 획득된 미시적 시간의 중첩화는 플레이어로 하여금 모바일게임 내부의 시간과 공간을 분절된 단위로 경험하게 한다. 모바일 사용자들은 여러 역할과 과제가 전개되는 연속적 순간들을 효과적으로 조직하며 시간의 밀도를 증가시킨다.[5] 조각난 미시적 시간들이 중첩되거나 배열되는 틈새의 시간은 사용자가 플레이어로 전환되면서 새로운 의미를 부여받는다. 자투리 시간에 게임하기는 그 시간의 의미를 새롭게 부여한다. 일종의 시간 때우기로 시작되었던 자투리 시간에 게임하기는 먼저 자투리 시간 자체의 의미를 변화시킨다. 자투리 시간은 조각나고 파편화된 시간이 아닌, 찰나의 의미 있는 시간으로 기능한다. 모바일 미디어는 "죽은 시간", "잃어버린 시간", "중지된 시간", "빈 시간", "틈새 시간niche time"을 그냥 내버려두거나 '죽이지' 않고, 유용한 시간, 유익한 시간으로 전환한다.[6] 플레이어들은 자투리 시간에 게임을 플레이하고, 이러한 분할된 시간을 모아 게임 내의 통합적인 시간과 공간으로 환원시킨다.

자투리 시간을 자원으로 하는 모바일게임은 기존의 PC 플랫폼의 온라

5 김성도, 『호모 모빌리쿠스』, 삼성경제연구소, 2008, p.295.
6 이재현, 앞의 책, 2004, p.105.

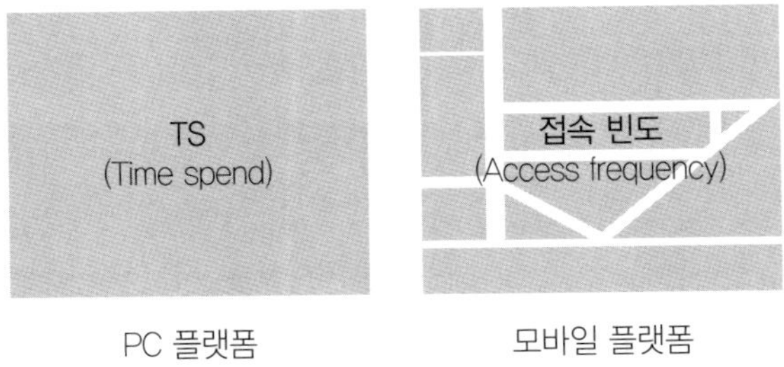

그림 1. PC와 모바일 플랫폼의 플레이타임 구조

인게임과는 다른 플레이 타임 구조를 가진다. 플레이어가 좋아하는 게임에 즐거움을 느껴 오랜 시간을 쏟는다는 사실은 변하지 않지만, 그 시간을 쏟는 패턴은 변화한다. 오랜 시간 접속해 드러나던 게임에 대한 플레이어들의 애정은 이제 잦은 접속 빈도access frequency를 통해 표현된다. 게임 플레이 시간의 총량은 지속적인 빈도에 의해 완성된다. 접속 빈도수 기반의 플레이 패턴은 기존의 PC 플랫폼의 게임과는 다른 형태의 게임 디자인을 요한다.

모바일게임의 플레이 구조는 자투리 시간에 게임하기라는 짧은 시간의 잦은 접속에도 유의미한 경험을 얻을 수 있도록 최적화되었다. 초기에 〈팜빌〉, 〈위룰〉과 같은 '팜류 농장 경영 게임' 붐과 〈에브리타운〉, 〈룰더스카이〉, 〈타이니팜〉과 같이 후속 게임들의 지속적인 인기 또한 이를 방증한다. 틈틈이 접속해서 작물을 수확하고 지속적으로 돌봐야 하는 것이 필수적인 '팜류 게임'은 미시적이고 분할된 시간 동안 플레이해야 하는 구조로 설계되어 있다. 유저는 장시간 접속해서 농장을 돌보기보다는 일상의 자투리 시간에 자신의 작물과 동물들을 돌본다. 이러한 조각난 시간들은 결국 자신이 가진 농장의 발전이라는 게임 내의 통합적인 시간과 공간의 상태로 갈무리된다.

*** TS와 접속 빈도**

특정 게임의 트래픽 측정에서 TS는 중요한 지표가 된다. TS는 Time Spend의 약자로, 분 단위로 기록된다. 길이가 길어질수록, 플레이어가 게임 월드에 체류하는 시간이 길어짐을 나타낸다. 하루, 일주일, 한달 등 특정 기간을 설정해 플레이어의 플레이 패턴을 살펴볼 수 있다. 이러한 TS는 개념은 PC 플랫폼의 온라인게임에 적합한 측정 단위이다. 모바일게임의 경우, TS보다 접속 빈도Access Frequency의 중요도가 더 높다.

퍼즐이나 액션 게임들 또한 자투리 시간에 게임하기에 최적화된 분절적인 미션 클리어 구조이다. 기본적으로 통합적인 맵을 제시한다 하더라도, 플레이는 분절적인 스테이지 단위에서 이루어진다. 단일 스테이지의 대부분 플레이 타임은 30초 혹은 길어야 3분을 넘지 않는 구조이다. 해당 스테이지의 미션을 클리어해서 다음 스테이지로 연속적으로 넘어갈 수 있지만, 스테이지 자체가 주는 경험은 미시적으로 분할되어 있다. 플레이어는 미션의 성공과 실패 여부와 상관없이 자신이 위치해 있는 문자 그대로의 맵으로 돌아오게 된다. 게임 플레이 접속의 지속 시간은 짧지만 누적되는 접속 빈도는 누적된 시간의 총량과 같이 물리적인 양으로 나타낼 수 없는 통합적인 경험을 담을 수 있다. 결국 분절된 의미에서 자투리 시간에 게임하기 행위는 통합적인 시간을 형성하며 일상의 상당 시간에 모바일게임을 침투시킨다.

모바일게임은 게임 텍스트와 실재의 경계가 모호하다. 모바일게임에서 플레이어는 현실의 정체성을 그대로 유지하면서 게임 텍스트 내로 가져가고, 게임 속 페르소나와 공존한다. 이는 게임 속 페르소나의 약화라는 관점보다는 기존의 PC게임과는 다른 혼종적 페르소나를 형성하는 모바일게임의 특징이라고 볼 수 있다. 카카오톡이나 페이스북 등에 기반한 현실의 친구는 잠재적이고 가상적인 자원이 된다. 분절된 스테이지를 플레이하고 돌아왔을 때 플레이어를 맞이하는 것은 가상세계의 NPC가 아닌 실재 친구 ID의 순위 변동이다. 모바일 소셜 플랫폼을 기반으로 하는 게임들은 심지어 해당 게임을 설치하지 않은 친구들까지 잠재적인 플레이어로서 '노 랭크No rank'로 인터페이스에 보여준다.

이러한 실재와 가상의 혼합은 모바일게임 내의 커뮤니티 시스템이라는 부분적인 시스템의 특징에 머무는 것이 아니라, 모바일게임의 플레이 방식에 영향을 미친다. PC 플랫폼 게임에서 커뮤니티 시스템이 게임 플레이를 보조하기 위한 도구였던 것과 비교하면 이는 상당한 변화이다. 문자 그대로 '친구와 게임하기'는 모바일 미디어가 제공하는 네트워크의 항상성에 의해 전제되는 모바일게임의 새로운 플레이 패턴이다. PC 기반의 친구와 게임하기 형태는 영속적인 게임 월드에서 함께 퀘스트를 수행하거나 인스턴스 던전을 플레이하는 등의 물리적인 형태로 함께 시간과 공간을 점유하고, 구체적인 게임 내 사물들과 함께 상호작용을 하는 것이다. 모바일게임에서 친구와 게임하기는 실시간으로 함께 시간과 공간을 공유한다는 의미가 아닐 수 있다. 〈퍼즐 앤 드래곤〉처럼 친구라는 표지를 가지지만 실질적으로는 AI(Artificial Intelligence)와 함께 전투를 할 수도 있고, 〈헤이데이〉처럼 다른 시간에 서로의 공간을 방문하며, 죽어 있는 농작물을 살리는 등의 친구가 남긴 흔적을 공유할 수도 있다. 친구와 게임하기에 PC 플랫폼 게임이 '게임하기'에 방점을 두고 있다면, 모바일게임은 '친구'에 무게 중심을 두고, 때에 따라서는 다소 부담스러울 수 있는 협동 플레이를 우회적인 형태로 그려내고 있다. 그런 관점에서 본다면 모바일게임은 실질적으로 시간과 공간을 공유하면서 플레이를 하게 되는 PC 플랫폼 게임보다 더욱 개인적인 플레이 형태를 가정하기도 한다.

PC에서 모바일로, 스크린의 이동

모바일 미디어가 게임 플랫폼으로 자리매김하면서 모바일게임은 새로운 미디어 플랫폼에 최적화된 새로운 게임 플레이 패턴을 형성했으며, 변화는 현재진행형이다. 그 변화의 추이를 살펴보기 위해 동일한 게임이 PC에서 모바일로 스크린을 이동한 경우들을 살펴보자.

초기에는 모바일게임에서 얻게 되는 플레이 경험이 PC게임과 어떻게 다른지를 인지하는 것이 쉽지 않았다. 모바일 플랫폼은 독립적인 게임 플랫폼으로 고려되기보다는 PC게임에 맥락화된 플레이어를 전제로 하는 보조적 도구로 인식되었다. 모바일 플랫폼을 고유한 게임 경험이 가능한 게임 플랫폼이 아닌, PC게임에 맥락화된 플레이어들에게 정보를 전달하는 보조적인 혹은 부가적인 스크린으로 인식했기 때문이다.

〈월드 오브 워 크래프트〉의 '전투정보실'이 이를 잘 보여준다. '전투정보실'은 모바일게임 또는 PC게임의 모바일적인 재구성이라기보다 일종의 어플리케이션으로 PC게임의 기능 일부를 연동을 통해 이식시킨 형태이다. 이러한 형태는 어플리케이션들의 연동 정도에 따라 크게 세 가지 기능으로 나누어진다. ① PC게임의 캐릭터 정보 및 아이템 정보와 게임 로그 확인, ② 게임 내 아이템의 구매나 경매와 같은 재화의 이동, ③ 원격으로 커뮤니티 내 대화에 참여할 수 있는 제한적인 소셜 기능이다. 이러한 기능들은 PC게임의 플레이를 보조하고, PC라는 고정적인 장소에 얽매인 플랫폼이 가지는 고유한 한계를 모바일 플랫폼이 주는 시공간적 편재성을 통해 부분적으로 해소하고자 한다.

〈리니지〉의 모바일 버전이라고 할 수 있는 〈리니지 헤이스트〉는 〈월드 오브 워 크래프트〉의 '전투정보실'과 비교했을 때, 적극적으로 모바일 플랫폼을 활용하고 있는 형태이다. 〈리니지 헤이스트〉에서 플레이어는 모바일 전투를 통해 'TAM'이라는 포인트를 얻게 되고, 이 포인트를 통해 PC 플랫폼의 〈리니지〉에서 포인트 전용 사냥터의 입장이 가능하다. 플레이어들은 한정된 자원에 접근하기 위한 경로로서 모바일게임인 〈리니지 헤이스트〉를 플레이하게 된다. 〈리니지 헤이스트〉에서도 '텔레포트 시스템'을 통해 보스 몬스터와의 전투가 가능하지만, 기본적으로 〈리니지〉에서 성능이 좋은 아이템과 많은 경험치를 얻기 위한 보조 수단에 불과하다. PC에서 모바일로 스크린의 이동이 보조적 연동의 형태를 보여준다면 이는 모바일 미디어를 맥락화된 플레이어들을 위한 1차적 스크린으로 고려하고, 새로운 경험을 구조화화는 독립적인 게임 플랫폼으로 고려하지 않았기 때문이다.

〈월드 오브 워 크래프트〉의 전투정보실과 〈리니지 헤이스트〉는 그 구체적인 기능은 다르지만, 기본적으로 PC게임을 중심으로 한 일종의 모바일 컴패니언 앱이다. PC게임을 중심으로 한 게임 내 생태계에 오래 머무를 수 있도록 일부 기능을 할당하는 것이다. 〈월드 오브 워 크래프트〉의 경우, 경매나 채팅 등의 부가 기능의 연동으로 물리적 게임 밖에서 게임 내에 체류하는 시간의 확장을 구현한다면, 〈리니지 헤이스트〉의 경우, 모바일에서 별도의 전투 경험을 생성하고, 그 사건의 수치적 결과를 통해 PC 버전 내 전용 전투 공간을 배정하는 식으로 게임 시간과 공간을 동시에 확장하고 있다. 보조적 연동의 형태 또한 태생적으로 수동성이라는 한계를 지니고 있지만, 시간의 확장에서 시간과 공간을 동시 확장하는 형태로 그 영역을 넓히고 있다.

두 번째 PC에서 모바일 스크린으로의 이동 유형은 맥락화된 플레이어들을 대상으로 수평적인 이식을 하는 경우이다. PC게임의 기능과 역할을 나누어 갖는 보조적 연동의 형태가 아닌, 독립된 게임으로서 모바일 게임이 존재하는 형태이다. 이러한 형태는 해당 게임의 멀티 플랫폼화라는 동기 아래 PC게임과 모바일게임이 약한 연동을 하거나, 아예 분리된 게임 로그를 생성한다. 일반적으로 PC게임에서 좋은 반응을 얻었던 게임을 기반으로 모바일 플랫폼에 이식한 경우가 대부분이다. 기존 PC 게임의 게임성을 보존한 시스템의 부분적 변주를 위주로 최대한 동일한 플레이 경험을 전달하기 위해 노력한다.

〈모두의 마블 for Kakao〉는 보드 게임 장르로 실시간 대전과 매칭을 진행하면서 폭발적인 인기를 얻으며 모바일게임 대중화의 기반을 다졌다. 〈모두의 마블 for Kakao〉는 넷마블에서 서비스하고 있는 PC게임 〈모두의 마블〉을 모바일 플랫폼으로 이식한 것이다. 재미있는 현상은 PC게임 〈모두의 마블〉은 큰 반향을 일으키지 못한 반면, 모바일게임 〈모두의 마블 for Kakao〉은 런칭 직후부터 폭발적인 트래픽을 모았다는 것이다. 어떤 게임의 성공에는 다양한 변수들이 관여하지만, 모티프가 된 게임인 보드게임 〈부루마블〉이 모바일 플랫폼에서 나타나는 자투리 시간에 게임하기, 친구와 게임하기라는 특성에 부합했기 때문임은 분명하다. 턴 제로 상대방과 캐주얼하게 대전하는 게임성은 '카카오 게임하기'라는 소셜 서비스 플랫폼과 만나면서, '친구들과 둘러앉을 수 있는 가상의 보드'를 제공한다. 모바일 플랫폼으로 스크린을 이동하면서 달라진 점은 10×10단위의 맵 크기를 모바일의 상대적으로 짧은 플레이 타임에 맞게 8×8로 줄였다는 것이다. 모바일 플랫폼에 적합한 분절적인 게임 플레이의 설계와 잠재적인 친구 풀을 안정적으로 제공한 점, 옹기종기 모여들 수 있는 가상 보드의 존재는 스크린을 성공적으로 이동케 했다.

실제로는 PC 버전이 더 다양한 모드와 시스템을 탑재하고 있더라도, 자투리 시간이 통합적으로 연속성을 가지고, 친구와 함께 플레이하는 가상 보드 공간이 안정적으로 공급되면 모바일게임의 시공간은 더 확장된다. 모바일게임의 이동성과 네트워크 항상성에 의해 〈모두의 마블 for

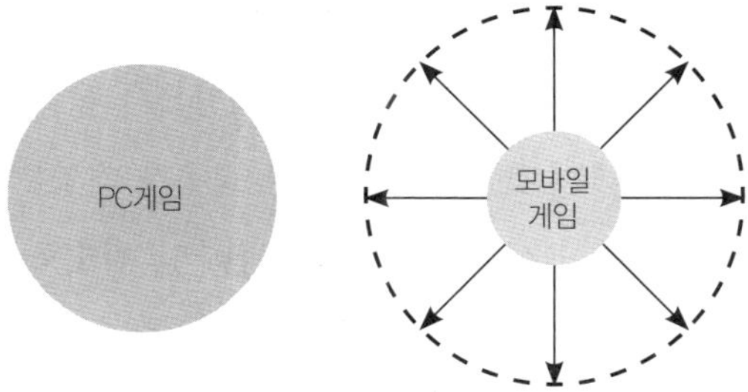

그림 2. 모바일게임 시공간의 잠재적 확장

Kakao〉의 보드는 늘 잠재적으로 펼쳐져 있는 상태이다.

모바일 스크린으로의 이동에서 기존의 PC 플랫폼에서는 무리가 없었던 공간의 향유 방식과 플레이어 간의 상호작용이 모바일 플랫폼과 부합하지 못했던 경우도 있다. 〈스페셜 포스 퍼스트미션〉이 바로 이 경우이다. 〈스페셜 포스 퍼스트미션〉은 PC 플랫폼 기반 1인칭 슈팅게임인 〈스페셜 포스〉를 모바일 스크린으로 이식한 게임이다. 〈스페셜 포스〉와 같은 1인칭 슈팅게임은 PC게임 중에서도 마우스와 키보드를 활용하는 조작과 컨트롤의 난이도가 높은 편이다. 이에 비해 모바일은 터치 패드를 활용한 조작으로 일원화되어 있다. 적을 조준하는 정밀함, 사격을 가했을 때의 타격감, 적을 쫓거나 피하는 이동의 긴박감이라는 1인칭 슈팅게임의 주요 게임성은 일원화된 모바일게임에서 구현하기 쉽지 않다. 〈스페셜 포스 퍼스트미션〉은 조준과 타격감을 강화하고, 이동을 배제한 형식으로 모바일 플랫폼에서 구현되었다. 이동성을 배제한 대신, 시나리오 모드를 강화해 플레이어들이 스토리에 몰입할 수 있도록 했다. 다른 적과의 대결을 위해서 해당 지점으로 직접 이동하는 대신 로딩을 통해 장면이 전환된다. 이를 통해 영화를 보는 것과 같은 효과를 불러일으키지만, 온라인 슈팅게임 장르가 가지고 있는 긴박감과 타격감 등 액션감은 상대적으로 감소하게 된다.

모바일게임에서 게임 장르의 안착은 퍼즐/퀴즈 게임에서 TCG(Trading card game)/디펜스 게임, RPG 게임 등 점점 시각적 재현의 밀도가 높은 방향으로 이동하고 있다. 이는 PC 플랫폼 게임 장르의 안착과 유사한 패턴이라고 볼 수 있으며, 단속적이고 분절적인 플레이 경험을 축적시키는 모바일게임 플랫폼에 적합한 형태는 현재 퍼즐과 카드라는 단순한 정보를 매개로 캐릭터와 아이템의 컬렉팅, 인챈트라는 '빈 곳'을 채우는 형태로 나타나고 있다. 엔씨소프트는 출시 예정인 PC온라인게임 〈블레이드 앤 소울〉의 모바일 버전이 TCG 장르라고 공식 발표했다. 이 경우 〈블레이드 앤 소울〉의 모바일 버전은 PC게임과는 완전히 다른 플레이 경험을 추구한다. MMORPG라는 시각적 재현의 정점에 와 있는 게임을 모바일화하는 단계에서 모바일 플랫폼의 고유 경험을 위해, TCG 장르로 재구성하는 것이다. 모바일 플랫폼에서 TCG 장르는 이미 다양한 게임으로 분절적인 공간 경험과 구조 등으로 그 적합성을 검증받았다.

PC게임 〈던전 앤 파이터〉를 IP(Intellectual Property)로 모바일화한 게임인 〈퍼즐 던파〉도 마찬가지이다. 〈퍼즐 던파〉는 재구성과 보조적 연동형을 모두 가지고 있다. 계정 연동을 통해 매 스테이지 클리어마다 피로도 회복과 성장의 비약, 지옥파티 초대장 등 PC 버전 〈던전 앤 파이터〉에서 이용할 수 있는 아이템을 획득할 수 있다. 전투의 경험을 구성하는 것은 모바일 플랫폼의 고유 경험을 위해 퍼즐이라는 요소를 부각했다. 전투는 시각적으로 재현하되, 그 입력은 퍼즐이라는 캐주얼한 형태를 통해서 단속적인 모바일 플랫폼의 경험을 수용하는 것이다. 이는 롤플레잉과 같은 장르가 모바일 플랫폼에서 적합하지 않다는 식의 평면적인 논의가 아니라, 모바일 플랫폼에서 다양한 장르의 수렴 과정이 캐주얼화를 거친다는 것이다. PC게임을 원작이라는 테두리 안에 넣는다면, 모바일 스크린으로의 이동은 PC게임에 맥락화된 플레이어들을 고려한 보조적 연동에서 수평적 이식으로 이루어졌다. 하지만 모바일게임 플랫폼이 안정적으로 자리를 잡으면서 플랫폼 고유의 경험을 설계하기 위한 캐주얼적 재구성이 시도되고 있다.

게임의 일상화, 일상의 게임화

게임과 놀이는 공공에서 개인의 영역으로 이동해왔다. 강강술래나 윷놀이와 같은 놀이는 공동체 내에서 농작물의 수확과 다복 혹은 친교를 위해 이루어지던 일종의 생활양식이었다. 디지털 패러다임에서 놀이 혹은 게임은 개인의 몰입을 통해 이루어진다. 기술적 인공물인 디지털 게임은 구조화된 룰을 기반으로 개인은 경쟁과 성취를 통해 만족감을 얻게 된다. 1972년, 아타리 사가 만든, 상업적인 성공을 거둔 최초의 게임 〈퐁〉은 미국의 한 펍에 설치되었다. 아케이드나 펍과 같은 공공의 장소에서 이루어지던 디지털 게임은 컴퓨터와 콘솔이라는 플랫폼을 통해 가족의 공간인 거실에 놓이고, 이는 다시 개인의 방에서 더욱 활성화된다. 컴퓨터게임은 온라인이든 오프라인이든 가상세계를 유영하며 매개화된 타인과 만나는 개인적인 미디어가 되었다.

프라이버시가 존중되는 개인의 방이라는 개념이 다소 흐릿한 한국에서 1990년대 후반부터 인기를 끌며 게임 문화의 핵심 공간으로 정착한 곳이 PC'방' 혹은 게임'방'인 것이 우연은 아니다. 일본이나 미국에서 동일한 목적의 공간이 넷 카페net cafe나 사이버 카페cyber cafe와 같은 명칭인 것과는 사뭇 다르다. 한국의 'PC방'은 집 바깥에 존재하는, 군것질거리가 가득한 어둡고 아늑한 개인적 공간이다. 아이러니한 것은 한국의 게임 시장에서 온라인게임이 압도적인 비중을 차지한다는 것이다. 가장 개인적이고 폐쇄적인 공간에서 그 크기를 알 수 없는 가상세계에 접속해 타인과 마주하는 것이 바로 한국의 게이머들이다. 게이머가 바깥보다 어두운 PC방에 들어와 자신이 좋아하는 자리에 앉아, 컴퓨터를 켜고 게임에 접속하는 일련의 과정은 일종의 새로운 세계로의 접속을 위한 준비 의식이다. 이러한 '게임을 위한' 개인적인 공간과 컴퓨터에 앉는 행위는 일종의 물리적인 매직 서클의 표지들이다.

가정의 공간에서 개인의 방 혹은 PC방이라는 폐쇄적인 방으로 그 영역이 축소되면서 게임은 어느 때보다 다양한 개인의 취향을 만족시키는 기호로서 선택의 장을 열었지만, 이에 대한 사회적인 인식은 음지에 머물러 있다. 그러나 모바일 미디어의 게임 플랫폼화가 안착되면서 폐쇄적인 마법원으로 여겨지던 게임은 사회 구성원 다수의 일상 영역으로 나오기 시작했다. 지하철에서 휴대용 게임기를 들고 정신없이 게임을 즐기는 사람을 '덕후'라고 칭하던 시간을 지나, 일상의 공간에서 각양각색의 모바일게임을 즐기는 다양한 연령층의 사람들을 찾아볼 수 있다. 게임이 일상인 생활이 소수의 게이머 집단의 이야기였다면, 모바일게임 플랫폼이 가져온 게임의 일상화는 불특정 다수의 개인에게 해당되는 의미 있는 현상이다. 미시적이고 중첩된 자투리 시간을 통해 모바일게임은 일상으로 침투하고, 혼종적인 공간성을 통해 일상과 비일상, 실재와 가상의 경계를 무너뜨린다.

모바일게임에 의한 게임의 일상화는 게이미피케이션으로 이야기되는, 일상의 게임화라는 현상의 과도기 혹은 동전의 뒷면이다. 게임의 수행적이고 절차적인 특성은 교육과 마케팅 분야에서 적극적으로 게임과 결합을 시도하는 이유였다. 기본적으로 다른 미디어에 비해 높은 상호작용성을 요하는 게임의 진입장벽이 높은 건 사실이었다. 게임의 일상화는 그러한 진입장벽을 일부 허무는 데 성공했다. 나이키에서 매년 개최하는 마라톤 대회인 '나이키 위 런 서울'은 카카오톡 플랫폼에 〈나이키 런 더 시티NIKE Run the City〉라는 실제 러닝과 게임을 접목시킨 모바일게임을 선보였다. 서울 각 도심의 랜드마크를 정복하고, 미션을 클리어하고, 모바일 메신저 친구들과 경쟁을 하기도 한다. 모바일게임의 플레이어가 획득한 점수를 통해 등록 경쟁이 치열한 '나이키 위 런 서울'의 우선 등록권을 배포하기도 했다. 모바일게임을 통해 플레이어들은 온라인과 오프라인에서 동시에 달리면서 일상을 게임으로 바꾼다. 게임 혹은 게임성을 기반으로 한 트랜스미디어 콘텐츠들이 주목받는 이유에는 일상의 게임화라는 매력적인 이유도 있을 것이다. 이러한 일상의 게임화는 모바일게임 플랫폼을 통해 촉발된 게임의 일상화에 일부 빚지고 있다.

스마트폰을 중심으로 한 현재의 모바일 미디어는 체화된 미디어의 측면에서 과도기적인 형태이다. 실제로 웨어러블 디바이스는 스마트 워치와 글래스를 시작으로 다양하게 인간 신체의 확장을 고민하고 있다. 레프 마노비치 또한 컴퓨터를 '메타미디엄meta-medium'이라 명명하고, 컴퓨터가 광범위한 기존 미디어를 포괄하면서 혼종화의 방향으로 진화할 것이라고 주장한다. 소셜 미디어의 등장, 모바일 플랫폼의 확장과 앱 마켓의 발전이 이러한 혼종화의 결과물이다.[7] 그러나 모바일 미디어의 게임 플랫폼화에서 읽어낼 수 있는 게임하기의 의미 변화와 새로운 플레이 경험은 과도기라고 해서 그 중요성이 퇴색되지는 않는다. 어떠한 현상과 단어가 가지고 있는 의미는 거시적인 관점에서 늘 유동적이기 때문이다. 비디오게임은 예술인가라는 질문을 던진 이안 보고스트Ian Bogost는 게임을 차치하고 예술은 당대 문화에서 어떤 고정적 의미를 지

7 레프 마노비치, 『소프트웨어가 명령한다』, 이재현 옮김, 커뮤니케이션북스, p.425.

닌 적이 없었다고 말한다.[8] 그러므로 예술을 단일하고 고정적인 무언가로 생각하는 것은 불합리하다는 것이다.

현대 미술의 혁명가 마르셀 뒤샹이 남성용 소변기에 서명을 한 후 '샘Fountain'이라는 이름을 붙여 전시한 것에서 볼 수 있듯, 예술은 변화하고, 예술의 목적이나 우리의 관점도 변화한다. 그렇기에 게임은 예술이며, 예술이 아닐 수도 있다. 모바일게임도 마찬가지이다. 하드웨어의 발전과 함께 끊임없이 변화하며 모바일 플랫폼에 맞는 게임의 미학을 찾아갈 것이다. 이러한 과정은 우리의 일상과 밀접하기에 그 변화는 늘 가까이에서 모습을 드러낼 것이다.

8 Ian Bogost, *How to Do Things with Videogames*, University of Minnesota Press, 2012, p.10.

7장

체감+게임

: 몸으로 즐기는 게임

김은정

체감형 게임, 온몸으로 즐기다

인간은 컴퓨터와 접촉하는 감각적인 부분을 강화하고 물리적인 디자인을 개선하면서 기계를 좀 더 사용하기 쉽게 만들기 위해 노력해왔다. 기계 언어를 직접 입력해 컴퓨터를 조작했던 시기에는 프로그래밍 언어를 다룰 수 있는 소수의 사람만이 컴퓨터라는 매체를 이용할 수 있었다. 그러나 이제 컴퓨터는 체감 인터페이스interface를 통해 유아부터 노인까지 누구나 쉽게 이용할 수 있는 매체가 되었다. 인터페이스란 다른 두 개의 물질이 접하는 면이라는 점에서 파생된 용어이다. 사람과 도구 및 기계의 접점, 도구-기계와 대상의 접점을 의미한다.[1]

미래학자 니콜라스 네그로폰테Nicholas Negroponte는 1995년에 출간

한 책 『디지털이다』에서 10년 후의 인터페이스에 대해 다음과 같이 이야기한 바 있다.

> "향후 10년 동안 우리의 도전은 더 큰 스크린을 만들거나 더 좋은 음질, 사용하기 쉬운 그래픽 입력 장치를 만드는 데 있지 않다. 다음에 도전해야 할 대상은 컴퓨터로 하여금 당신을 알게 만들고, 당신에게 필요한 것이 무엇인지를 알게 하고, 목소리와 목소리 이상의 언어들까지도 인식하도록 하는 것이다. 이는 컴퓨터가 미세한 음향 차이를 가려내야 한다는 말이 아니라 의미를 이해할 수 있어야 한다는 말이다. 바로 이것이 훌륭한 인터페이스이다."[2]

반세기 정도의 짧은 역사를 가진 디지털 게임은 수많은 변화를 겪어 왔다. 게임 형태나 내용은 시스템의 기술적 발전에 따라 급속히 변화한다. 최근 게임 기술은 가상현실Virtual Reality과 웨어러블 디바이스Wearable device를 이용한 실감미디어 기반 게임 개발에 집중되고 있다. 점과 선의 단순한 움직임을 만들어내는 것에서 시작된 게임은 현실세계를 그대로 재현한 가상현실VR 환경으로 발전했다. 게임 인터페이스는 버튼과 조이스틱을 이용하는 방식에서 플레이어의 몸에 센서가 달린 장치를 장착하여 자연스러운 신체 움직임과 생체 신호를 감지해서 게임을 플레이하는 방식으로 진화하고 있다.

체감형 게임은 현재의 게임이 제공하는 가상 경험을 현실의 몸을 매개로 보다 현실적인 경험으로 변화시킨다. 사람의 의사 표현의 93%가 비

1 카이호 히로유키 · 하라다 에츠코 · 쿠로스 마사아키, 『인터페이스란 무엇인가』, 박영목 · 이동연 옮김, 지호, 1998, p.37.

2 니콜라스 네그로폰테, 『디지털이다』, 백욱인 옮김, 커뮤니케이션북스, 1996, pp.86–88.

*** 실감미디어**

실감미디어Immersive media란 사용자에게 가상 환경에서 현실 같은 생생한 경험을 제공하기 위해 시각, 청각, 촉각, 운동감각 등의 다양한 감각 정보를 전달해 몰입감과 현장감을 극대화하는 매체를 의미한다. 입체 영화 〈아바타〉의 성공을 계기로 산업계의 차세대 미디어 기술로 부상했다. 3D 입체, 고해상도 디스플레이, 오감 자극, 증강현실Augmented Reality: AR 등의 기술을 기반으로 성장하고 있다.

언어적으로 이루어진다고 한다. 신체언어는 우리가 어떤 사람인가를 알려주는 핵심이다.[3] 인간과 인간의 의사소통에 근접한 방식으로 우리는 디지털 게임과 소통하기 원한다. 이러한 인간의 욕망은 네그로폰테가 이미 예견했듯이 신체의 움직임을 소통의 적극적 수단으로 활용하기 위한 게임 인터페이스를 만들었다.

게임 인터페이스는 사용성의 문제를 떠나 경험의 중요한 수단이다. 인터페이스의 차이는 경험의 차이를 만든다. 게임 속 아바타와 무기, 아이템 등을 움직이기 위한 보편적 인터페이스로 컴퓨터게임의 마우스와 키보드, 가정용 비디오게임 컨트롤러를 들 수 있다. 그러나 아케이드 게임 시장에서 처음 등장한 DDR(Dance Dance Revolution)은 몸 전체를 움직여 게임을 조작하는 인터페이스를 경험하게 만들었다. 손으로 조작하는 이전의 방식과 차별화된 게임 경험은 DDR을 상업적으로 성공시켰다. DDR의 유행은 본격적인 체감형 게임 시대를 여는 전조였다.

체감형 게임은 플레이어 몸의 움직임을 이용해 게임을 조작하거나 감각을 자극하는 피드백이 주어지는 게임이다. 몸 전체의 움직임은 플레

3 토니야 레이맨, 『몸짓의 심리학』, 강혜정 옮김, 21세기북스, 2011, p.24.

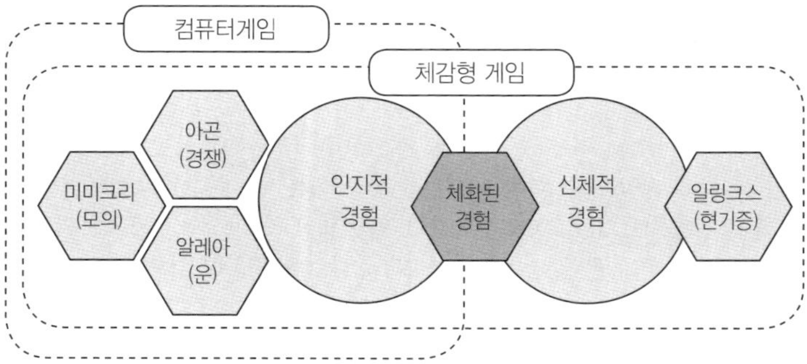

그림 1. 체감형 게임의 놀이성

이어에게 시각, 청각 자극을 넘어 근육운동감각을 자극한다. 이를테면 롤러코스터를 탔을 때의 짜릿함을 게임에서 더 실감나게 재현하기 위해 몸의 움직임을 이용하는 것이다.

놀이학자 로제 카이와Roger Caillois는 경쟁, 우연, 모의, 현기증이라는 역할 중 어느 것이 우위를 차지하는가에 따라 놀이를 네 개의 주요 항목으로 구분했다. 그는 그 항목들 각각을 아곤Agon, 알레아Alea, 미미크리Mimicry, 일링크스Ilinx로 이름 붙였다. 아곤은 시합, 경기를 뜻하는 그리스어로 축구나 구슬치기 또는 체스를 하면서 노는 유형이다. 알레아는 요행, 우연을 뜻하며 룰렛이나 제비뽑기를 하며 노는 놀이 항목이다. 미미크리는 흉내, 모방을 뜻하며 해적놀이, 병원놀이처럼 흉내 내며 노는 경우 미미크리로 구분할 수 있다. 마지막 일링크스는 그리스어로 소용돌이의 뜻을 가지며 회전이나 낙하 등 빠른 운동을 통해 자신의 내부에 기관의 혼란과 착란의 상태를 일으키면서 노는 놀이를 가리킨다.[4] 신체의 적극적 개입을 배제하고 정신적 가상경험만을 추구해왔던 지금까지의 디지털 게임은 아곤(경쟁), 알레아(운), 불완전한 미미크리(모의)의

4 로제 카이와, 『놀이와 인간』, 이상률 옮김, 문예출판사, 1994, pp.36–37.

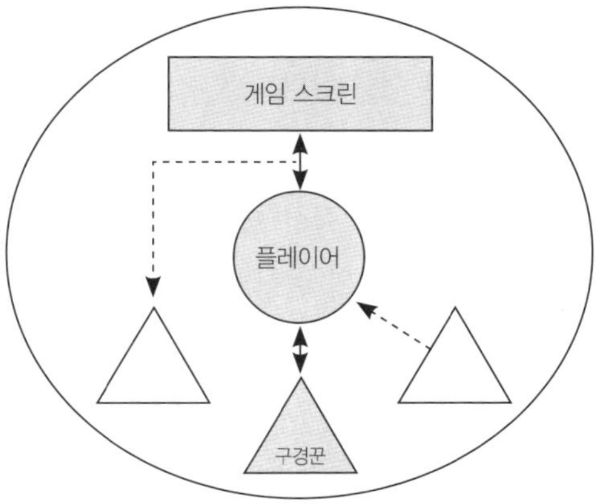

그림 2. 체감형 게임의 커뮤니케이션 관계

놀이였다. 그러나 체감형 게임은 그동안 디지털 게임에서 경험할 수 없었던 일링크스(현기증)의 놀이 경험과 체화된 미미크리를 통해 새로운 즐거움을 추구한다.[5]

몸의 인터페이스화는 필연적으로 게임 공간을 확장시킨다. 가정용 체감형 게임기인 닌텐도 위와 엑스박스 키넥트가 시장에 처음 소개될 때 개발사들은 홍보를 위해 사람들이 많이 모이는 장소에서 게임을 시연했다. 화려한 게임 화면과 함께 상호작용하는 플레이어의 움직임은 지나가는 사람들의 관심을 끌기에 충분히 흥미로웠다. 체감형 게임은 게임을 직접 플레이하는 플레이어뿐만 아니라 플레이를 구경하는 사람들에게도 즐길 거리를 제공한다. 구경꾼들은 플레이어가 화면 속에 펼쳐지는 게임세계와 얼마나 잘 상호작용하는지에 관심을 갖고 두 요소를 모두 지켜볼 수 있다. 스크린 속 가상세계의 플레이만을 즐길 수도 있고, 플레이어의 우스꽝스러운 몸짓을 구경하는 것이 더 재밌을 수도 있다.

5 김은정, 「체화된 경험Embodied Experience으로서의 게임하기: 〈키넥트 러시〉를 중심으로」, 『한국게임학회지』, Vol.9, No.1, 2011, p.30.

만약 플레이어와 관객의 관계가 가족이나 친구처럼 서로 아는 사이라면 대화를 하면서 게임을 즐길 수도 있다.

체감형 게임에서 사용자는 이제 스크린 앞에 앉아 가상세계를 들여다보지 않고 물리적 현실공간에서 직접 행위하며, 그 움직임은 스크린 안쪽 가상공간에서 구현됨과 동시에 현실세계의 관객에게 새로운 유희 요소로 작용한다.[6]

전통적 인터페이스의 게임은 마우스, 조이스틱, 또는 키보드의 특정 버튼을 누르는 행위가 캐릭터의 움직임으로 구현된다. 이때 플레이어의 '버튼을 누른다'는 행위와 가상세계의 캐릭터가 '달린다'는 행위는 서로 대응 관계를 갖지만 그 둘 사이는 자의적 관계이며 유사성이 없다. 캐릭터를 달리게 하기 위해 게임마다 다른 방식을 사용할 수도 있다. 이럴 경우 사용자는 더욱 혼란스럽게 될 것이다. 따라서 플레이어는 외국어를 배우는 것처럼 게임과 소통하기 위해 별도의 언어를 매뉴얼을 통해 익혀야 한다. 이러한 언어가 완전히 익숙해져야 플레이어는 만족스러운 게임 플레이를 통해 재미를 느낄 수 있다. 그러나 물리적 세계를 반영해 가상세계를 제공하면 사용자는 무언가를 기억하거나 생각하지 않고서도 무엇을 어떻게 하면 좋을지 직관적으로 알 수 있다. 사람들은 일상생활에서 의식하지 않고도 잘 생활할 수 있는 부분이 많다.[7] 체감형 게임은 직접 조작 인터페이스를 이용한다. 체감형 게임 속 아바타를 달리게 하기 위해 플레이어는 달리는 동작을 직접 해야 한다. 물리세계의 달리기가 가상세계의 달리기로 구현되는 것이다. 그러나 이때 현실세계의 달리기 동작은 게임화를 거쳐 부분 변형된다. 달리기 동작을 통해 실제 위

---

6 김재영 · 성정환, 「게임-확장공간에서의 '게임적 신인류'의 형성:체감형 게임을 중심으로」, 『한국게임학회논문지』, Vol.10, No.5, 2010, p.9.

7 히로유키 외, 앞의 책, p.190.

* 자기지각 이론Self Perception Theory

- 인간은 태도와 신념을 결정하기 위해 자신의 행동을 살펴본다는 이론이다.
- 타인뿐 아니라 자신의 행동을 보고 이전에는 파악하지 못했던 자신에 대해 파악하게 된다. 즉 사람들은 자신의 행동으로부터 자신의 태도를 추론한다.

치 이동을 하는 것이 아니라 제자리에서 달리기를 하는 것이다. 이러한 직접 조작 인터페이스를 통한 게임 제어는 캐릭터의 몸을 통한 대리적 운동감각이 아닌 플레이어 자신의 신체를 통해 직접적인 운동감각을 느낄 수 있게 한다. 때문에 체감형 게임 중에는 스포츠 경기나 헬스, 요가와 같이 운동 효과를 목적으로 하는 것들이 많다. 날씨 때문에 실외 체육활동이 불가능할 경우 몇몇 초등학교에서는 키넥트게임을 수업에 적극적으로 활용하기도 한다.

인간은 태어나면서 생명을 유지하는 아주 작고 잔잔한 호흡으로부터 시작해서 점차 몸을 움직이게 된다. 유럽 현대 무용의 아버지이자 무용 이론가인 루돌프 폰 라반Rudolf von Laban은 이 작은 움직임을 곧 삶이라 했고 자신을 표현하는 창조의 근원이라고 생각했다.[8] 인간은 몸을 통해 의미를 부여받는, 신체화된 마음을 갖고 있다. 한번 실험을 해보자. 먼저 잇몸이 살짝 드러나게 입꼬리를 최대한 끌어당겨 웃어보자. 그 상태에서 아주 슬픈 생각을 해본다. 잘될까? 물론 잘 안 될 것이다. 신체적 표현과 감정을 따로 두는 것은 쉽지 않다.[9]

신체화된 의미와 인지의 양상을 심도 있게 탐구했던 인지철학자 마크 존슨Mark Johnson은 경험의 층위를 신체적, 물리적 층위와 정신적, 추상

8 신상미 · 김재리, 『몸과 움직임 읽기』, 이화여자대학교출판부, 2010, p.5.
9 정희권, NPC2014 강연 자료, 2014 (http://www.inren.co.kr/webzine/news/?news=111052).

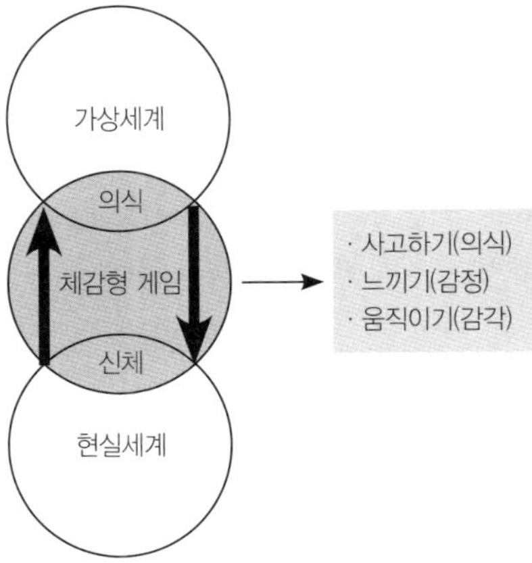

그림 3. 감정과 신체 움직임의 관계

적 층위로 나누었으며 신체적, 물리적 층위의 경험을 통해 정신적, 추상적 층위의 경험이 형성된다고 봤다.[10] 체감형 게임은 플레이어의 몸의 움직임을 통해 신체적, 물리적 층위의 경험을 풍부하게 형성할 수 있다.[11] 체감형 게임은 조이스틱이나 키보드와 같은 전통적 인터페이스를 조작하는 게임의 즐거움과는 다른 새로운 경험을 가능하게 한다. 즉 몸의 역동적 움직임을 게임하기를 위한 새로운 언어로 사용하는 체감형 게임은 우리를 새로운 형태의 흥미와 긴장, 몰입의 세계로 이끈다.

가상과 실제의 교차, 키아즘

키아즘chiasme은 신경의 교차를 나타내는 말이다. 인간이 두 눈을 통

10 조지 레이코프 · M. 존슨, 『몸의 철학: 신체화된 마음의 서구 사상에 대한 도전』, 임지룡 · 윤희수 · 노양진 · 나익주 옮김, 박이정, 2002, pp.26–30.

11 우탁 외, 『체감형 게임 인터페이스 관계 분석 모델』, KOCCA 연구보고서 11. 1, 한국콘텐츠진흥원, 2011, p.47, 재인용.

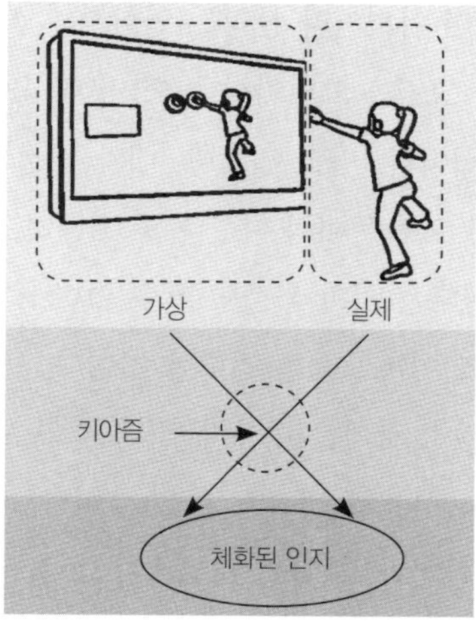

그림 4. 체감형 게임의 키아즘

해 사물을 볼 때 시신경의 교차가 발생하게 된다. 이 교차 또는 교차배열을 키아즘이라고 한다. 몸의 현상학자 메를로 퐁티Maurice Merleau-Ponty는 키아즘을 후기 사상을 드러내는 핵심적 개념으로 삼았다. 그의 키아즘 개념은 보는 것과 보여지는 것의 근본적인 관계를 나타낸다. 즉 만지는 것이 동시에 만져지는 것이기도 한 재귀적인 존재방식을 의미한다. 예를 들어 연인이 서로 손을 잡고 있는 상황을 생각해보자. 남자의 손은 여자의 손을 만지는 동시에 여자의 손에 의해 만져지는 것이기도 하다.

체감형 게임은 게임을 플레이하는 물리적인 공간 속에 존재하는 플레이어의 몸과 스크린에 펼쳐진 가상세계를 키아즘적 관계로 만든다. 이질적인 특성을 가진 이 두 세계의 키아즘적 결합은 체감형 게임의 고유의 메커니즘으로 작용한다. 실제와 가상의 키아즘적 구조를 갖는 체감형 게임은 플레이어가 몸을 매개로 지각하고, 느끼고, 움직이는 행위가 동시적으로 이루어지는 경험을 제공한다.

20세기 근대 회화의 아버지라 불리는 인상주의 화가 폴 세잔은 풍경을 유심히 관찰한 후 그림을 그리면서 "풍경이 내 속에서 자신을 생각한다. 나는 풍경의 의식이다."라고 말했다. 내가 풍경을 바라보며 생각하다 보니 풍경이 내 속으로 들어와 나를 온통 지배하고 오히려 풍경이 나를 생각하는 것이 된다는 의미로 설명할 수 있다. 즉 주체와 대상의 관계가 역전되는 물아일여物我一如를 경험한 것이다. 보이는 것이 보는 나를 가득 채워 나는 없고 보이는 대상이 꽉 나를 채우고 있는 상태. 이런 경험을 해본 적이 누구나 한 번쯤은 있을 것이다. 체감형 게임은 이런 키아즘적 경험을 제공한다. 체감형 게임에서 내 몸은 스크린 속 가상세계를 바라본다. 동시에 몸이 거울처럼 스크린을 통해 나에게 보여진다. 상호 엮임을 통해 주체와 대상의 구분은 모호해진다. 내가 어떤 사물을 보는 동시에 그 사물에 의해 나는 보여진다. 나는 봄과 보여짐의 교차를 통해 세상을 감각하며 경험한다. 체감형 게임은 봄과 보여짐의 교차, 즉 키아즘을 통해 나르시즘적 감각의 소통을 일으킨다.[12]

연극배우가 연기를 하기 위해서는 연출가의 연출 의도와 전체 연극의 구도를 알아야 한다. 의식을 갖고 있는 상태에서 극중 배역에 빠져들어야 한다. 이는 극중 인물의 주체이기도 하면서 연극 구도를 아는 주체여야 하는 양쪽 주체를 모두 가지는 상태이다. 이러한 이중 주체의 상태를 키아즘적 상태로 볼 수 있다. 주체와 대상 간의 교차되는 상태, 풍경과 내가 교차되어 풍경이 내 속에서 나를 장악하고 나를 대상으로 만드는 상태이다. 세잔은 자신이 풍경에 빠져들었다는 사실을 알고 있다. 즉 주체의 흔적이 남아 있는 상태에서 풍경과 자기 자신이 하나 되는 경험을 한 것이다. 키아즘이란 빠져들면서도 벗어나는 것이 동시적으로 이루어

12 http://www.pressian.com/article/article.asp?article_num=98130129165645

진다. 즉 존재와의 모든 관계는 동시에 취하는 것이자 취해지는 것이다. 취함은 취해지고 기재되는데, 취함이 취하는 바로 그 (동일) 존재에 기재되며 또한 기재한다.[13]

체감형 게임은 실제의 몸과 가상적인 이미지 간의 키아즘을 만든다. 몸의 서로 연접된 내부와 외부, 정신의 몸과 몸의 정신 사이에는 키아즘이 있다. 이 두 개의 층엽을 가진 플레이어의 몸은 주체이면서 동시에 대상이 된다. 플레이어가 움직이면 그것은 스크린(사물)에 보여진다. 플레이어는 보면서 동시에 보여지는 존재이다. 거울에 비친 모습이 대상적 사물이 아닌 것처럼 스크린에 투영된 플레이어의 몸은 바라봄의 대상이자 바라보는 주체이다.[14] 체감형 게임은 취하는 것과 취해지는 것의 동시적 체험이다.

키아즘은 뫼비우스의 띠처럼 서로 얽힘의 과정으로, 전통적 게임이 가상 환경이 주도하는 인간의 인지적 활동이었다면 체감형 게임은 인간 몸의 적극적 활동이 매개된 체화된 인지를 바탕으로 가상 환경과 서로 엮이는 키아즘의 상호관계를 갖는다. 즉 게임을 구성하는 이질적이며 대립적 속성을 갖는 두 항의 교차적 관계를 통해서 체감형 게임만이 갖는 고유한 의미가 생성된다.[15]

영화를 넘어 확장되는 체감형 게임 스토리텔링

체감형 게임은 초기 단순 선택형 구조를 갖는 스포츠 게임 위주의 콘

13 모리스 메를로 퐁티, 『보이는 것과 보이지 않는 것』, 남수인 · 최의영 옮김, 동문선, 2004, p.382.

14 조광제, 『몸 철학으로 본 연극 구성의 기초 강의』, 국립 극단, 2013.

15 김은정, 『체감형 게임의 키아즘 연구』, 이화여자대학교 디지털미디어학부 박사학위논문, 2013.

텐츠에서 벗어나 점차 다양한 장르의 게임 콘텐츠들로 확장되고 있다. 특히 영화나 애니메이션의 이야기를 기반으로 전개되는 게임들이 출시되고 있다.

〈키넥트 러시〉는 픽사 장편 애니메이션 영화인 〈인크레더블〉, 〈라따뚜이〉, 〈업〉, 〈토이 스토리〉, 〈카〉를 게임으로 만든 것이다. 〈키넥트 러시〉[16]는 플레이어의 신체적 움직임을 감지하는 물리적 인터페이스를 통해 온몸을 움직이며 즐기는 체감형 게임이다. 다섯 가지 애니메이션 속 세계에서 플레이어의 몸은 컨트롤러가 되어 온몸으로 플레이하면서 숨겨진 비밀을 밝혀내고 퍼즐도 풀면서 게임 속 역경을 헤쳐 나간다. 이러한 과정을 거쳐 플레이어는 게임 속 가상세계의 또 다른 영웅이 된다.

플레이어는 속도감 있게 변하는 화려한 시청각 정보를 스크린으로부터 지각하고, 그 정보에 반응하기 위해 협응력을 발휘해 온몸을 움직이며 게임을 플레이한다. 이러한 플레이 행위는 마치 놀이기구를 탔을 때처럼 현기증 나는 경험을 만들어낸다. 실제로 〈키넥트 러시〉는 픽사 파크라는 가상의 놀이공원 앞에서 시작한다. 이 놀이공원에는 다섯 가지 다른 종류의 놀이기구가 있다. 각각은 픽사 애니메이션을 직접 몸으로 경험할 수 있도록 하는 게임들이다.

〈키넥트 러시〉는 하나의 이야기 속에 다른 이야기들이 마치 액자 속의 사진처럼 끼워져 있다. 〈키넥트 러시〉의 시작은 여느 게임들처럼 캐릭터를 생성하는 단계에서 출발한다. 이야기 구조로 들어가기 전 단계로 플레이어는 이야기에 등장할 캐릭터를 다양한 방법으로 꾸밀 수 있다. 게임의 주 사용자층이 어린이로 설정되어 있기 때문에 성별도 남자아이, 여자아이 중 선택이 가능하다. 이러한 캐릭터의 생성도 이중구조를 갖

16 마이크로소프트 사에서 개발한 Xbox360 키넥트 기반의 게임으로, 2012년 3월에 발매되었다. (http://www.xbox.com/ko-kr/Kinect/Games).

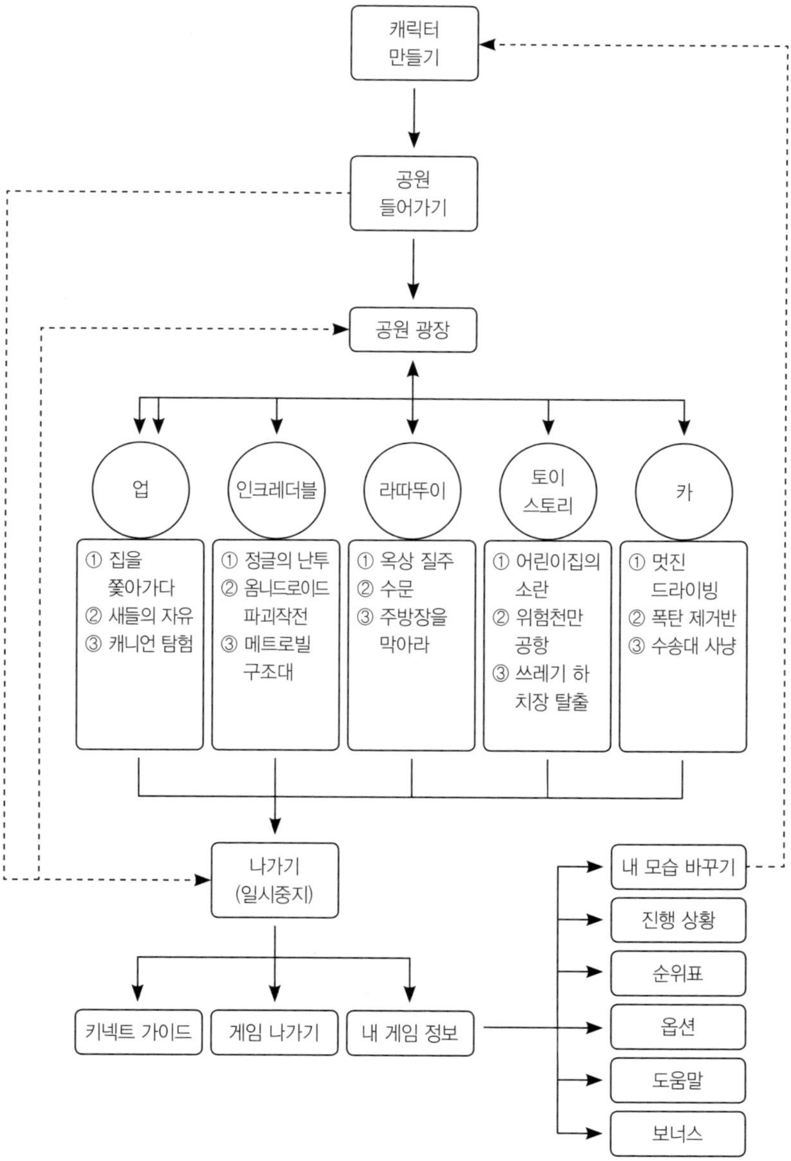

그림 5. 〈키넥트 러시〉 콘텐츠 구조도

는다. 1차 캐릭터는 큰 이야기 속에서 플레이어의 아바타가 될 캐릭터이고 2차 캐릭터들은 1차 선택된 캐릭터에 따라 총 다섯 가지 이야기별로 이야기 속 등장인물로 자동 생성된다. 예를 들어 '업' 에피소드에서는 플레이어는 영화 〈업〉의 등장인물 중 하나인 황야의 탐험가 러셀과 비슷하게 생긴 탐험가 남자 또는 여자아이의 모습으로 게임을 플레이하게 된다. 플레이어는 '카'에서는 스포츠카 캐릭터로, '라따뚜이'에서는 생쥐 캐릭터로, '인크레더블'에서는 슈퍼영웅 캐릭터로, '토이 스토리'에서는 로봇 장난감 캐릭터로 각각 변신해 이야기 속 등장인물로 참여해 게임을 플레이한다.

1차 도전 과제인 캐릭터 만들기가 끝나면 애니메이션이 시작된다. 픽사 파크라고 쓰여 있는 공원이 보이고 곧 노란 스쿨버스 한 대가 공원 앞에 정차한다. 플레이어가 선택했던 캐릭터 모습의 어린이가 스쿨버스에서 내린다. 공원에는 다른 아이들이 뛰어 놀고 있다. 처음 플레이에서는 한 아이가 다가와 인사를 하면서 말을 걸어온다. "앗, 안녕! 여기선 처음 보는 친구네, 그렇지? 좋아, 너도 이 공원이 좋아질 거야." 이렇게 이야기의 첫 장면이 끝나면 이제 플레이어가 몸을 움직이며 게임을 플레이한다.

〈키넥트 러시〉 속 픽사 파크에는 혼잡한 매표소도 놀이기구 앞 길게 늘어선 줄도 없다. 원한다면 언제든지 집 안에서 현기증을 일으키는 게임을 경험하며 놀 수 있다.[17]

---

17 김은정, 앞의 논문, pp.70-79.

환상을 즐기며 현실을 변화시키다

고대 그리스인들은 고통을 받아야만 지식과 현명함을 얻을 수 있다고 믿었다. 인생에서 본질적인 감정은 즐거움과 고통의 두 가지이다. 우리 모두는 고통 없이 즐거움만을 얻기를 원한다. 그러나 고통 없는 인생, 고통 없는 즐거움은 불가능하다. 고통이 있기에 즐거움을 강하게 느낄 수 있는 것이다. 우리는 가상세계에서조차 실패를 통한 고통을 맛본다. 현실의 실패만큼 고통스럽지는 않지만 그래도 마음이 아파오는 고통임에는 분명하다. 그러나 지금까지의 디지털 게임 속 고통이 감정적인 차원에 머물렀다면 체감형 게임 플레이에서 경험하게 되는 고통은 육체적 고통을 동반한다. 만약 평소 신체 활동을 적극적으로 하지 않았던 플레이어라면 고통의 강도는 더 셀 것이다. 마치 산행을 전혀 하지 않던 사람이 갑자기 등산을 했을 때 느끼게 되는 고통과 유사할 것이다. 그러나 고통을 참으며 산의 정상에 오르면 벅차오르는 즐거움을 경험하게 되듯이, 체감형 게임 또한 일정 정도의 신체 적응 단계가 필요하다.

대부분의 사람들이 체감형 게임에 대해 갖고 있는 오해 중 하나는 게임하기가 무척 쉬워서 시시하고 재미없다는 것이다. 체감형 게임은 직관적인 인터페이스로 인해 플레이를 위한 조작법을 진지하게 따로 익힐 필요가 없다. 게임 경험이 전혀 없던 사람들도 누구나 쉽게 게임을 플레이할 수 있다. 그러나 게임에서 재미를 느끼기 위해서는 기존의 전통적인 게임이 접근했던 방식으로는 쉽게 도달할 수 없다. 인지적으로 패턴을 익혀 익숙해지는 것뿐만 아니라 신체적 움직임의 패턴을 플레이어의 몸에 완전히 익숙하게 훈련시켜야 게임 속 쾌감의 단계에 접근할 수 있다. 많은 플레이어들이 이런 고통 앞에서 좌절하여 고통에 이어 올 쾌감을 얻지 못한 채 게임을 중단하고서는 이 게임은 시시하고 재미없다고

성급히 평가해버린다.

체감형 게임은 일상적인 운동에서 얻는 쾌감처럼 아드레날린의 분비를 촉진시키기 위해 어느 정도의 신체적 고통을 필수적으로 동반하게 된다. 또한 플레이가 반복될수록 우리 몸은 패턴을 익히고 그에 따라 게임의 다른 요소(스토리적 층위, 시청각적 층위)를 즐길 여유를 갖게 되어 게임에서 얻는 즐거움은 점차 커진다. 〈키넥트 러시〉의 경우 대부분의 플레이어들이 이미 픽사 애니메이션을 보았으니 새롭게 스토리적 요소를 이해하기 위해 노력할 필요가 없지 않느냐고 생각할 수도 있다. 그러나 아직 신체 움직임의 패턴을 익히지 못한 초보 플레이어는 게임이 요구하는 지시에 맞춰 동작을 만드는 것 자체에 집중하는 데 모든 에너지를 쏟게 된다. 때문에 이미 경험했던 애니메이션의 감정적 기억을 떠올릴 만한 여유를 갖기가 어렵다.

현대 연기론의 창시자 콘스딴찐 스타니슬랍스키Konstantin Sergeevich Stanislavskii는 배역을 진실로 재현하기 위해 먼저 배우 스스로 배역의 상황과 처지를 느끼는 '마법적 가정'이 필요함을 주장한다. 마법적 가정은 신체적 감응을 전제로 한다. 배우는 '내가 저 캐릭터라면-'이라는 내면적 상상과 신체적 행위를 통해 '빙의'에 가까운 변신을 하고 배역과의 완벽한 동일시를 이루게 된다. 이때 내면적 사실주의만으론 진정한 다른 존재가 될 수 없다. 몸의 구조화가 함께 나아가야 다른 존재로 변할 수 있다.[18]

찰스 다윈은 신체의 근육들은 감정이 숨어 있는 장소라고 했다. 몸의 움직임을 제한하면 정신적인 각성에 필수적인 근육감각과 지각 역시 제한되므로 몸과 마음은 분리될 수 없는 것이다. 그는 무의식과 의식의 차

18 콘스딴찐 스타니슬랍스키, 『배우 수업』, 신겸수 옮김, 예니, 2001.

이를 초월해 있는 하나의 근원적인 공통성을 몸에서 찾았다. 그에게 몸은 산 경험이 이루어지는 근원적인 장소이다.

체감형 게임에서 플레이어는 몸을 통해 다른 세계를 지각하고, 배우가 다른 삶(배역)에 몰입하듯이 가상세계의 '나'에 몰입한다. 체감형 게임의 체화된 경험은 동일한 양상의 삶을 반복하여 재생산하던 신체적 습속과 반대 방향, 즉 습관적 성향에서 벗어나 새로운 삶을 향해 자유롭게 흘러갈 수 있도록 잠재성을 제공하는 생성의 도구가 된다. 플레이어는 체감형 게임을 통해 다양한 가면을 쓰게 된다. 게임은 일상의 평범하고 초라하기까지 한 나의 모습을 숨기고 완전히 새롭고 강력한 개성을 창조해준다. 주술사가 가면을 통해 죽은 사람 또는 동물의 영혼과 합일하는 것처럼 게임은 가면이 되어 새로운 생명을 플레이어에게 불어넣는다. 체감형 게임의 게임하기는 게임이 표상하는 정해진 무엇을 흉내 내는 것이기보다는 게임이 담고 있는 영혼으로 머리를 채우고 신체를 채워 새로운 나를 발견하는 실천적 활동이다.[19]

19 김은정, 「체감형 게임에서 '체화된 경험'의 의미에 대한 고찰」, 『한국컴퓨터게임학회논문지』, Vol.23, No.0, 2010, pp.165-175.

8장

드라마+게임

: 인터랙티브 드라마와 사용자 스토리텔링

윤현정

인터랙티브 스토리텔링에 대한 신화와 도전들

인류 최초의 이야기 『길가메시 서사시Epic of Gilgamesh』는 기원전 21세기경, 최초의 스토리텔러인 음유시인들에 의해 입에서 입으로 전해졌다. 이야기는 입 밖으로 내뱉는 순간 휘발되고 마는 '말'이라는 미디어를 통해 여기저기 옮겨 다니며 변형을 거듭했다. 그리고 기원전 13-10세기 사이, 고대 바빌로니아인들이 사용하던 아카드어로 기록되면서 비로소 오늘날 우리에게 전해지는 것과 같은 이야기로 그 내용이 확정되기 시작했다.

스토리텔러의 무기가 언어에서 문자로, 이미지와 영상으로 점점 확장되어갈수록 이야기 예술은 이들과 밀접한 관계를 맺으며 발전해왔다.

특히 오늘날 스토리텔러들이 앞서 언급한 전통적 미디어 외에도 '상호작용성'이라는 설득력 있는 미디어를 도구로 사용하게 되면서 이는 '인터랙티브 스토리텔링'이라는 익숙한 이름으로 우리에게 각인되었다.[1]

인터랙티브 스토리텔링은 디지털미디어 환경에서 특히 주목받아왔다. 기존과 비교하여 새롭게 나타난 스토리텔링 콘텐츠의 서사성을 논의하는 핵심 키워드 중 하나가 바로 상호작용성이기 때문이다. 아날로그 시대의 스토리텔링 콘텐츠와는 다른 활발한 개입과 작가적 역할이 디지털미디어 환경의 사용자에게 기대되고 또 실제로 자연스레 일어난다. 기존의 이야기 예술에서 수용자는 수동적인 존재였지만, 상호작용적 스토리텔링 환경에서는 수용자는 보다 능동적인 창작의 주체가 되어 새로운 수용미학을 발생시킨다. 보이는 순서가 고정되어 있는 과거의 미디어와는 대조적으로 사용자는 미디어 객체와 상호작용하면서 어떤 요소를 디스플레이할지, 어떤 경로를 따라가야 할지를 선택하고 이를 통해 고유한 작품을 만들어낼 수 있다. 이러한 방식을 통해 사용자는 작품의 공동 작가가 된다.[2] 하지만 이것은 현상일 뿐이며, '인터랙티브 스토리텔링은 실질적으로 무엇이며, 그것이 정말로 가능한가?'라는 물음에 대해 선뜻 답할 수 있는 사람은 많지 않다.

뉴미디어 학자 레프 마노비치가 일찍이 "뉴미디어의 성배"라고 말한 것처럼 인터랙티브 스토리텔링의 실체는 여전히 베일에 가려져 있다. 『컴퓨터는 극장이다』를 통해 컴퓨터 인터페이스에 관한 새로운 관점을 제시한 바 있는 브렌다 로럴 역시 "인터랙티브 스토리텔링은 컴퓨터의 신화에 의한 관념적인 존재이며, 상상할 수는 있지만 포착하기는 어려운 유니콘이다"라며 마노비치와 그 뜻을 같이한다.

---

1 캐롤린 핸들러 밀러, 『디지털미디어 스토리텔링』, 이연숙 옮김, 커뮤니케이션북스, 2006, p.X.

2 레프 마노비치, 『뉴미디어의 언어』, 서정신 옮김, 생각의나무, 2004, p.102.

사실 저자와 독자, 독자의 역할에 관한 논의는 후기 구조주의자인 롤랑 바르트의 '저자의 죽음'이라는 개념 이후 활발히 논의되어왔다. 전통적 문학에서 작가가 다수의 가능성을 포함시키도록 소설을 확장하면 독자는 보다 적극적인 역할을 맡게 된다. 현대소설은 끊임없이 이야기꾼을 상기시키면서 그가 내린 선택을 독자로 하여금 평가하도록 하는데, 이는 독자를 동요시키지만 한편으로는 창조적 과정에 동참하도록 유도하는 체험으로 받아들여질 수도 있다.[3] 이러한 독자 역할의 능동성에 대한 고민은 디지털 패러다임으로 접어들면서 전통적 독자의 개념을 넘어서는 적극적이고 참여적인 사용자를 탄생시켰다.

그러나 인터랙티브 스토리텔링은 사용자의 상호작용성과 극적인 스토리 경험의 성취라는 상반되는 명제 속에 부조화를 겪어왔다. 아리스토텔레스가 시학에서 밝힌 바와 같이, 이야기는 탄생 이래 '폐쇄된 단일 플롯 구조' 속에서 가장 극적이며 몰입감 높은 스토리 경험을 제공해왔다. 반대로 사용자의 상호작용성은 이러한 단일 플롯을 벗어나 사용자의 자유로운 선택과 참여를 요구한다.

즉 인터랙티브 스토리텔링에서 사용자들은 이야기의 플롯을 따라가는 동시에 이야기의 사이사이에 반응해야 한다. 한참 이야기에 빠져들고 있는데 '지금 이 상황에서 너는 어떤 선택을 하겠어?'라며 사용자에게 상호작용을 요구하는 순간, 사용자는 이야기적 환상과 몰입에서 깨어나 현실 속으로 돌아와버리는 것이다. 결국 사용자는 상호작용성도, 스토리 경험도 성취하지 못한다.

확장서사학자인 마리-로르 라이언은 〈표 1〉과 같이 인터랙티브 스토

3 자넷 머레이, 『사이버 서사의 미래: 인터랙티브 스토리텔링』, 한용환 · 변지연 옮김, 안그라픽스, 2001, p.43.

표 1. 인터랙티브 스토리텔링에 대한 잘못된 신화와 한계

	인터랙티브 스토리텔링에 대한 신화	한계
선택	• 선택이 많을수록 사용자에게 즐거움과 미학적 가치 제공 • 다양한 선택은 사용자에게 자유와 능력 부여	• 선택의 과잉은 혼란, 좌절, 선택하지 않는 것에 대한 집착을 가져옴 • 논리적으로 일관되지 못한 사건의 연속을 만들 뿐임
조합	• 무작위 조합으로 서사가 생성될 수 있음 • 한정된 텍스트의 변경을 통해서도 서사가 생성될 수 있음	• 서사는 우연적 과정의 조합이나 단순한 순서의 조합이 아님 • 문자를 통해 인간의 경험을 표현하며 인과적 연결이 요구됨
캐릭터 경험	• 직접 이야기의 주인공이 되어 플롯에 참여하는 것이 최고의 서사적 경험	• 실제 비극의 주인공이 되는 것은 불쾌한 경험이 될 수도 있음 • 플롯에 참여한다는 것은 '캐릭터와 동일시하는 것'과 '멀리서 관찰하는 것'의 중간 지점에 있음

리텔링에 대한 잘못된 신화와 한계를 지적한다.[4]

첫 번째 명제는 '디지털 서사는 선택에 관한 문제이다. 더 많은 선택의 여지를 사용자에게 주는 것이 더 큰 즐거움을 가져다주며 미학적으로도 더 가치가 있다'는 것이다. 그러나 실제로 선택의 과잉은 혼란과 좌절, 놓쳐 버린 기회에 대한 과도한 집착을 가져올 뿐이다. 또한 다양한 선택지는 사용자에게 자유와 능력을 부여하기보다 논리적으로 일관적이지 못한 사건의 연속을 만들어낸다.

두 번째는 '서사는 요소들의 무작위 조합에 의해서 만들어질 수 있으며, 한정된 텍스트 조각의 변경에 의해서도 가능하다'는 것이다. 이론적으로 거의 무한한 수의 다른 이야기를 만들어낼 수 있다는 논리이다. 그러나 서사는 우연적인 과정에 의해 만들어지지 않으며, 단순한 순서의 조합이 아니다. 문자를 통해 인간의 경험을 표현하는 것이다. 사건을 무작위로 던져줄 수는 있지만 그것이 스토리가 되기 위해서 그 사건들은

4 Marie-Laure Ryan, *Avatars of Story*, University of Minnesota Press, 2007.

인과적으로 연결되어야 한다.

마지막으로 '캐릭터가 직접 되어보는 것은 최고의 서사적 경험이다.'라는 명제이다. 이러한 아이디어는 자넷 머레이Janet Murray가 말한 홀로덱holodeck에서 비롯되었다. 그러나 라이언은 '소설이나 극의 플롯에서 직접 캐릭터가 되어본다는 것이 어떤 종류의 만족감을 주느냐?'는 질문을 던진다.

사용자가 '햄릿'이라는 비극의 주인공이 되어 극을 직접 경험할 경우, 그 경험은 너무 불쾌해서 사용자가 미쳐버릴 수도 있다. 실제로 사용자가 참여하는 새로운 경향의 행위 예술의 경우 참여자가 만일의 경우 겪게 될 정신적 트라우마를 어떻게 할 것인지를 두고 윤리적 책임이 중요한 이슈로 떠오르고 있다. 즉 우리가 플롯에 참여한다는 것은 그 '캐릭터와 스스로를 동일시하는 것'과 '멀리서 관찰하는 것'의 중간 지점에 있겠다는 것이며 실제로 '햄릿'이 되고 싶어 하는 사용자는 없다.

그러나 이러한 신화와 한계에도 불구하고 기존의 선형적 서사가 얻지

*** 홀로덱**

미국의 인기 드라마 시리즈 〈스타 트렉Star Trek〉에 등장하는 중요 기술 중 하나로, 일종의 가상현실 드라마 체험 프로그램이다. 오랜 우주 항해에 지친 승무원들이 홀로그램을 이용해 스스로가 주인공이 되어 가상세계를 체험하며 오락을 즐긴다. 단순한 눈속임을 넘어서 사용자 요구에 맞추어 세밀하게 재현된 물체, 배경, 사람이 구현된다. 또한 높은 수준의 AI를 통한 자연스러운 상호작용이 가능하고 물리법칙도 적용된다. 승무원들은 셜록 홈즈 프로그램을 통해 베이커가 211번지, 홈즈의 집을 근거지 삼아 19세기 런던 거리에서 일어난 살인사건을 추적하며 추리게임을 즐기기도 한다. 심지어 셜록 홈즈의 숙적인 제임스 모리어티가 등장해 함선을 위험에 빠뜨리는 에피소드도 있다. 이밖에도 아인슈타인, 뉴턴, 스티븐 호킹을 함께 불러내 포커 대결을 펼치기도 한다.

* 인터랙티브 영화 〈아임 유어 맨〉

연구에 몰두하고 있는 한 과학자의 실험실. 문득 과학자는 화면 중앙을 쳐다보며 질문을 던진다. "영화를 보던 중 원하는 대로 스토리 진행을 바꾸고 싶었던 적이 없나요?" 1992년작 영화 〈아임 유어 맨I'm your man〉의 인상적인 인트로 중 일부이다. 역사상 가장 성공적인 스토리텔링 미디어 중 하나인 영화 역시 상호작용성을 도입하고자 다양한 시도를 거듭해왔다. 〈아임 유어 맨〉은 러닝타임 20분 분량의 단편 코믹범죄물로 당시로서는 획기적인 방법을 도입한 인터랙티브 영화였다. 관객들은 극장에서 영화를 감상하는 도중 총 3번의 분기점을 만나게 된다. 이때마다 미리 각자의 좌석에 설치된 컨트롤러를 이용해 주어진 선택지 중 하나의 스토리를 선택할 수 있으며, 그중 더 많은 관객이 선택한 방향으로 영화가 진행되는 것이다. 관객들은 원하는 만큼 극장에 머물며 반복적으로 영화를 관람할 수 있었으며, 당시 일부 관객들은 자신들이 선택한 스토리가 진행되도록 하기 위해 빈 좌석의 컨트롤러를 모조리 누르고 다니기도 했다고 한다.

못했던 사용자의 상호작용성과 극적인 서사경험을 통합하려는 인터랙티브 스토리텔링의 실험은 내부적으로 연결된 노드node들의 집합인 렉시아lexia안에서 사용자들이 원하는 대로 링크를 따라 이곳저곳을 누비며 이야기를 이어가는 '하이퍼텍스트 픽션'에서부터 '뉴미디어 아트'와 '인터랙티브 영화'까지 다방면으로 이루어져왔다. 디지털 게임의 발전과 함께 그 논의의 영역은 확장되었고, 현존하는 가장 성공한 인터랙티브 스토리텔링 콘텐츠인 디지털 게임의 형식적 특성을 도입해 인터랙티브 드라마라는 해법을 제시하기에 이르렀다.

〈파사드〉, 세상에서 제일 재미있는 싸움 구경

인터랙티브 드라마라는 개념은 엄밀하게 보면 인터랙티브 스토리텔링과 구분된다. 인터랙티브 드라마는 로럴의 1986년 박사학위논문에서, '사용자들이 1인칭 주인공 시점으로 참여하는 극적인 이야기를 담은 사고 실험'을 통해 처음 언급되었다.

머레이는 미래의 서사 양식으로 '사이버 드라마'라는 커다란 명칭을 제시하면서, 단순히 인터랙티브한 어떤 것을 넘어서는 새로운 디지털 매체를 통한 스토리텔링의 재창조를 주장했다.[5] 마이클 마티아스는 이러한 논의를 발전시켜 인터랙티브 스토리텔링보다 협의의 개념인 인터랙티브 드라마를 정의한다. 그에 따르면 인터랙티브 드라마는 컴퓨터에 의해 통제받는 캐릭터가 거주하는, 극적이고 흥미로운 가상세계이다. 기존의 문학, 미술, 게임 등의 장르보다 더 극적인, 말 그대로의 '드라마'를 지니고 있으며, 그 속에서 사용자는 1인칭 시점으로 이야기를 경험한다. 또한 작가가 제공하는 타이트한 이야기 구조가 유지되는 동안 스토리상의 방향과 결과물을 형성시킬 사용자의 상호작용을 원한다.[6]

마티아스는 인터랙티브 드라마가 기존의 예술 작업과 AI, 또 예술과

표 2. 문학, 극, 인터랙티브 드라마의 상호 비교[7]

문학의 내러티브	극의 내러티브	인터랙티브 드라마의 내러티브
묘사	상연	사용자경험
확장	강화	사용자의 상호작용 (제공되는 이야기 구조 및 세계와 사용자의 가능한 행동 사이의 균형)
에피소드 구조	행동의 통합	사용자 행동에 따른 에피소드 집합들

5 머레이, 앞의 책, 2001, p.310.

6 Michael Mateas, *Interactive Drama, Art and Artificial Intelligence*, School of Computer Science Carnegie Mellon University, 2002, pp.3–23.

7 앞의 논문, p.22의 표를 수정, 보완함.

과학이 각 분야로 경계를 나누고 있다가 기술의 발달과 이를 사용할 수 있는 툴의 보편화로 점점 그 경계가 모호해지며 만나게 되는 접점에 나타난 하나의 시도이자 모델이라고 간주했다.[8] 이에 그는 인터랙티브 드라마의 한 모델인 〈파사드〉를 완성시킨다.

〈파사드〉는 비디오게임과 연극의 요소를 모두 갖춘 작품으로 배우들의 목소리 연기, 세심하게 연출된 3D 그래픽, 자연어 처리, 뛰어난 인공지능 등을 통해 인터랙티브 드라마의 새로운 사례를 제시했다. 사용자는 캐릭터와 대화하면서 자신이 원하는 주제를 선택할 수 있고, 사용자의 선택에 따라 극의 플롯이 바뀐다.

마티아스는 먼저 스토리 환경에 속하는 스토리 토픽story topic과 스토리 필요조건의 두 가지를 다음과 같이 설정함으로써 인터랙티브 드라마로 성립 가능한 기본 이야기 재료를 획득했다. 먼저 〈파사드〉의 사용자는 자신의 성별과 이름을 결정한 후, 트립과 그레이스 부부가 살고 있는 아파트를 방문한다. 이들은 겉보기에는 매력적이고 물질적으로 부족함이 없는 행복한 부부이다. 사용자를 포함한 세 명은 대학 시절 처음 만난 사이로 그동안 오랫동안 만나지 못하다가 재회하게 된 것이다. 그 집에서, 사용자는 그들의 결혼생활이 붕괴될지도 모르는 사건에 깊숙이 얽히게 된다.

이때 〈파사드〉에는 갈등의 원인이 되는 다음과 같은 네 가지의 주요한 스토리 토픽[9]이 있다. 스토리 토픽은 〈파사드〉에서 사용자들이 경험하게 될 주요 이야기 재료들로, 보다 드라마적 요소에 가까운 것이라 할 수 있다.

---

8 앞의 논문, 2002, p.22.
9 앞의 논문, 2002, p.156.

- 예술가/광고인artist/advertising
- 험난한 결혼생활rocky marriage
- 허울Façade
- 트립의 바람기Trip's affairs

첫째, '예술가와 광고인'은 그레이스의 직업 선택과 관련된 문제이다. 그레이스는 원래 미술을 전공해서 계속 그림을 그리고 싶었지만, 트립과 가족들의 강요에 의해 돈이 되는 광고 일을 하게 되었다. 둘째, '험난한 결혼생활'은 그들의 결혼이 시작되기 전부터 부적절한 관계로 인한 갈등을 내포하고 있었고, 시간이 지날수록 더욱 나빠졌다는 것을 의미한다. 셋째, '허울'은 트립과 그레이스의 결혼생활은 온갖 불만과 불신으로 점철되어 있었지만 다른 사람들이 그것을 눈치채지 못하도록 꾸미고 살아왔다는 것이다. 넷째, '트립의 바람기'는 트립이 결혼생활에서 찾지 못한 행복을 불륜을 통해 얻고 있었고, 그레이스는 그 사실을 어렴풋이 알면서도 모르는 척하고 있다는 것이다. 사용자가 트립과 그레이스 중 누구의 편을 드는가, 어떤 사물에 관심을 보이고 어느 장소에 머무르는가, 어떤 행동을 하는가에 따라서 이 부부의 위와 같은 감춰진 진실이 드러나고, 사용자와의 우정과 허울 좋은 그들의 결혼생활이 지속될지의 여부가 결정된다.

다음으로 〈파사드〉의 스토리 환경에서 스토리 필요조건은 ① 짧은 1인 플레이, ② 관계의 이야기, ③ 세 명의 캐릭터, ④ 사용자는 주인공이 되어야 함, ⑤ 체화된 상호작용, ⑥ 단일 장소, ⑦ 사용자는 역할에 의해 너무 제어되지 않아야 함, 이상의 일곱 가지이다.[10] 이는 인터랙티브 드라

10 앞의 논문, 2002, p.37.

마로서 〈파사드〉가 성립하기 위한 조건과도 상통하는데, 스토리 토픽과는 반대로 인터랙티브와 드라마 중 전자에 더 중점을 둔 것이다.

먼저 '짧은 1인 플레이'는 인터랙티브 드라마의 스토리 시간을 의미하는 것으로, 마티아스는 〈파사드〉가 한 명의 사용자가 10분에서 15분 안에 모두 플레이할 수 있을 정도의 스토리면 충분하다고 주장한다. 인터랙티브 드라마의 경우 일반적인 서사에 상호작용을 고려한 서사까지 창작하려면 작가의 부담이 매우 크며, 기존의 연극처럼 긴장감과 카타르시스를 제공하기 위해서는 짧지만 집중적인 스토리가 적당하다고 본 것이다. 둘째, 〈파사드〉는 기존의 게임들이 주로 다루던 영웅 서사를 답습하지 않고, 보편적인 대중이 공감할 수 있도록 감정적으로 얽힌 어른들의 '관계에 관한 이야기'를 다루고자 했다. 셋째, 〈파사드〉의 캐릭터는 '총 세 명'으로 트립과 그레이스로 분한 컴퓨터 인공지능과 사용자가 그들이다. 마티아스에 따르면 사용자가 이런 종류의 시스템에 익숙하지 않더라도 두 명의 인공지능 캐릭터가 극을 진행하면서 사용자의 참여를 유도할 수 있기 때문에 인터랙티브 드라마의 최소 단위는 세 명이

*** 증강현실 〈파사드〉**

컴퓨터 속의 캐릭터로만 존재하던 누군가의 집을 현실에서 실제로 방문할 수 있다면 어떨까? 조지아 공과대학의 연구원들은 데스크탑 속 트립과 그레이스의 아파트를 현실에 옮겨놓았다. 증강현실 〈파사드〉는 실제 가구와 소품들이 그대로 재현되어 있는 트립과 그레이스의 거실로 사용자를 초대한다. 증강현실 장치를 장착한 사용자는 이곳의 구석구석을 돌아다니며 두 캐릭터와 실제로 상호작용할 수 있다.
조금은 조악한 카툰 랜더링의 2D 캐릭터인 이 부부가 현실에 증강되어 나타나는 모습이 오묘한 느낌을 주기도 하지만, 둘의 끔찍한 부부싸움 현장을 더 생생하게 체험할 수 있다!

다. 넷째, 사용자는 주인공이 되어야 한다. 마티아스는 〈파사드〉를 통해 원래는 사용자가 이야기의 주인공이 되어 세세한 감정의 변화들을 느낄 수 있도록 만들고 싶었지만 사랑에 관련된 서브플롯이 삭제되면서 사용자가 주인공이라고 느낄 수 있는 부분이 축소되었다고 했다. 그러나 이러한 한계에도 불구하고 사용자는 단순한 관찰자를 넘어 트립, 그레이스와 동등한 위치에 서 있다. 다섯째, 대화dialog가 상호작용을 위한 가장 주요한 메커니즘인 것은 사실이지만 물건을 집거나, 이동을 하거나, 인물을 만지거나 하는 '체화된 상호작용' 역시 플롯의 진행에 영향을 미친다. 여섯째, 집이라는 제한된 '단일 장소'에서 스토리가 진행되기 때문에 플롯과 인물들의 상호작용에 더욱더 집중할 수 있다. 일곱째, 사용자가 누군가를 연기한다고 생각하며 역할에 집착하는 것이 아니라, 그저 극적 상황 속에서 있는 그대로의 자기 모습을 내보일 수 있도록 〈파사드〉를 설계하고자 했다.

아리스토텔레스와 컴퓨터가 만나면

이야기 재료가 준비되었다면, 이야기를 꿰어 구조화해야 한다. 흥미롭게도 마티아스는 아리스토텔레스의 전통적 서사이론에 기반해 〈파사드〉의 스토리 생성 모델을 구체화하고 있는데, 〈파사드〉는 스토리 구조를 이루는 요소인 스토리 비트story beat와 극적인 드라마를 유지하는 드라마 매니지먼트 시스템drama management system을 통해 하나의 통합적인 스토리를 형성하게 된다.

마티아스는 상호작용적 서사경험을 창조하는 일반적인 두 가지 접근법은 노드들의 연결구조로 이루어진 플롯을 만들어내거나, 절차적 시뮬레이션을 창조하는 것이라고 이야기한다.[11] 액션, 어드벤쳐 게임, 하이퍼텍스트 소설, 텍스트 기반의 인터랙티브 소설 등이 전자에, FPS 게임, 〈심즈〉, 가상현실, 가상세계 등이 후자에 속한다. 그에 따르면 〈파사드〉는 구조적 서사와 시뮬레이션의 중간 영역을 찾고자 하는 시도로 각 접근 방법의 강점을 강화시키고, 약점을 최소화시켰다. 사용자들이 아리스토텔레스의 극적 구조에 따라 통일된 하나의 이야기, 전체로서의 경험을 느낄 수 있도록 하는 동시에 항상 높은 수준의 에이전시와 표현의 자유를 가질 수 있도록 한 것이다. 〈파사드〉에서 시뮬레이션은 신뢰할 만한 에이전트를 통해 경험되며 전반적 구조 속에서 통일된 이야기 경험 역시 제공된다.

스토리 비트는 인터랙티브 드라마에서 극적 변화의 최소단위이다. 이는 작가에 의해 미리 만들어진 것으로 스토리의 상태에 영향을 끼치며, 전체적인 극적 서사경험과 플롯을 만들어내는 요소이다. 〈파사드〉에서 스토리 비트는 총 200개로 이들은 스토리 토픽, 긴장도 값, 호감도 값의 세 가지로 구성되어 있다. 첫 번째, 스토리 토픽은 앞서 살펴본 네 가지 주제 중 하나와 관련된 것으로, 스토리 비트는 이 네 가지 주제 중 하나의 이야기를 포함하고 있다. 예를 들어 'FixDrinks F tension1'이라는 스토리 비트에서 F는 스토리 토픽 중 Façade(F)에 해당한다. 사용자는 음료수를 선택하는 스토리 비트를 통해 겉으로 화목해 보이는 부부의 관계가 허울임을 알게 된다. 한편 tension1이라는 표시는 긴장도 값이다. 〈파사드〉는 0에서 5까지의 긴장도 값을 가지는데 전통적인 스토리 곡선에 따르면 이야기가 진행됨에 따라 그 긴장도 값은 올라간다. 때문에

11 Michael Mateas, & Andrew Stern, *Architecture, Authorial Idioms and Early Observations of the Interactive Drama Façade*, School of Computer Science Carnegie Mellon University, 2002, p.5 (http://reports-archive.adm.cs.cmu.edu/anon/2002/CMU-CS-02-198.pdf).

'TGreetsP'와 같이 트립이 사용자를 환영하는 초입부에 제시되는 스토리 비트는 긴장도 값이 0이다. 하지만 위의 예시처럼 음료수를 선택하는 스토리 비트의 긴장도 값은 1이다. 긴장도 값은 이야기의 진행에 따라 차례로 상승해 절정 부분에는 긴장도 값이 5에 이르는 스토리 비트가 제시된다.

또한 스토리 비트들은 사용자가 그레이스의 편인지, 트립의 편인지, 혹은 중립인지에 따라 각기 다르게 그다음 반응이 제시되도록 구조화되어 있다. 이것이 호감도 값으로 각각의 스토리 비트들은 이에 따라 같은 스토리 토픽과 긴장도 값을 지니더라도 다르게 취급되어 제시된다. 결국 〈파사드〉는 스토리 토픽, 긴장도 값을 활용한 200개의 비트가 전통적인 스토리 곡선의 점진적 상승에 맞추어 차례로 제시되고 사용자의 선택이 호감도 값에 따라 스토리에 반영되면서 상호작용성과 스토리 경험을 동시에 성취할 수 있는 것이다.

■ '빛 좋은 개살구', 그러나 실험은 계속된다

〈파사드〉는 '스토리 환경'과 '스토리 구조'라는 두 가지 차원에서 프로젝트의 궁극적인 목표인 '상호작용성과 서사적 플롯 경험'의 융합을 꾀했다. 마티아스는 〈파사드〉 안에서 사용자의 행동이 플롯과 결말에 결정적인 영향을 미치도록 노력했다. 그리고 적어도 6-7번은 플레이하고 난 다음에 사용자들이 다 해봤다고 느낄 정도로 다양한 플롯을 제공하고자 했다고 한다. 이때 사용자들이 플롯이 바뀌는 분기점을 눈치챌 수 없을 정도로 자연스럽게 플롯이 연결되며, 설령 같은 플롯을 여러 번 플레이하더라도 진행되는 과정에서 세부적인 요소들은 매번 달라질 수 있도록

다양한 반응들을 미리 준비했다.[12]

또한 〈파사드〉는 〈카사블랑카Casablanca〉와 같이 플롯에 중점을 둔 이야기라기보다는 〈누가 버지니아 울프를 두려워하랴?Who's Afraid Of Virginia Woolf?〉처럼 캐릭터 간의 갈등에 중심을 둔 이야기를 차용했다. 이 경우 좀 더 전체적인 플롯의 통일성을 훌륭하게 유지하면서 상호작용에 따라 잘게 나누어진 서사단위들을 매우 다양한 순서로 재조합하기에 용이하다고 판단했기 때문이다.[13]

그러나 〈파사드〉에 대해 이름 그대로 '빛 좋은 개살구'라는 시선도 존재하는 것이 사실이다. 〈파사드〉를 플레이하는 사용자들은 정도의 차이만 있을 뿐 기존의 인터랙티브 드라마가 지닌 상호작용성과 서사적 극적 경험 간의 충돌을 여전히 경험하게 된다.

〈파사드〉는 사용자 간의 상호작용성이 아닌 사용자와 컴퓨터 간의 상호작용성만 염두하고 가상 드라마를 제작했기 때문에 여전히 서사의 주체가 사용자가 아닌 개발자 층위에 머물러 있으며, 사용자가 잘 짜인 플롯의 구조를 따라가야만 완결된 한 편의 드라마를 만들 수 있다는 점에서 여전히 개발자 주도의 서사이다.[14] 플롯 구조 속에 사용자 행동의 제한이 엄격하게 이루어지기 때문에, 아무것도 하지 않고 단순히 트립과 그레이스의 행동에 동의하거나 반대할 때 가장 제대로 스토리가 진행되는 맹점이 생기는 것이다. 스토리 자체에 대한 비판도 있다. 다중 선택권의 부여라는 과정 중심의 스토리텔링을 강조한 나머지 정작 결과물의 스토리 가치에 대한 부분이 간과되어 그다지 흥미롭거나 몰입감 높은

12 Mateas, 앞의 논문, 2002, p.36.

13 Michael Mateas, & Andrew Stern, 앞의 논문, 2002, p.19.

14 한혜원, 「디지털 게임의 다변수적 서사연구」, 이화여자대학교 국어국문학과 박사학위논문, 2009, p.175.

*** 〈누가 버지니아 울프를 두려워하랴?〉**

〈파사드〉가 영향을 받았다고 밝힌 바 있는 〈누가 버지니아 울프를 두려워하랴?〉는 부조리극으로 유명한 극작가 에드워드 올비Edward Albee의 작품으로, 1966년 마이크 니콜스 감독, 엘리자베스 테일러 주연의 영화로도 제작된 바 있다.
역사학 교수 조지와 대학 총장의 딸 마사는 중년의 부부이다. 새벽 두 시에 이들의 집으로 초대된 젊은 강사 닉과 허니 부부는 새벽까지 함께 술자리를 하는데, 조지와 마사는 이들 앞에서 서로를 헐뜯으며 격렬한 부부싸움을 벌인다. 닉과 허니는 의도치 않게 이들의 부부싸움에 말려들게 되고 상황은 점점 극으로 치닫는다.
내밀한 부부간의 치부를 들추며 쾌감을 느끼는 조지 부부의 모습은 어떤 모티프보다도 위험하며 위반적이다. 때문인지 〈파사드〉를 비롯해 NBC의 인기 드라마 시리즈 〈오피스The Office〉 시즌 4의 '디너 파티Dinner Party' 편에도 유사한 에피소드가 등장해 '엄청난 부부싸움의 관객'으로 우리를 초대한다.

스토리를 전달하지 못한다는 한계이다.[15] 때문에 게임성의 적용을 통해 '스토리 환경'을 수정하고, 극적 긴장감을 창출할 수 있는 불확실성과 필연성의 구조를 제시하는 보완 방안에 대한 논의가 존재하기도 한다.[16] 그러나 〈뉴욕 타임즈〉가 "게임의 미래This is the future of video games"[17] 라고 〈파사드〉에 경의를 표한 것처럼, 〈파사드〉는 여전히 유의미한 현재 진행형의 인터랙티브 드라마이다.

〈파사드〉 이전의 인터랙티브 드라마 연구들은 주로 캐릭터 기반, 혹은 플롯 기반의 스토리 생성을 지원하는 기술 개발 위주였는데, 이는 연구자의 학문적 결과물이었을 뿐 사용자에게 다양한 극적 경험을 제공하는 인터랙티브 드라마로 성공을 거두지는 못했다. 왜냐하면 사용자의 선택

15 한혜원, 앞의 논문, 2009, pp.5–6.
16 윤현정, 「인터랙티브 드라마의 스토리생성 모델 연구: 〈파사드〉를 중심으로」, 『한국컴퓨터게임학회 논문지』, Vol.3, No.21, 2010, pp.119–130.
17 http://www.interactivestory.net/NYTimesArtsArticle.html

에 따라 수천, 수백 개의 드라마가 생성되도록 하는 기술에는 성공했지만 사용자의 극적 경험을 보장하는 시스템에는 한계가 있었기 때문이다.[18] 때문에 인터랙티브 드라마 〈파사드〉의 실험은 잘 짜인 이야기 구조 안에서 사용자 스토리텔링의 경험을 생성, 탐구하고자 한 발전적 시도이자 하나의 성취이다. 이러한 다양한 실험들이 거듭되면서 상호작용성이라는 무기를 가진 새로운 이야기 예술의 한 장르, 인터랙티브 드라마가 발전해나가고 있는 것이다.

스웨덴 SVT에서 방영된 〈마리카에 관한 진실The Truth of Marika〉의 사례처럼 인터랙티브 드라마는 미래를 예측하기 힘들 만큼 빠르게 변화하며 성장하고 있다. 인터랙티브 드라마의 상호작용성이 자유로운 놀이의 장으로 확장되고, 극적 스토리 경험이 다양한 스토리 체험으로 변모하면서 인터랙티브 드라마는 새로운 방향으로 진화하는 중이며, 사용자 스토리텔링의 미래 역시 함께 진화하고 있다.

18 안보라 · 손형전, 「사용자의 극적 경험을 위한 인터랙티브 드라마 연구」, 『디지털스토리텔링연구』, No.3, 살림, 2008, pp.190–191.

9장

그림책+게임

: 인터랙티브 그림책의 스펙트럼

윤혜영

스크린 위에 선 독자

기원전 3세기까지 인간에게 '책을 읽는다'는 것은 두루마리 책을 읽는 것을 뜻했다. 오른손으로 두루마리를 쥐고 왼손으로 조금씩 펼쳐가며 읽는 것인데, 읽는 속도에 맞춰 오른손으로 두루마리를 조금씩 풀고, 왼손으로는 같은 속도로 읽은 부분을 둘둘 말아야 하는, 운동신경까지 요하는 독서 방식이었다.

이후 종이가 발명되고 책이 두루마리로부터 오늘날과 같이 책장을 넘기는 형태로 변화하면서 독서 방식 역시 새로운 모습을 갖게 된다. 당시의 책은 지금의 형태는 갖추었지만 아직 인쇄술이 발명되기 이전이었기 때문에 오랜 시간의 필사를 거쳐 완성되었다. 당연히 책은 희소한 매체

였고, 희소한 책의 내용을 많은 사람들에게 효과적으로 전달하는 방식이 바로 음독과 낭독이었다. 사람들은 낭랑한 목소리로 성경을 읽는 성직자 주변에 모여 앉아 귀를 기울였다.

인쇄술이 발명되자 책은 더 이상 희소한 매체가 아니게 되었다. 사람들은 자신의 책을 한 권씩 품에 안고 나만의 방으로 숨어들게 되었다. 소리 내어 책을 읽지 않고 조용히 눈으로 읽는 묵독이 일반적인 독서 방식이 되었으며, 이는 오늘날까지도 보편적인 독서 방식이다. 하지만 컴퓨터가 등장하면서 독서는 다시 과거로 돌아간다. 두루마리를 읽는 방식인 '스크롤'이 다시 등장하고, 컴퓨터라는 책은 더 이상 침묵하지 않는다. 레프 마노비치는 컴퓨터의 스크린을 책이라는 매체의 새로운 형태로 볼 수 있다고 말한다.[1]

오늘날의 독자는 스크린 위에 서 있다. 항상 움직이고 소란스러운 스크린은 자꾸만 독자에게 같이 움직이라고 요구한다. 청각적인 음독과 시각적인 묵독을 지나 스크린 위의 읽기는 인간의 오감이 총동원되는 일종의 공감각적인 읽기를 요구한다. 스크린 위의 읽기는 문자와 이미지, 소리, 촉각, 상호작용을 종합한 읽기이다. 하지만 이러한 읽기는 단순히 멀티미디어적인 읽기가 아닌, 다양한 매체를 넘나들며 부분의 합보다 큰 전체의 경험을 제공하는 새로운 형태의 읽기이다.

태블릿 PC가 발달하면서 스크린은 책에서 기원을 찾을 수 있는 매체가 아닌, 책과 다름없는 매체로 거듭난다. PC에서는 낯설게 느껴지던 전자책이라는 개념은 태블릿 PC에 와서 비로소 제자리를 찾는다. PC에서 스크롤과 링크에 의해 책장이 전환되었다면, 종이책을 넘기는 것과 동일한 태블릿 PC의 인터페이스는 독자로 하여금 컴퓨터가 더욱 책에 가

1 레프 마노비치, 『뉴미디어의 언어』, 서정신 옮김, 생각의나무, 2004, p.149.

깝다고 믿게 한다. 하지만 태블릿 PC를 기반으로 한 전자책은 단순히 종이책을 모방하는 데 그치기에는 너무나 많은 표현의 가능성을 지니고 있다. 실제로 전자책은 종이책의 독서 경험을 그대로 모방하는 킨들로 대표되는 1세대 전자책으로부터, 아이패드로 대표되는 2세대 전자책으로 발전해왔다.

2세대 전자책은 책장을 넘기는 행위와 같은 종이책의 인터페이스를 유지하면서도 디지털 매체의 멀티미디어적 특징과 상호작용적 특징을 최대한 활용할 수 있는 형태로 발전했다. 즉 책과 게임의 동거가 시작된 것이다. 전자책은 게임의 특징들과 결합되기는 했지만 책이라는 매체가 지니는 본래의 교육적 목적으로 인해 교육적인 동시에 유희적인 매체로 발달한다. 유아와 청소년의 교육과 놀이를 목적으로 하는 콘텐츠가 2세대 전자책에서 큰 비중을 차지하게 된 것도 바로 이러한 이유 때문이다. 이른바 인터랙티브 그림책Interactive Picture Book은 책과 게임의 결합, 멀티미디어의 활용. 그리고 이로 인한 스토리텔링 방식의 변화를 가장 잘 보여줄 수 있는 콘텐츠이다.

인터랙티브 그림책의 유형

컴퓨터라는 매체가 대중화되기 시작한 1990년대 초반에 컴퓨터를 통한 스토리텔링, 즉 인터랙티브 스토리텔링은 작가와 연구자들에게 일종의 성배와 같았다. 당시에 인터랙티브 스토리텔링이라는 성배를 둘러싸고 있던 가장 강력한 신화는 두 가지이다. 상호작용이 많을수록 좋다는 것과 독자가 직접 주인공이 되어보는 것이 독자에게 최고의 스토리 경험을 제공할 거라는 믿음이었다. 하지만 실제로는 너무 많은 상호작용이 오히려 독자의 극적 경험을 방해했으며, 독자가 직접 주인공이 되어 보는 스토리에는 한계가 있었다. 관객은 '햄릿'의 비극을 보며 카타르시스를 느끼지만 직접 햄릿이 되어 비극의 주인공이 되고 싶어 하지는 않는다.[2] 잔인하지만 우리는 '나'의 비극이 아닌 '남'의 비극에서 카타르시스를 경험한다. 이 때문에 독자가 직접 주인공이 되는 RPG 게임에서 플레이어는 항상 영웅이고 승리의 전사인 것이다.

결국 스토리와 상호작용을 결합시키는 것은 양보다는 질의 문제이며, 전략의 문제이다. 이를 위해서는 스토리의 속을 들여다보아야 한다. 일반적으로 스토리는 연대기적인 사건의 배열인 '스토리'와 사건을 극적으로 구성하는 방식인 '담화'의 층위로 구분된다. 예를 들어, 누군가 우리에게 〈신데렐라〉의 줄거리를 말해보라고 한다면 우리는 대부분 유사한 대답을 할 것이다. '옛날에 신데렐라가 살았고, 계모와 언니들에게 구박을 받았으며, 요정의 도움으로 유리 구두를 신고 왕자를 만나 행복하게 살았다.' 이것은 스토리이다. 하지만 '담화'는 같은 스토리를 극적으로 구성하는 서로 다른 방식이다. 〈신데렐라〉 스토리를 어떤 작가는 왕자와 신데렐라가 키스하는 마지막 장면에서부터 시작할 수 있으며, 또 어떤 작가는 신데렐라가 유리 구두 한 짝을 바라보며 눈물을 흘리는 장면에서 시작할 수 있다. 우리가 주변에서 셀 수 없이 많은 리메이크 스토리를 접하면서도 여전히 새롭고 즐겁게 그 스토리를 즐길 수 있는 것이 바로 담화의 힘이며, 스토리텔링의 힘이다.

라이언은 상호작용 스토리텔링을 양파에 비유하면서 다섯 가지 층위로 나누어 설명하고 있다.[3] 이러한 비유는 상호작용의 질적 차이를 드러

2 Marie-Laure Ryan, *Avatars of Story*, University of Minnesota Press, 2007, pp.122–125.

3 Marie-Laure Ryan, "The Interactive Onion : Layers of User Participation in Digital Narrative Texts", *New Narratives*, University of Nebraska Press, 2011, pp.35–62.

내기 위한 것으로, 속으로 들어갈수록 독자는 담화뿐만 아니라 스토리까지 변화시키는 상호작용을 하게 된다.

첫 번째 층위는 주변적 상호작용으로, 상호작용이 스토리나 담화 층위 모두에 영향을 미치지 않는 형태를 말한다. 두 번째 층위는 담화에 영향을 미치는 상호작용으로, 웹의 하이퍼텍스트 구조가 대표적이다. 독자가 어떤 링크를 선택하느냐에 따라 페이지 방문의 경로가 달라질 뿐, 페이지의 내용을 변화시키지는 않기 때문이다. 세 번째 층위는 미리 제시된 스토리에 변수를 생성하는 상호작용으로, RPG 게임 스토리가 대표적이다. 이 경우 플레이어가 주어진 변수에 어떻게 대응하느냐에 따라 스토리가 달라지기 때문에 스토리에 영향을 미친다. 네 번째 층위는 실시간 이야기 생성형으로, 미리 정해진 이야기가 제시되지 않는다. 대신 시스템의 데이터와 사용자의 데이터가 실시간으로 교차하며 이야기를 생성하는 방식으로, 〈심즈〉와 같은 게임이 대표적인 예이다. 마지막으로 다섯 번째 층위는 메타-상호작용으로, 현실 속의 사용자가 스토리세계 안의 상호작용을 강화하기 위해서 게임 업데이트 등 개발의 영역에 영향을 미치는 것이다. 즉 독자가 작가의 영역에 개입하여 스토리 자체를 바꾸도록 만드는 것이다.

인터랙티브 그림책의 경우에도 〈표 1〉과 같이 독자의 상호작용을 스토리와 담화 구분을 통해 유형화할 수 있다. 아이패드 출시와 더불어 등장한 초기의 인터랙티브 그림책 유형은 〈토이 스토리〉로 대표된다. 이는 기존의 종이 그림책 또는 애니메이션 형태의 콘텐츠들이 단순히 플랫폼만 옮겨온 경우이다. 〈토이 스토리〉의 경우 기존의 애니메이션 이미지들을 활용하여 종이 그림책을 재현하는 데 충실한 일종의 '종이 그림책 재현형' 콘텐츠이다. 이러한 유형의 그림책에서 독자의 상호작용은 책장을 넘기는 행위와 색칠하기 등의 부록 형태의 활동으로 제한되며 독자

표 1. 상호작용 유형에 따른 인터랙티브 그림책

종이 그림책 재현형	삽화적 상호작용형	그림 서술형	분기 서사형	DB 서사형
〈토이 스토리〉	〈앨리스 포 아이패드〉	〈모리스 레스모어 씨의 판타스틱 플라잉 북〉	〈바이올렛과 수상한 이웃〉	〈툰타스틱〉

는 스토리와 상호작용하지 않는다.

두 번째 유형은 글의 완결된 스토리에 삽화가 추가되어 독자가 삽화 이미지에 개입하는 '삽화적 상호작용형'으로 〈앨리스 포 아이패드Alice for ipad〉가 대표적이다. 이 경우 그림은 단순한 삽화로 장식적인 의미를 가질 뿐 스토리 전개에 영향을 미치지는 않는다. 예를 들어, 앨리스가 이상한 나라에서 물약을 먹고 몸이 커졌다가 작아졌다가를 반복하는 장면에서 독자는 앨리스 삽화를 키웠다가 줄일 수 있다. 또 다른 예로 〈피터 래빗 포 아이패드Peter Rabbit for ipad〉에서 토끼들이 블랙베리를 따러 가는 장면은 화면 상단에서 탐스러운 블랙베리들이 떨어진다. 독자는 자연스럽게 떨어지는 블랙베리를 터치하는데, 이때 블랙베리가 화면 위에서 톡하고 터진다. 탐스럽게 익은 블랙베리는 독자의 어포던스Affordance를 자극한다.

*** 어포던스**

미국의 생태심리학자 제임스 깁슨에 의해 처음 제시된 개념이다. 깁슨은 어포던스를 '인간을 둘러싸고 있는 환경에 의한 모든 자극'으로 정의한다.[4] 최근에 어포던스는 사용자들로 하여금 사용하고 싶게끔 만드는 제품이나 서비스 개발을 위해 디자인 분야에서 활발히 회자되고 있다.

어포던스는 '행위유발성' 또는 '행동유도성'으로 번역할 수 있다. 쉬운 이해를 위해서 우리의 어린 시절을 회상해보자. 아마 우리 모두가 한 번쯤 남의 집 초인종을 누르고 도망을 가거나, 화재 경보등의 빨간 버튼을 눌러보고 싶은 강력한 욕망을 느낀 적이 있을 것이다. 인간으로 하여금 누르고자 하는 강력한 욕구를 불러일으키는 것이 바로 '버튼'이라는 사물이 가진 강력한 행위유발성이다.

기존의 독서에서 가장 중요한 감각이 시각이었다면, 태블릿 PC를 기반으로 하는 인터랙티브 그림책에서 촉각은 시각만큼이나 중요한 역할을 한다. 인터랙티브 그림책은 보고 싶고, 읽고 싶은 콘텐츠뿐만 아니라 만지고 싶은 어떤 요소를 제시해야 하기 때문이다. 특히 유아용 인터랙티브 그림책의 경우에는 유아들이 만지고 싶어 하는 구름이나 과일, 음식, 동물 등이 스토리의 주요 소재로 등장한다. 한편 어른들을 위한 인터랙티브 그림책의 경우 이러한 어포던스를 역이용하기도 한다.[5] 드라큘라나 좀비를 소재로 한 공포, 호러 장르의 인터랙티브 그림책의 경우 피나 오줌 같은 액체가 글을 가리게 함으로써 독자가 터치를 통해 액체를 치워야만 글을 읽을 수 있게 한 것이다. '만지고 싶은' 어포던스를 역으로 이용하여, '만지기 싫음'의 감각으로 공포와 혐오감을 배가시키고 있는 것이다.

기존의 인터랙티브 스토리텔링에 관한 연구에서 사용자가 상호작용을 통해 경험하는 즐거움을 설명하는 개념이 에이전시[6]라면, 태블릿 PC

4 J. J. Gibson, *The ecological approach to visual perception*, Lawrence Erlbaum Associates, 1979, p.127.

5 대표적인 작품은 패드웍스Padworx 사의 〈드라큘라Dracula for ipad〉, 〈오만과 편견과 좀비들Pride and Prejudice and Zombies for ipad〉이다.

6 에이전시란 참여자가 의미 있는 어떤 행동을 취할 수 있고, 또 그 자신이 내린 결정과 선택의 결과를 직접 눈으로 확인할 수 있게 해주는 만족스러운 능력을 의미한다. 자넷 머레이, 『사이버 서사의 미래: 인터랙티브 스토리텔링』, 한용환 · 변지연 옮김, 안그라픽스, 2001, p.147.

기반의 인터랙티브 그림책에서 어포던스는 에이전시만큼이나 사용자에게 강력한 즐거움을 제공한다. 실제로 아이패드용 인터랙티브 그림책 중 〈바틀비 씨의 버튼으로 만든 책Bartleby's Book of Buttons〉의 경우 각 장마다 여러 개의 버튼이 존재하는데, 스토리에 맞게 일련의 순서대로 버튼을 누르거나, 정확한 타이밍에 버튼을 눌러야만 다음 장으로 넘어가도록 구성되어 있다.

'삽화적 상호작용형'의 인터랙티브 그림책은 독자의 상호작용이 스토리나 담화에 영향을 미치지는 못하지만 어포던스를 자극하는 삽화를 통해 독자에게 촉각적인 즐거움을 선사한다. 태블릿 PC 본연의 매체적 특징에 충실한 삽화적 상호작용형의 인터랙티브 그림책이 현재까지도 전자책 콘텐츠 중 많은 부분을 차지하는 것이 이 때문이다.

세 번째 유형은 그림 서술형으로 대표적인 작품으로는 2011년 출시된 〈모리스 레스모어 씨의 판타스틱 플라잉 북The Fantastic Flying Book of the Mr. Morris Lessmore〉(이하 플라잉 북)이다. 이 유형에서 그림은 앞선 삽화적 상호작용형의 그림(삽화)과 달리 그림과 글이 함께 스토리를 기술한다. 즉 글뿐만 아니라 그림의 내용을 이해해야 스토리 전체를 이해할 수 있다. 이 유형에서도 그림과 상호작용하는 독자는 스토리에 영향을 미치지 못하지만, 그림이 스토리를 드러내도록 만든다. 이때 그림은 움직이는 그림이다. 독자의 터치에 의해 그림은 움직이고, 이야기를 서술한다. 이 유형을 그림 서술형이라고 칭하는 것은 바로 이 때문이다.

예를 들어, 〈플라잉 북〉에서 주인공 모리스는 거의 모든 장면에서 독자가 터치해야만 행동을 한다. 이러한 상호작용은 스토리 자체를 변화시키지는 않지만, 정해진 스토리가 서술되도록 한다. 따라서 이 유형에서는 어떻게 독자와 그림의 상호작용을 유도할 것인가가 스토리텔링의 주요 전략이 된다.

물론 최근에 스토리에 영향을 미치는 유형의 인터랙티브 그림책도 등장하고 있다. 이들 그림책이 선택하고 있는 방식은 크게 두 가지로 구분해볼 수 있다. 첫 번째는 기존의 인터랙티브 드라마나 하이퍼텍스트 픽션에서 사용되었던 '분기형 스토리텔링'의 그림책이다. 이 유형의 스토리는 분기점에서 독자에게 선택권을 제시함으로써 독자가 다양한 결말을 경험할 수 있도록 하기 때문에 독자의 상호작용은 이야기에 영향을 미친다. 예를 들어, 〈바이올렛과 수상한 이웃Violet and the Mystery Next Door〉의 경우 탐정을 꿈꾸는 소녀 바이올렛에 대한 이야기인데, 마치 하나의 사건을 수사하듯이 옆집에 이사 온 소년을 몰래 관찰한다. 이 과정에서 소녀가 소년 앞에 자신의 존재를 밝히는 시점이 중요한 분기로 제시된다. 물론 이 경우 유아들을 위한 스토리이다 보니 이러한 분기가 극적인 변화를 가져오지는 않는다.

마지막 유형은 'DB 서사형'으로 독자의 상호작용이 스토리에 가장 많은 영향을 미치는 유형이다. 이 유형에서는 인물과 사건, 배경 같은 스토리의 구성 요소들은 데이터베이스 형태로 제시되고, 이를 독자가 자유롭게 조작하여 자신만의 스토리를 만들어낸다. 예를 들어, DB 서사형의 대표적인 작품인 〈툰타스틱Toontastic〉의 경우 왕자와 공주, 해적과 같은 인물과 바다, 성 등 배경을 묘사한 그림들이 개별적인 요소로 형태로 제공되고, 독자가 원하는 인물과 배경을 선택한 후 스토리를 녹음해 넣는 방식으로 이야기를 만들 수 있다. 이는 실시간으로 시스템의 데이터와 독자의 데이터가 교차하며 이야기가 생성되는 방식에 해당한다. 따라서 독자가 데이터베이스를 어떻게 활용하느냐에 따라 무한대에 가까운 스토리 생성이 가능하다. 또한 독자가 자신이 직접 그린 그림을 업로드하여 스토리를 만들어나갈 수 있다는 점에서 다섯 번째 층위인 메타-상호작용의 성격도 가지고 있다고 할 수 있다.

그림, 글, 독자의 삼각 줄다리기

인터랙티브 그림책의 스토리텔링은 오랜 스토리텔링의 역사를 갖는 '그림책'에서부터 시작한다. '그림'과 '글'이라는 서로 다른 두 표현 방식의 만남은 '행복한 결혼'에 비유되었다.[7] 하지만 글과 그림의 행복한 결혼생활에 독자가 개입하면서 파란이 일어난다. 독자, 그림, 글의 흥미진진한 삼각관계는 독서 행위 자체에 극적 긴장감을 부여한다.

전통적으로 그림책 연구에서 그림과 글의 관계는 다섯 가지로 정리된다.[8] 대칭관계는 그림책에서 가장 일반적인 그림과 글의 관계로 그림과 글이 같은 이야기를 서로 반복하여 제시하는 방식이다. 예를 들어, 〈샘의 과자〉라는 종이 그림책의 한 장면은 그림과 글의 대칭관계를 잘 보여준다. 글은 '개가 다가온다'라는 정보를 제시하고, 그림에는 과자를 들고 있는 샘 옆에 개의 옆모습이 묘사된다. 독자는 글의 정보와 움직임을 나타내는 개의 다리 묘사를 보고 개가 샘의 방향으로 움직이고 있다는 것을 알 수 있다.

보완관계와 강조관계의 경우 그림과 글이 같은 이야기를 전달하지만 그림과 글이 각자의 표현 방식의 장점을 살려 이야기를 전달하는 방식이다. 한편 대위법적관계는 그림과 글이 서로 다른 선율로 하나의 이야기를 전달하는 방식으로 선율의 다름으로 인해 스토리에 일종의 서스펜스를 부여한다. 예를 들어, 〈로지의 산책〉의 한 장면은 대위법적 관계를 보여주는 가장 대표적인 장면으로 꼽힌다. 이 장면에서 글은 아무것도 모른 채 한가로이 산책을 나선 암탉 로지의 관점에서 기술되지만, 그림

---

7 David L. Russell, *Literature for Children: A Short Introduction*, Longman; First Printing edition, 1991, p.25.

8 마리아 니콜라예바, 『그림책을 보는 눈: 그림책의 분석과 비평』, 서정숙 외 옮김, 마루벌, 2011, pp.29–34.

표 2. 그림책의 그림과 글의 관계 유형[9]

대칭관계	그림과 글이 서로 중복되는 두 개의 서사
보완관계	서로의 빈자리를 채워주는 그림과 글
강조관계	그림 서사는 글 서사를 지지하고, 글 서사는 그림 서사에 의존
대위법적 관계	글과 그림의 상호 의존하는 두 개의 서사
병행관계	글이 있든 없든, 두 개 이상의 독립 서사

은 로지를 잡아먹기 위해 몰래 뒤를 좇는 여우의 모습을 보여준다. 이야기 속에서 사건을 이끌어가는 두 인물의 관점이 '사냥'과 '산책'이라는 두 개의 선율로 결합하여 이야기에 긴장감을 부여하고 있는 것이다. 병행관계의 경우 그림과 글이 서로 다른 이야기를 전달하는 방식으로 기존의 종이 그림책에서도 드물게 나타나는 유형이다.

이러한 그림과 글의 관계는 어디까지나 한 장면 안에서 그림과 글이 변화하지 않는다는 전제 하에 가능하다. 하지만 인터랙티브 그림책에서 그림은 고정되어 있지 않으며, 독자와의 상호작용을 통해 역동적으로 움직인다. 인터랙티브 그림책에서 그림과 글의 관계는 독자가 상호작용할 수 있는 지점을 찾아낼 수 있도록 하는 단서가 된다.

독자는 그림과 글의 정보 차이에서 상호작용을 위한 단서를 찾아낸다. 이때 글의 정보가 그림의 정보보다 많은 경우나 글의 정보가 그림의 정보보다 적은 경우(보완 또는 강조관계), 글과 그림의 정보의 차이가 분명하게 드러나지 않는 경우(대칭관계)가 있다. 독자는 글과 그림의 정보 차이를 파악함으로써 글과 그림의 관계를 변화시킨다.

인터랙티브 그림책에서 독자는 글과 그림과 팽팽한 삼각 줄다리기를

9 앞의 책, p.35.

한다. 이 줄다리기에서 때로는 글이 우세하기도 하고, 그림이 우세하기도 하다. 또 때로는 독자가 승기를 잡는 것처럼 보이기도 한다. 마지막 책장을 덮을 때까지 승부를 알 수 없는 이 경쟁 안에 인터랙티브 그림책 독서의 즐거움이 있다.

글의 정보가 그림의 정보보다 많을 때

앞서 전통적인 그림책에서 가장 일반적인 그림과 글의 관계가 대칭관계라고 설명했다. 인터랙티브 그림책에서도 그렇다. 다만 차이가 있다면 인터랙티브 그림책에서 그림과 글의 대칭관계는 독자에 의해 만들어진다는 것이다. 이를 위해서 그림과 글의 관계는 비대칭을 이룬 채 독자에게 제시되어야 한다. 이때 대부분의 경우 그림과 글의 비대칭은 글이 더 많은 정보를 담는 방식으로 제시된다.

이러한 비대칭은 독자를 견딜 수 없게 만든다. 우리는 어린 시절부터 수많은 그림책에서 글과 그림이 조화롭게 목소리를 내는 장면들을 보며 자랐다. 글과 그림의 대칭관계라는 그림책의 기본 문법은 우리에게 각인되어 있다. 독자는 이 불편한 비대칭을 해소하기 위해 과감히 스크린을 터치한다.

〈플라잉 북〉의 한 장면은 이러한 상호작용을 잘 보여준다. 제목에서도 알 수 있듯이 〈플라잉 북〉은 책과 독서에 대한 디지털 시대의 오마주이

그림 1. 독자 개입에 따라 달라지는 글과 그림의 정보

다. 스토리에서도 〈오즈의 마법사〉, 〈이상한 나라의 앨리스〉와 같은 고전 동화에 대한 오마주를 읽어낼 수 있다. 책을 사랑하는 외톨이 모리스는 어느 날 허리케인에 휘말려 낯선 세계에 떨어진다. 그 세계는 책들이 날아다니고 인간에게 말을 거는 환상적인 세계이다. 이 낯선 세계를 영문도 모르고 걷던 모리스는 우연히 하늘을 나는 책과 거기에 매달려 날아다니는 여자를 목격한다. 모리스는 하늘을 올려다보던 시선을 자신이 들고 있던 책으로 떨군다. 바로 그 순간 장면의 그림은 정지한다. 글은 독자에게 "모리스는 자신의 책도 과연 날 수 있을까 궁금해졌습니다. 하지만 모리스의 책은 날지 못하고 그저 툭하고 떨어질 뿐이었습니다."라는 스토리를 제시한다. 독자는 이제 무엇을 해야 할까?

그렇다. 독자의 검지는 자연스럽게 모리스가 들고 있던 책을 터치한다. 그러면 기다렸다는 듯이 모리스는 자신의 책을 하늘 위로 던진다. 하지만 책은 땅 위로 털썩 떨어질 뿐이다. 이처럼 그림으로 표현되지 않은 글의 스토리 정보는 그 자체로 스토리를 전달할 뿐만 아니라 독자가 개입해야 하는 지점을 파악하는 단서가 된다. 독자의 개입을 통해 비로소 그림과 글의 정보가 대칭을 이루게 되는 것이다.

그림의 정보가 글의 정보보다 많을 때

인터랙티브 그림책에서 그림과 글의 비대칭이 글쪽에 더 많은 이유는 그림이 변하는 것이 더 극적이기 때문이다. 혹은 더 가능하기 때문이다. 만약 독자가 그림이 제시하는 스토리와 대칭하도록 글을 변화시켜야 한다면 스토리를 글로 적어 넣어야 할 것이다. 그렇다고 그림의 정보가 더 많은 경우가 없는 것은 아니다. 이 경우 그림책은 독자에게 스토리를 적어 넣으라고 요구하는 대신에 등장인물의 입장이 되어보라고 요구한다.

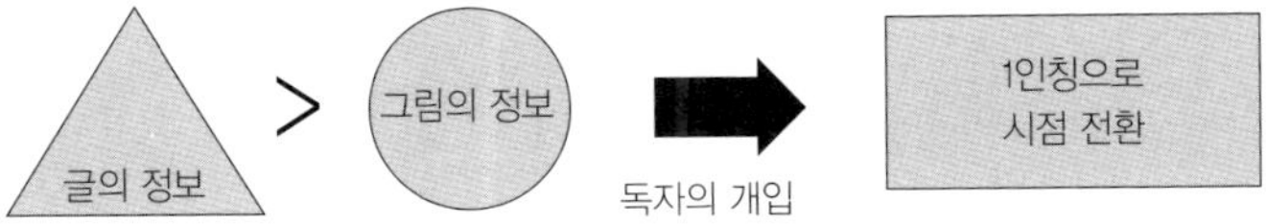

그림 2. 독자 개입에 따른 시점 전환

직접 주인공이 되어보는 경험은 RPG와 같은 게임 장르에서는 익숙한 경험이다. 그러나 인터랙티브 그림책의 경우 독자의 주인공 되기는 다른 특징을 갖는다. 스토리 전체에서 독자가 주인공이 되기를 경험하는 것이 아니라, 스토리의 일부만을 주인공의 시점으로 경험한다. 또한 독자가 단순히 인물의 시점을 내면화하여 인물의 시점으로 이야기의 흐름을 따라가는 대신 독자는 인물의 시점에서 어떠한 '행위'를 하도록 요구받는다.

소녀와 노인의 우정에 관한 이야기인 영국의 인터랙티브 그림책 〈병 속에 든 심장The Heart and the Bottle〉은 전체적으로 그림과 글을 절제하며 사용하고 있다. 그중 한 장면의 경우 아예 글이 제시되지 않는다. 따라서 독자는 그림의 정보만을 보고 상호작용을 할 지점을 찾아야 한다. 이 장면에서 소녀는 도화지 앞에 엎드려 크레파스를 들고 있는 자세로 멈춰 있다. 여기서 독자는 다음에 올 행위가 크레파스로 도화지 위에 그림을 그리는 것이라는 사실을 추측할 수 있다. 이때 독자가 소녀를 터치하면 그림은 3인칭 관찰자 시점에서 소녀의 시점인 1인칭 시점으로 전환되며 화면 전체에 도화지 이미지가 자리 잡는다. 이제 독자는 소녀의 시점으로 도화지를 바라본다. 또한 그림책은 직접 소녀가 되어 그림을 그리라고 요구한다. 독자가 그림을 그리고 나면, 다음 장면에서 독자가 그린 그림은 이웃집 할아버지의 집 거실 벽에 걸린다. 독자는 자신 혹은 소녀가 그린 그림이 소녀가 이웃집 할아버지를 위해 그려졌다는 사실을 알게 된다. 소녀는 그림을 보고 기뻐할 할아버지를 생각하며 거실에서 기다리지만 할아버지는 돌아오지 않는다. 할아버지가 돌아가셨다는 사실이 암시적으로 밝혀지면서 소녀는 결국 그림을 할아버지에게 선물하지 못한다. 소녀가 선물하지 못한 그림은 결국 독자가 그린 그림이다. 이를 통해 소녀가 경험하는 상실감을 독자 역시 경험한다. 이와 같은 시점 전환은 주로 주인공의 극단적인 감정 변화의 지점이나 스토리의 터닝 포인트에서 사용된다.

그림과 글의 정보가 같을 때

인터랙티브 그림책에서 그림과 글의 정보가 같은 경우, 즉 대칭관계로부터 장면이 시작되기도 한다. 따라서 그림이 제시하는 정보와 글이 제시하는 정보 사이에서 어떤 차이를 발견할 수 없을 때 독자는 자신이 상호작용할 지점을 찾기 위해서 화면 위를 탐색적으로 터치하고 마치 보물찾기처럼 스크린 곳곳을 손으로 훑는다. 이 과정에서 독자는 자신의 터치에 반응하는 지점을 찾아낸다. 긴장감 없이 조화를 이루던 그림과 글의 관계에 새로운 긴장감이 부여되는 것이다.

그림책 연구자들은 대위법이라는 음악 용어를 빌려와 그림과 글의 관

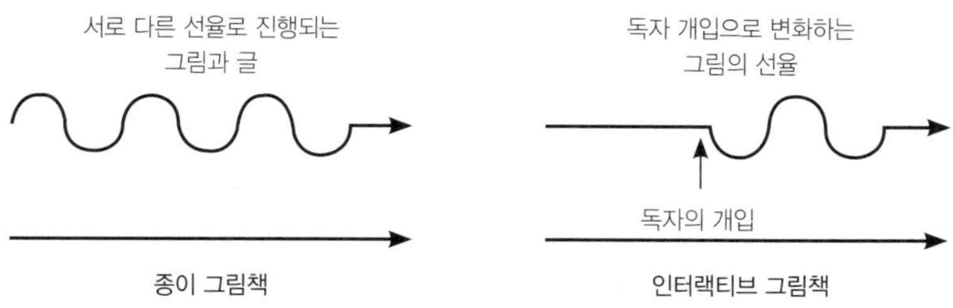

그림 3. 독자 개입에 따라 달라지는 글과 그림의 선율

계를 설명한다. 이것은 하나의 이야기를 그림과 글이 서로 다른 관점에서 보여주는 경우를 이야기한다. 인터랙티브 그림책에서 그림과 글의 대위법적 관계는 종이 그림책에서의 대위법적 관계와는 다른 양상을 보인다. 인터랙티브 그림책에서 그림은 계속 변화하기 때문에 그림과 글은 이 같은 고정된 긴장관계를 만들어낼 수 없다. 또는 만들어낼 필요가 없다. 움직이는 그림이 인터랙티브 그림책의 특징이라면 오히려 갑작스러운 그림의 변화를 통해 서스펜스의 부여가 가능하다. 또한 종이 그림책에서 그림과 글의 대위법적 관계는 그림과 글을 면밀히 살펴본 후 감지될 수 있는 것이지만, 인터랙티브 그림책에서 그림과 글의 대위법적 관계는 독자의 개입에 의해 갑작스럽게 드러나는 것이기 때문에 일종의 반전 효과를 지니기도 한다.

〈플라잉 북〉의 한 장면에서 글은 "모리스는 무엇을 해야 할지 또 어디로 가야 할지 몰랐습니다. 그래서 그는 방황하기 시작했습니다."라는 스토리를 제시한다. 또한 그림은 폭풍의 잔해들이 흩어져있는 길을 터벅터벅 걷는 모리스의 뒷모습을 보여준다. 그리고 모리스가 하늘을 쳐다보는 순간 그림은 정지한다. 그림은 이미 정처 없이 걷는 모리스의 모습을 보여줌으로써 글과 대칭관계를 이룬다. 흥미로운 점은 앞 장면들에서 모리스가 폭풍우에 휩싸인 이후의 그림이 모두 흑백으로 표현되며, 이 장면의 그림 역시 흑백으로 제시된다는 점이다. 이때 독자가 화면을 터치하다가 하늘 부분을 터치하면 터치한 부분은 잠시 하늘색으로 변했다가 다시 회색으로 돌아온다.

이 장면에서 글이 보여주었던 모리스의 막막함과 그림이 무채색을 통해 보여주는 정서는 같은 선율을 이룬다. 하지만 독자의 개입으로 무채색의 하늘이 유채색으로 바뀜으로써 그림의 선율은 바뀐다. 이는 하늘이라는 공간에서 모리스가 어떤 희망을 찾게 될 것이라는 복선이기도 하다.

Reader + Player = Playder!?

인터랙티브 그림책에서 글의 정보가 그림의 정보보다 많을 때, 독자는 글과 그림의 정보를 일치시키기 위해 그림에 개입한다. 우리가 무의식적으로 같은 색깔의 도형들을 모아 없애는 '퍼즐게임'과 유사하다. 그림의 정보가 글의 정보보다 많을 때, 독자는 시점 전환을 통해 스토리의 주인공이 되어본다. 이것은 1인칭 시점의 '롤플레잉 게임'과 유사하다. 그림과 글의 정보가 같을 때, 독자는 '보물찾기'처럼 스릴과 놀라움을 경험한다. 인터랙티브 그림책에서 독자는 읽는 동시에 플레이한다.

책과 게임의 결합은 전자책 또는 앱북과 같은 다양한 신조어를 만들어냈다. 이 글은 게임과 결합한 책에 대해 설명하기 위해 인터랙티브 그림책이라는 아주 좁은 영역을 다뤘다. 하지만 어떠한 이름도 책이 태블릿 PC라는 매체와 게임이라는 장르와 결합해 만들어낸 시너지를 충분히 설명하지 못한다.

독자라는 이름도 마찬가지이다. 책과 게임의 결합 안에서 독자는 때로는 플레이어이며 주인공이고, 사용자이기도 하며 관찰자이기도 하다. 또한 읽는 사람이자 보는 사람이며, 듣는 사람이고, 만지는 사람이다. 분명한 것은 우리가 이미 알고 있는 독자에 이별을 고해야만 독자이기도하고 플레이어이기도 한 이 새로운 존재에 가까이 갈 수 있다는 점이다.

트랜스미디어 스토리텔링이 '하나의 스토리를 왜 하나의 매체를 통해서만 경험해야 하는가'라는 의문에서 시작되었듯이 독자나 플레이어, 관객에서 대해서도 같은 의문이 제기되어야 한다. 하나의 스토리를 책과 게임, 그리고 영화를 통해서 경험하는 주체를 우리는 무엇이라고 불러야 할까? 아직은 이름 붙여지지 않은 새로운 존재인 트랜스미디어 시대의 독자는 이제 알을 깨고 세상 밖으로 나오려 하고 있다.

10장
웹+만화
: 트랜스미디어와 웹툰

김유나

웹툰: 한국, 도시, 일상을 말하다

접속을 하는 순간, 수십 개의 캐릭터 섬네일thumbnail들이 쏟아지며 우리를 반긴다. 섬네일 위에 붙은 'UP' 스티커는 업데이트를 알리는 신호탄이다. 수만 명의 사람들은 그 스티커를 보자마자 감탄사를 외치며 손꼽아 기다렸던 웹툰을 클릭한다. 스크롤이 내려가면 내려갈수록, 보는 사람 역시 이야기의 세계로 점점 깊이 빠져든다. 짧게는 1분에서 길게는 5분까지, 웹툰 한 편을 소비하는 짧은 시간 동안 우리는 '매직 서클' 속에서 기쁨과 슬픔, 사랑과 분노를 경험한다. 비록 악당이 영웅에게 활시위를 당기는 긴박한 순간, 남주인공이 여주인공에게 고백을 하려는 중요한 순간, 이야기는 야속하게도 끊겨버리지만 사람들은 다음

편이 나올 때까지 댓글 창에서 이야기꽃을 피운다. 그 사이에 누군가는 자신의 생각과 쌍둥이처럼 닮은 댓글을 보고 '좋아요' 버튼을 누르기도 하고, 이어질 내용을 예리하게 추리하는 댓글에 놀라기도 한다. 이렇게 우리는 잠들기 전 내 방 침대, 출근길 지하철, 쉬는 시간 화장실이라는 일상의 작은 틈 속에서 즐거움을 찾고 공감을 얻는다. 웹툰은 이처럼 '은밀하게 위대하게' 우리의 삶 안으로 들어왔다.

마치 어릴 적 드나들던 만화방처럼 아늑함과 설렘이 있는 곳, 바로 포털 사이트의 '웹툰 페이지'이다. 비록 퀴퀴한 종이 냄새의 정겨움은 없어졌을 지라도, '웹'이라는 무한 캔버스가 우리를 더 넓은 이야기의 세계로 끌어당겼음은 틀림없다. 실로 한국 만화계는 웹툰 전성시대를 맞았다. 강풀의 〈바보〉부터 윤태호의 〈이끼〉를 거쳐 기안84의 〈패션왕〉까지, 인기가 많은 웹툰은 영화 혹은 드라마 등의 원작canon 역할을 하기도 하고, 뮤지컬 혹은 연극으로 각색되는 경우도 있다. 경우에 따라 웹툰은 다양한 플랫폼을 통해 해외로 수출되기도 한다. 이처럼 웹툰은 동시대 한국에서 다양한 매체를 통해 멀티 유즈 될 수 있는 원작으로 주목받고 있다.

웹툰 페이지를 운영하고 있는 포털 사이트의 경우, '네이버'를 선두로 '다음', '네이트' 등이 그 규모를 점점 확장하고 있다.

이 중에서도 가장 규모가 큰 네이버는 현재 연재 중인 웹툰이 150종에 이른다. 또한 웹툰 페이지의 하루 조회 수는 620만 건이며 현재까지 누

표 1. 포털 사이트의 연재 웹툰 수

포털 사이트	연재 웹툰 수
네이버	150종
다음	90종
네이트	35종

(2014년 12월 기준)

적 조회 수는 무려 290억 회에 달한다. 이처럼 웹툰의 대중성은 객관적 수치를 통해서도 입증된다. 한편, 2013년에는 프랑크푸르트도서전에서 최초로 웹툰 전용관인 '만화관'이 개설된 바 있다. 이때 〈노블레스〉, 〈신의 탑〉, 〈미생〉 등 동시대를 대표하는 20여 종의 한국 웹툰이 소개되어 국제적인 호응을 얻어내는 데 성공했다. 이처럼 웹툰은 한국 고유의 문화 콘텐츠로서 국내뿐 아니라 해외로 나아가며 입지를 넓히는 중이다.

그렇다면 사람들은 왜 이토록 웹툰에 열광하는 것일까? 이는 웹툰이 동시대 한국의 대중을 대변하기 때문일 것이다. 웹툰은 한국, 특히 대도시에서 살아가는 사람들의 일상에서 가장 활발하게 소비된다. 뿐만 아니라 실제로 웹툰 내에서 도시인들의 '일상'이라는 소재는 적극적으로 차용된다. 특히 '일상툰'에서는 도시인들의 일상생활 세계를 재현함으로써 한국 대도시의 '도시성urbanism'을 드러낸다.[1] 루이스 워스에 따르면, 이는 도시에서 나타나는 생활양식을 이르는 말이다.[2] 일상툰은 도시의 이중성을 포착한다. 표면적으로 도시는 화려하고 번화한 공간이지만, 그 안에 있는 개인의 삶은 탈인간적이고 해체된 방식으로 드러난다.[3] 다시 말해, 도시 공간은 끊임없이 변화하며 늘 복잡한 상태를 유지한다. 그러나 상대적으로 도시 공간 안에 놓인 개인은 주체를 냉소적으로 인식하며, 타인과의 관계를 맺는 데 있어서도 이기주의적 태도를 취한다.[4] 웹툰은 이러한 도시의 이중성을 주요 소재이자 제재로 채택한다.

한편, 도시인들은 매일 반복되는 일상을 지겨워하면서도 일상툰을 통

---

1 김왕배, 『도시, 공간, 생활세계』, 한울, 2010, p.23.

2 Louis Wirth, "Urbanism as a Way of Life", *The American Journal of Sociology*, Vol.44 No.1, 1938, pp.1–24.

3 조명래, 『현대사회의 도시론』, 한울, 2000, p.354.

4 Georg Simmel, "The Metropolis and Mental Life", *On Individuality and Social Forms*, The University of Chicago Press, 1971, pp.324–339.

해 누군가의 일상을 소비한다. 현대인의 이러한 모순적 태도는 앙리 르페브르에 의해 설명된 바 있다. 르페브르는 '일상성'에 대해 현대인이 가장 지겨워하면서도 그것을 놓칠까 봐 전전긍긍해하는 물건이라고 말했다. 그에 따르면 일상성은 탐욕, 공허감, 균형 잡힌 것에 대한 갈구 등 현대사회의 전반적인 특징을 반영한다.[5] 일상툰에서 이러한 '일상성'은 주로 인물에게 일어나는 사건 등 개인적 층위에서 나타난다. 일상툰은 일상성을 기반으로 대도시와 현대인이 맺고 있는 관계의 망까지 재현한다. 이와 같이 웹툰은 한국의 대도시와 그 속에서 살아가는 사람들의 모습을 포착하여 대중의 공감을 얻는다.

한편, 일상툰에 나타난 서사적 배경의 이면에는 현실에 대한 풍자와 비판의 메시지가 담겨 있다. 국내에서는 일찍이 만화가 현실을 풍자하고 비판했던 바 있다. 만문만화의 경우, 만문이라는 형식의 풍자적인 문체를 통해 우회적이고 은유적으로 시대 상황을 표현했다. 시대적 차이가 있으나, 만문만화와 웹툰은 모두 만화의 형태를 통해서 시대를 풍자하고 비판한다. 특히 한 컷 안에 웃음과 냉소를 교차시켜 보는 사람에게 씁쓸한 웃음을 유발한다는 점에서 이 둘은 일맥상통한다.[6] 이처럼 동시대 대한민국의 대도시라는 특수한 상황과 이에 대한 풍자적 인식이 유의미한 관계를 맺는다.

우리가 일상의 '짬' 속에서 마주하는 웹툰에서는 나 자신의 모습, 우리의 인생과 아이러니가 해학과 풍자를 통해 그려진다. 〈마음의 소리〉가 처음 연재되기 시작했을 때 초등학생이었던 독자는 이제 고등학생이 되었다. 〈마음의 소리〉의 주인공 조석은 8년간 우리와 함께했으며, 지금도 일주일에 두 번씩 우리를 찾아온다. 이토록 오랫동안 조석이 사랑받

5 앙리 르페브르, 『현대세계의 일상성』, 박정자 옮김, 주류, 1990, pp.13-15.

6 김유나, 『한국 일상툰의 풍자 연구』, 이화여자대학교 디지털미디어학부 석사학위논문, 2014, pp.8-10.

을 수 있었던 이유는 조석의 모습이 바로 우리 자신의 모습이기 때문이다. 즉 한국의 현대 대도시에 살아가는 우리의 일상, 매사에 열정적이지만 늘 패배하는 소시민의 모습인 것이다. 과열된 입시에 찌든 학생, 작은 희망도 보이지 않는 취업 준비생, 항상 지쳐 있는 직장인, 삶의 무게에 떠밀려 길을 잃은 대한민국의 모두가 웹툰에서는 그 열등함 때문에 한없이 웃긴 존재로 그려진다. 그리고 그 자학적인 유머 속에 사실은 따뜻한 위로가 깃들어 있다. 이처럼 웹툰은 다분히 한국적인 맥락에서 탄생했다. 그리고 이러한 상황을 공감으로 풀어내는 스토리텔링을 통해 비로소 대중성을 획득할 수 있었다.

디지털 두루마리의 스마트한 진화

웹툰은 시각적 텍스트, 언어적 텍스트, 웹 인터페이스가 상승적synergistic 결합을 통해 서사적 의미를 구성하는 서사체이다.[7] 따라서 웹툰에서는 이미지나 문자 중 한쪽이 서사적 기능을 전면으로 담당하지 않고, 오히려 상보적으로 결합한다. 웹툰은 세로로 긴 이미지 형식의 만화로, 인터넷 배포를 목적으로 한다. 기존에 출판 만화 시장을 점령했던 북미나 일본에서는 인터넷에 게재되는 만화를 통틀어 '웹코믹스web comics'라고 불러왔다.[8] 이는 미국의 그래픽 노블graphic novel이나 일본의 망가マンガ가 각각 웹으로 옮겨간 경우를 가리킨다. 물론 이들은 종이에서 웹으로 옮겨감에 따라 웹코믹스라는 새로운 이름을 얻게 되었으나, 그 형식

7 로렌스 자이프 · 실비아 판탈레오, 『포스트모던 그림책』, 조희숙 옮김, 교문사, 2010, p.14.

8 Scott McCloud, *Reinventing Comics: How imagination and Technology Are Revolutionizing an Art Form*, Perennial, 2000, pp.206–221.

은 출판 만화와 동일하다. 다시 말해, 웹코믹스는 웹이라는 매체를 통해 전달된다는 점을 제외하면 출판 만화와 전혀 변별되지 않는다.

그러나 한국에서는 웹코믹스 대신 '웹툰webtoon'이라는 용어를 통해 인터넷 만화를 소개했고, 이는 출판 만화와는 형식적 특성과 내용적 특성 면에서 현저히 차별된다. '웹툰'이라는 명칭은 한국의 웹툰을 가리키는 용어로 국한된다. 웹툰은 '한국'이라는 특수한 배경 속에서 독자적으로 형식적, 내용적 특성을 발전시켜왔다. 앞서 말한 바와 같이 웹툰은 형식과 내용 면에서 출판 만화와 상이하다. 가령, 출판 만화가 왼쪽 위에서 오른쪽 아래로 읽는 횡적 독서 방식을 택했다면 웹툰은 스크롤바와의 결합을 통해 위에서 아래, 즉 수직적으로 읽도록 구성되어 있다. 이러한 웹툰의 독자적 형식은 출판 만화와 차별될 뿐만 아니라, 미국의 웹코믹스나 일본의 디지털 망가와도 명백하게 차별된다. 나아가, 이러한 형식적 특성은 웹툰의 스토리텔링 방식에 큰 영향을 주었다는 점에서 주목할 만하다.

웹툰은 '스크롤바'를 통해 이야기 전개 방식과 그에 따른 독서 경험에 혁명을 일으켰다. 마치 두루마리를 펼치듯, 스크롤바를 타고 굽이굽이 흘러내리는 이야기에 감동과 재미도 함께 흐른다. 가령, 강풀의 〈순정만화〉는 함박눈이 내리는 장면을 세로로 긴 파노라마 형식으로 표현해 스크롤바를 내리면 눈이 내리는 것 같은 효과를 불러일으키고 웹툰이 지닌 표현 양식의 아름다움을 극대화했다. 또한 하일권의 〈목욕의 신〉은 스크롤의 움직임과 함께 '금자탕'의 압도적인 스케일을 한 폭의 그림처럼 담아냈다. 이는 일찍이 선인들이 두루마리에 산수화를 담아냈던 방식을 닮아있다. 이런 점에서 한국 웹툰은 '디지털 두루마리'라고 할 수 있다.

스크롤바의 탄생과 함께 출판 만화는 네모 칸 속에 갇혀 있던 말풍선 역시 형식적 제한을 뚫고 나왔다. 이제 말풍선은 마치 스티커처럼 그림

위에 덧붙거나 덧대어진다. 이때 나타난 문자와 이미지의 결합은 콜라주 작품을 닮아 있다. 기존에는 '칸'이 출판 만화를 구성하는 최소단위였다면, 웹툰에서는 이야기적인 호흡이 이러한 형식적 제한에 선행한다. 이처럼 형식적 제한이 사라지면서 그림과 문자는 무한대로 펼쳐진 캔버스, 즉 자유로운 여백 위에서 춤추게 되었다. 다시 말해 출판 만화 시절 스콧 맥클라우드가 역설했던 '홈통gutter'[9]의 중요성이 '여백'의 미학으로 대체된 것이다. 이러한 여백의 미는 바로 동양적인 상상력을 대변한다. 본래 빈 공간이란 대상의 형체보다는 그것이 담고 있는 내용을 표현하기 위해 생겨난다.[10] 웹툰은 여백을 통해 독자들의 상상력과 충분한 호흡이 개입할 여지를 남겨준다.

한편, 스마트폰이 대중적으로 보급되면서 웹툰은 형식적 측면에서 새로운 국면을 맞이한다. 주로 PC를 통해서 소비되던 웹툰이 스마트폰을 주요한 매체로 삼게 된 것이다. 스마트폰을 통해 언제 어디서든 웹툰을 접할 수 있게 된 독자들은 모바일 경험에 보다 최적화된 웹툰을 원했다. 이러한 요구에 힘입어 탄생한 것이 바로 '스마트툰smarttoon'이라는 새로운 형식의 웹툰이다. 스마트툰은 네이버에서 가장 먼저 시도된 것으로, 한 컷씩만 스크린에 보여주는 모바일 환경에 최적화된 웹툰이다. 스크롤을 내려야만 이어지는 내용을 볼 수 있었던 기존의 웹툰과 달리 스마트툰은 스크린의 터치를 통해 화면을 전환시키는 방식을 채택했다. 이때 작가들은 단순히 화면을 전환시키는 것이 아니라 필요에 따라 화면이 커지거나 작아지는 줌인 · 아웃 효과, 상하좌우 이동 효과 등을 부여해 독자들에게 스토리를 더욱 효과적으로 전달한다. 스마트툰의 대표적인 사례로는 김규삼의 〈하이브〉나 윤인완 · 김선희의 〈심연의 하늘〉

9 스콧 맥클라우드, 『만화의 이해』, 김남호 옮김, 비즈앤비즈, 2008.

10 공상철 외, 『중국, 중국인, 그리고 중국문화』, 다락원, 2001.

등이 있다. 두 경우 모두 인간의 세계가 벌레에게 잠식당해 멸망한다는 설정의 디스토피아를 그리고 있다. 따라서 스토리 자체의 분위기가 전반적으로 무섭고 공포감을 조성한다. 스마트툰에서는 영화 연출 기법을 차용함으로써 긴장감이나 충격 등을 효과적으로 전달했으며, 이를 통해 독자들의 몰입을 끌어내는 데 성공했다. 이제 웹툰은 주머니 속으로 들어온 작은 영화관으로 변신하게 되었다. 이처럼 웹툰은 디지털 두루마리로 시작해 다양한 변주를 통해 진화하고 있다.

스마트툰과 더불어 '무빙툰movingtoon' 역시 성공적으로 호응을 얻고 있다. 〈옥수역 귀신〉, 〈봉천동 귀신〉, 〈마성터널 귀신〉 등으로 잘 알려진 호랑 작가의 경우, 스크롤이 특정 지점에 이르면 정지화면이 움직이도록 플래시 효과를 구동시킨 바 있다. 이러한 방식은 공포 혹은 스릴러 장르의 웹툰이 독자들에게 새로운 경험을 제공하는 데 한 획을 그었다. 이처럼 각종 기술이 웹툰 속으로 편입해 들어오면서 웹툰의 스토리 역시 이에 맞춰 변화하고 있다. '칸'의 활용이 관건이었던 출판 만화를 지나, '여백'의 미로 승부하는 '웹툰'을 넘어, 우리는 '스크린' 전체를 하나의 공간으로 활용하는 스마트툰의 시대를 맞이하고 있다. 웹툰은 이제 만화에서 파생되었다는 과거의 인식을 벗어던지고, 자신만의 새로운 스토리텔링 방식을 갖춘 이야기 콘텐츠로 거듭났다. 이에 발맞춰 '티테일', '레진코믹스' 등의 웹툰 전문 사이트도 등장했다. 이들은 독자들에게 형식을 넘어 내용적 장르를 다양화하기 위해 선구자적 시도를 마다하지 않는다. 이처럼 웹툰 시장은 점차 그 규모와 저변을 확대하는 동시에 특색을 갖춘 스토리텔링 콘텐츠로서 힘차게 전진 중이다.

우리들의 자화상, '병맛 개그툰'

인생의 전부였던 한 소녀를 찾으러 시험의 탑을 오르는 소년의 모험기 〈신의 탑〉, 뱀파이어 소녀와 인간 소년의 애절한 로맨스 〈오렌지 마말레이드〉, 과로로 사망한 주인공이 지옥에서 겪는 좌충우돌 여행기 〈신과 함께〉까지. 모두 누구나 어디서 한 번쯤은 들어본 익숙한 이야기들이다. 우리는 사랑, 명예, 권력, 돈, 영생에 관한 이야기를 수도 없이 들으며 자라왔다. 허구일지라도 우리는 이야기를 통해 삶에 대한 교훈과 인생의 진리를 터득한다. 이러한 맥락에서 독자들이 웹툰에서 구하는 것은 바로 '공감'이다. 웹툰의 이야기는 인간에 대한 통찰과 이해를 바탕으로 한다. 그리고 수많은 사람 중에서도 웹툰이 그리고 있는 것은 바로 한국 대도시에 살아가는 소시민, 즉 우리의 모습이다. 이러한 점에서 웹툰은 지극히 현실 반영적이라고 할 수 있다.

웹툰은 현실을 재현하면서 '일상툰'이라는 독자적인 장르를 탄생시켰다. 일상툰에는 형식적, 내용적 측면에 네 가지 고유한 특징이 있다. 우선, 일상툰에서는 작가 재현적 인물이 주인공으로 등장한다. 이때 주인공은 독자들보다 열등하며 불구적 속성을 지닌다. 두 번째, 일상툰에서는 한국의 도시 공간을 주요한 서사적 배경으로 채택한다. 세 번째로 세신, 수면, 식사 등 '일상성'을 드러내는 개인적 층위의 서사가 사건의 단위로 등장한다. 마지막으로 일상툰의 한 편은 짧은 에피소드 형식을 취한다.[11]

일상툰은 동시대 도시인들, 즉 독자들의 일상을 재현하는 과정에서 동시대 대도시의 생활을 반영한다. 대도시에 살아가는 사람의 일상은 기

11 김유나, 앞의 논문, p.7.

계적이다. 이들은 똑같은 리듬으로 아침, 점심, 저녁을 보내고 일주일을 살아간다. 이러한 습관은 삶의 관성이며, 이를 통해 사람들은 무반성한 일상을 이어간다.[12] 그들은 지겨운 일상을 벗어나고 싶어 하지만 일상으로부터 벗어난다는 것은 사회적 지위와 삶의 기반을 상실을 뜻하기 때문에 결국 포기하게 된다.[13] 이처럼 일상툰에서는 도시인들이 처한 딜레마적 상황과, 이러한 상황이 유발하는 좌절감을 주인공 캐릭터를 통해 그려낸다.

일상툰에서 주인공 캐릭터는 작가의 사적인 모티브들이 일부 드러나거나 삽입되는 형태로 구성된다. 조석의 〈마음의 소리〉, 서나래의 〈낢이야기〉, 가스파드의 〈선천적 얼간이들〉이 대표적인 예시이다. 이는 기존의 사소설에서 작가가 자신의 신변잡기적인 요소들을 드러냄으로써 실재성을 강화하는 것과 유사하다. 이러한 작가 재현적 캐릭터의 경우, 주인공은 행동 능력에서 독자들보다 우월하지 않으며 평범하거나 오히려 열등하다. 이러한 캐릭터를 통해 독자들은 쉽게 감정이입을 하거나 공감하게 된다.

일상툰에서 주인공은 종종 사건의 전말을 파악하지 못하거나 오해하는 인물로 등장한다. 따라서 에피소드 역시 처음부터 주인공의 시련으로 시작한다. 행동 능력이 열등한 주인공은 주변 인물과의 담화에서 맥락을 파악하지 못하거나, 자신이 처한 사건을 객관적으로 인지하지 못하면서도 자신감에 차 있으며 자신의 무지함을 깨닫지 못한다. 그러나 주인공을 제외한 등장인물, 작가, 독자 등 모든 사람들이 주인공의 상황을 객관적으로 파악할 수 있다. 이처럼 정작 당사자인 자신만 그 사건에 대해서 무지하다는 설정은 아이러니와 웃음을 유발한다. 이처럼 일상툰

12 알베르 카뮈, 『시지프 신화』, 김화영 옮김, 책세상, 1997, p.245.

13 이은실, 「1970년대 도시소설의 양상 연구」, 『한민족문화연구』, Vol.6 No.0, 2000, p.192.

은 '당대 한국의 대도시'라는 특수한 배경에서 '웹'이라는 매체가 지니는 파급력과 익명성을 활용해 동시대 사회와 현실을 비판적으로 조망하되 이를 웃음을 통해 그려낸다.

일상툰 중에서도 이러한 아이러니가 극대화된 것은 '병맛 개그툰'으로 분류할 수 있다. 가령, 귀귀의 〈정열맨〉, 이말년의 〈이말년 씨리즈〉, 컷부의 〈소년들은 무엇을 하고 있을까〉 등은 '병맛'이라는 키워드를 공유한다. 병맛은 '병신 같은 맛'의 줄임말로 '디시인사이드' 등의 온라인 게시판 커뮤니티에서 유래한 인터넷 유행어이다. 처음에 네티즌들은 인터넷 상에 올라온 다양한 창작물 중 수준 이하라고 생각되는 것에 조롱의 댓글을 달면서 이 용어를 사용했다. 그러나 그 대상이 확대되고, 이후에 병맛이 웹툰 콘텐츠와 결합하면서 '병맛 만화'라는 장르가 탄생했다. 이러한 과정에서 병맛이라는 단어에는 미묘한 뉘앙스 변화가 나타났다. 본래는 '조롱'의 의미를 담고 있었던 것이 '딱히 설명할 수 없는' 묘한 매력, 굳이 말하자면 '병신스러운 어떤 멋'을 의미하게 된 것이다. 예를 들어, 형식적인 완성도 면에서의 저열함이나 내용 구성상의 어이없음이 '병맛'의 기본요소로 자리 잡게 되었다.[14]

이러한 맥락에서 '기승전병'이라는 단어도 탄생했다. 이는 이야기가 멀쩡하게 전개되다가 갑작스럽고 어처구니없게 결말을 맺는 서사구조를 의미한다. 이말년의 〈이말년 씨리즈〉가 대표적인 경우로, 이야기의 결말이 항상 파국적이다. 세상의 멸망, 건물의 붕괴, 주인공의 죽음, 종족의 멸종 등이 이러한 파국의 대표적인 패턴이다. 이 시리즈는 언제나 마지막에는 '와장창' 혹은 '콰과광' 등의 의성어와 함께 모든 게 없어지고 사라진다.

---

14 김수환, 「웹툰에 나타난 세대의 감성구조: 잉여에서 병맛까지」, 『탈경계 인문학』, Vol.4 No.2, 2011, p.105.

표 2. 일상툰에 나타난 서사적 파국

<table>
<tr><td rowspan="2">결말의 예시</td><td>〈마음의 소리〉 784화 '신'</td><td>〈이말년 씨리즈〉 93화
'도시의 반딧불이'</td><td>〈이말년 씨리즈〉
126화 '암내대장 뿍뿍이'</td></tr>
<tr><td>주인공이 누명을 쓰고
연행</td><td>주인공이 생활고로 사망</td><td>주인공의 암내로 건물이
폭발</td></tr>
<tr><td>파국의 양상</td><td>주인공의 패배
또는 패배의 암시</td><td>주인공의 부상
또는 죽음</td><td>세계의 종말
또는 인류의 멸망</td></tr>
</table>

〈표 2〉에서 볼 수 있듯, 주인공은 대개 자신의 의지나 열정과는 무관하게 현실이나 사회에 적응하지 못하고 겉돈다. 이처럼 열정적 개인이 오히려 패하고, 비합리적인 사건을 통해 희생된다는 설정은 우리 세계의 부조리함을 잘 드러낸다. 여기서 부조리한 세계란 조리에 닿지 않으며 불합리한 세계를 이르는 말이다.[15] 인간은 누구나 행복과 합리적인 삶을 추구하는 반면, 부조리한 것은 이러한 행복과 합리성에 이르고자 하는 열망과 맞대결한다.[16] 이러한 부조리함은 동시대 한국에 살아가는 대중의 삶을 지배하고 있다.

독자들은 일상툰에서 주인공이 희생되는 모습을 보며 자신이 처한 비애스러운 현실을 마주하게 된다. 이처럼 일상툰은 사회라는 큰 힘에 의해 개인이 부식되는 전체 과정에서 발생하는 비애감을 보여줌으로써 독자들의 공감을 얻는다.[17] 〈이말년 씨리즈〉에 등장하는 대부분의 주인공은 누구보다도 열등하고 변변치 못하지만 어떻게든 열심히 살아보고자 눈물겹게 노력한다. 마치 삶의 무게에 눌려 아등바등하는 소시민의 모습과 같다. 이처럼 죄 없는 주인공은 누구보다도 열정적인 개인이지만 결국에는 패배하고 만다. 이러한 부조리마저 우리가 직면한 현실을 닮

15 박광선, 「까뮤의 작품세계」, 『자유문학』, Vol.3 No.1, 1958, pp.208-213.

16 카뮈, 앞의 책, 1997, pp.39-47.

17 김한식, 「전쟁과 유민, 도시에서 살아남기: 이호철의 소시민 연구」, 『비평문학』, Vol.0 No.34, 2009, p.148.

아 있다. 그래서 독자들은 병맛 개그툰을 보고 난 후 '웃프다'고 말한다. 웃기면서도 슬프다는 뜻이다. 이는 어떤 상황에 대한 표현은 웃기지만 그 이면의 내용이 슬픈 경우의 씁쓸함을 드러낸다. 병맛 개그툰이 유의미한 이유는 동시대 대중이 이러한 괴리를 인지하고 공감할 수 있기 때문일 것이다.

그러나 패배에도 불구하고 병맛 개그툰이 소비되는 것은 바로 패배에 대처하는 주인공의 자세 때문이다. 주인공은 언제나 부조리한 세계로부터 패하지만 주변 인물에게 구원을 요청하지도, 본연의 열정을 잃지도 않는다. 이는 기존의 질서를 지키되 본인의 목소리를 묵묵히 표명하는 것, 즉 행복에 대한 권리를 주장하는 조용한 반항이다. 이처럼 반항, 자유, 열정을 가지고 사는 것, 구원을 호소함 없이 사는 것이 바로 부조리에 대처하는 자세이다.[18] 주인공은 비참한 인간 운명의 비극적 조건을 알고 있으면서도 패배하는 모험을 감행한다. 비참하지만 성실하게 행복을 찾는 것, 이것이 바로 불합리한 세계를 성실하게 견디어 살아가는 것이다. 독자들은 이처럼 운명의 비극 속으로 과감하게 뛰어드는 주인공의 의지, 즉 투쟁하고 패배하는 모험을 감행하는 주인공을 통해 동시대 현실의 부조리함으로부터 반항하는 자세를 배운다.[19]

이처럼 일상툰의 서사는 동시대 한국의 현실로 확장시켜 그 의미를 찾을 수 있다. 일상툰이 대중적으로 소비되는 것은 바로 동시대 한국의 부조리하고 비극적인 현실을 씁쓸한 웃음을 통해 제시하기 때문이다.

18 카뮈, 앞의 책, 1997, pp.256-261.

19 최애순, 「김성한의 부조리 인식과 인간 탐구」, 『현대소설연구』, Vol.0 No.21, 2004, pp.167-177.

움직이는 이야기, 진화하는 이야기장

사람들은 항상 재미있는 이야기 주위를 맴돈다. 그리고 끊임없이 반복해서 그 이야기에 관해 떠든다. 이는 어떤 방식으로든 그 이야기를 다시 소비하고자 하는 욕망의 표출이라고 할 수 있다. 이러한 맥락에서 웹툰 페이지는 독자와 작가가 함께 어우러져 한바탕 신나게 노는 이야기 한마당이다. 이때 독자와 작가의 상호작용은 '댓글'을 통해 가장 두드러지게 나타난다. 이 중에서도 '베스트 댓글'은 사람들의 가장 많이 공감하고 호응한 댓글을 가리킨다. 베스트 댓글에는 여러 가지 유형이 있다. 가령 '작가가 사실은 이런 말을 하고 싶었던 게 아닐까' 하고 작가의 메시지를 넌지시 추측하는 경우가 있다. 또는 이야기 여기저기에 작가가 흩뿌려놓은 복선, 일명 '떡밥'을 전문적으로 줍는 독자들도 있다. 작가에게 힘내라고 격려와 응원을 쏟아주는 팬들도 많다. 반대로 쓴소리를 마다 않는 엄한 독자들도 있기 마련이다. 한편, 털털한 우스갯소리를 던지고 가는 '동네 형님'들도 있으며, 잘못 활용된 지식을 짚어주거나 맞춤법을 교정해주는 '선생님'들도 있다. 이처럼 웹툰은 수많은 사람들이 각자의 목소리로 밤새 이야기꽃을 피우는 이야기장이다.

동시에 웹툰은 이야기의 보고寶庫이기도 하다. 웹툰은 웹에서 시작해 영화로, 뮤지컬로, 드라마로, 연극으로, 책으로, 온갖 미디어를 넘나들며 다시 태어나고 있기 때문이다. 뿐만 아니라 최근에는 웹에서 웹으로 이동하며 전에 없던 콘텐츠를 창조하기도 한다. 이를테면 웹툰이 '웹소설'로 각색된 경우이다. 웹소설이란 웹을 통해 작성되고 배포되는 소설을 가리킨다. 웹소설에서 두드러지는 특징은 인물 얼굴이 그려진 아이콘과 삽화이다. 다시 말해 웹소설에서는 기존의 소설이 줄글로만 구성되었던 것과 달리 이미지적인 요소가 강하게 나타난다. 손제호/이광수의 〈노블레스〉의 경우, 웹소설로 각색되면서 이러한 묘사적 요소를 훌륭하게 재현했다.

한편, 김선권의 〈후유증〉은 '웹드라마'로 제작된 바 있다. 웹드라마는 웹을 통해서만 배포되는 10분 내외의 짤막한 드라마를 가리킨다. 이는 웹툰과 마찬가지로 짧은 시간 안에 소비할 수 있다는 점이 특징이다. 〈후유증〉의 경우, 재생이 가능한 영상이라는 점을 이용해 원본 스토리의 긴장감 있는 분위기를 탁월하게 표현했다. 더 나아가, 지강민의 〈와라 편의점〉이나 재활용의 〈연민의 굴레〉 등은 드라마CD로 제작된 바 있다. 드라마CD란 오직 성우의 목소리를 통해 이야기를 들려주는 것으로, 애니메이션에서 영상 정보를 제거한 형태이다.

이처럼 웹툰은 영화, 드라마, 연극 등으로 각색되는 단계에서 나아가, 웹소설, 웹드라마, 드라마CD 등 새로운 플랫폼에서 멀티 유즈되고 있다. 이처럼 미디어를 넘나들며 이야기하는 것이 바로 웹툰에 나타난 트랜스미디어 스토리텔링이다. 이는 하나의 이야기를 각양각색의 방식으로 소비하고 싶어 하는 독자들의 욕망을 반영한다. 그렇다면 웹툰은 어떻게 이렇게 많은 미디어에서 끊임없이 소비될 수 있는 것일까? 이를 밝히기 위해 우리는 웹툰의 내용적 특성에 주목해야 한다.

우리는 웹툰을 보며 주인공과 함께 울고 웃는다. 또한 고개를 끄덕이거나 함께 화를 내기도 한다. 허구적인 요소로 잔뜩 치장했으나, 사실 웹툰은 지극히 현실적인 이야기이다. 따라서 결국에는 '나'에 대한 이야기이기도 하다. 웹툰은 우리가 처한 시대와 사회, 우리가 살아가는 세상과 인생에 대해 함께 고민해준다. 작가는 독자와 같은 눈높이에서 세상을 바라본다. 그래서 웹툰은 오래된 친구의 이야기처럼 익숙하고 아늑하다. 예를 들어, 시니·혀노의 〈죽음에 관하여〉는 '죽음이란 무엇일까'라는 철학적 물음을 던진다. 대부분의 사람들은 항상 각박한 생활에 치여 산다. 때문에 '삶과 죽음'에 대해 고민할 겨를조차 없다. 〈죽음에 관하여〉는 바로 이러한 독자들을 위해 잠시나마 자신의 삶을 돌아볼 시간을 마련한다. 하일권의 〈삼봉이발소〉는 외모 지상주의 때문에 상처받은 사람들이 치유되어가는 과정을 그린다. 독자들은 이를 통해 언젠가 자신이 받았던 상처를 다독인다. 미티의 〈고3이 집나갔다〉는 꿈이 없는 현실의 고등학생들에게 응원의 목소리를 던진다. 비록 입시라는 굴레 속에 갇혀 있어도, 하늘의 별을 바라보고 걸으라고 이야기한다. 주호민의 〈무한 동력〉 역시 실패를 거듭하다 방황하는 20대들을 따뜻한 감싸 안는다. 작가는 '다 괜찮다'라는 한마디와 함께 우리에게 따뜻한 손을 내민다. 이처럼 웹툰은 역사적으로 기록될 만큼 장엄하고 훌륭한 이야기는 아니다. 그러나 우리의 마음속에 길이길이 기억될 따뜻한 이야기임에는 분명하다.

웹툰은 마치 이 세상 모든 재미있는 이야기를 알고 있는 도깨비와 같다. 방망이를 휘두르면, 우리가 듣고 싶어 하는 온갖 이야기가 쏟아져 나온다. 때로는 빗자루의 모습으로, 때로는 인간의 모습으로 시시각각 변신하고는 하지만, 도깨비가 우리에게 들려주는 이야기는 항상 같다. 그것은 바로 나, 너, 그리고 우리 모두의 이야기이다. 그의 이야기 속에는 언제나 내가 있다. 그래서 이것은 결국 나의 이야기이다. 웹툰은 서글픈 현실을 웃음으로 승화하고, 그 웃음 속에 공감과 위로를 두둑하게 채운다. 그래서 웹툰은 정신없이 바쁜 도시인의 일상에 존재하는 옹달샘 같다. 우리는 그 옹달샘에 들러서 물 한 모금을 마시고 다시 바삐 제갈 길로 돌아간다. 이를 통해 잠시나마 한숨을 돌리고 위안을 얻는다. 삶의 휴게소, 이것이 바로 우리가 웹툰을 찾아보는 이유일 것이다.

11장

소설+영화+게임

: 『해리 포터』로 보는 환상소설의 트랜스미디어 스토리텔링

이영수

트랜스미디어 현상 중 환상소설에 주목하는 이유

트랜스미디어 현상에서 원천서사로 뚜렷한 두각을 드러내고 있는 장르가 환상소설이다. 가령 톨킨의 소설 『반지의 제왕』은 영화로 전환되기 전에도 이미 많은 어드벤처 롤플레잉 게임의 원형이었다. 『반지의 제왕』과 같은 타이틀을 가진 게임들도 콘솔부터 MMORPG(Massive Multiplayer Online Role Playing Game)까지 다양하지만, 그보다 원작의 세계관을 구현하고자 한 이들에 의해 롤플레잉 게임의 데이터베이스가 생겨났다는 점에 더 주목해야 한다. TRPG(Table-talk Role Playing Game)인 〈던전 앤 드래곤〉부터 MMORPG까지 원작이 다양한 게임 플랫폼에 걸쳐 영향을 미쳤다는 점은 이미 연구된 바 있다.[1]

그 외에도 많은 환상소설이 영화와 컴퓨터게임으로 꾸준히 전환되었다. 검과 마법 소설의 효시로 불리는 하워드Robert. E. Howard의 『야만인 코난Conan the Barbarian』은 2008년 게임 〈에이지 오브 코난〉으로 만들어진 후 영화로 전환되었다. 1950년에 나온 C. S. 루이스Clive Staples Lewis의 『나니아 연대기』는 2005년 영화로 전환된 후에 트레벨러즈 게임즈사에 의해 PC게임으로 전환되었으며, 이후 영화 시리즈의 개봉에 맞추어 PC 패키지와 콘솔 게임으로도 전환되는 등, 많은 환상소설이 영화 및 다양한 게임의 원작이 되고 있다.

이렇게 트랜스미디어 현상에서 환상소설이 주목받고 있는 이유는 무엇일까? 그 이유를 살펴보려면 우선 환상소설이 무엇인지부터 정의해야 할 것이다.

브라이언 애트버리는 문학담론에 등장하는 환상의 개념을 크게 셋으로 나누고 있다. 첫째는 양식formula, 둘째는 모드mode, 셋째는 장르Genre이다. 그는 환상이란 문학적 허구를 작동시키는 하나의 모드이자 예견 가능한 플롯과 양식을 가진 장르 모두를 포함한다고 정의한다.[2] 따라서 장르로서의 환상성만 다루더라도 환상이 가진 비현실의 의미를 알 수 있으며, 그것이 허구를 만드는 데 어떠한 힘을 가지는지 알 수 있다.

이 장에서 다루게 될 환상소설이라는 장르는 국내에서는 이른바 '판타지'라 불리면서 '검과 마법 소설'이라는 용어로 폄하되던 장르이다. 주로 청소년과 아동들에게 현실과 비현실을 구분 못 하게 현혹시키는 공상물로 치부당하며 오락성이 짙은 대중소설일 뿐이라는 비판을 받았다. 기존의 판타지 장르에 대한 선입견 탓에 문학보다 하위의 개념으로, 상업적인 장르로만 치부되었지만 영상매체로 변환되면서 주목받고 있는

1 이영수, 『환상소설과 재매개 연구』, 이화여자대학교 디지털미디어학부 석사학위논문, 2009.

2 Brian Attebery, *Strategies of Fantasy*, Indiana University Press, 1992, p.2.

장르라는 데는 이견이 없다. 문학 양식으로서의 환상성이라고 해서 이러한 장르로서의 환상성과 전혀 다른 것을 의미하지는 않다. 소재와 등장인물, 배경, 심지어 플롯까지 예견 가능한 뻔하디 뻔한 양식화된 장르라고 비판받았지만, 실은 그 점이야말로 환상소설이 트랜스미디어 현상에서 주목받은 이유인지도 모른다.

그러한 관점에서 환상소설을 뻔하다고 평가받게 하는 동시에 환상소설로 인식하게끔 하는 서사 요소들을 살펴보자.

크게 두 가지로 나누어볼 수 있는데, 첫째는 영웅의 여정이라고 불리는 퀘스트 서사이다. 환상소설이 등장인물과 사건 면에서 틀에 박혔다는 평가를 듣게 하는 요소이지만, 사실 이 서사는 신화 창작적 사고와 연관되어 있다. 애트버리는 톨킨에 기초하여 환상소설을 자연적인 법칙이라고 확실하게 믿는 것으로부터 벗어나, 여행 도중 여러 가지 테스트를 거치고 통과의례를 겪으며 초인적인 도움을 얻어 적과 대결해 마지막에는 새로운 질서를 확립하고, 이에 독자가 기쁨과 회복의 반응을 얻는 것으로 정의했다.

둘째는 환상소설이 공상소설이라고 폄하되는 주요 원인이기도 한 배경 면이다. 환상소설은 포털을 통해 이동하게 되는 가상공간을 환상적 비전으로 제시한다. 환상적 세계란 간단히 표현하면 비현실적 세계이다. 현실에서 살고 있는 독자가 보기에 현실과는 상이한 세계를 상정한 공간, 나아가 현실과 대립항을 이루는 공간, 신화가 새로이 창작되고 유희되는 공간, 이것이 환상소설의 공간이다. 트랜스미디어 현상에서 환상소설이 주목받은 이유도 여기에 있는지 모른다.

이를 알아보기 위해 여기서는 환상소설이 원천서사로서 최근 매우 성공적으로 트랜스미디어 현상에서 주목을 받게 만든 대표적인 텍스트를 가지고 살펴보고자 한다. 바로 J. K.롤링의 『해리 포터』이다.

1997년 시리즈의 첫 편인 『해리 포터와 마법사의 돌』이 출판된 뒤 2007년 『해리 포터와 죽음의 성물』을 끝으로 소설이 완결될 때까지의 10년 동안 영화부터 디지털 게임, 블록 세트, 보드 게임, 레고 비디오게임, DS게임, 증강현실 PS3게임 등 다양한 매체로 전환되었다. 또한 롤링이 같은 세계관을 바탕으로 만든 웹 어드벤처 게임 〈포터모어〉는 웹뿐만 아니라 콘솔로도 출시되면서 숨겨진 이야기들을 더 풀어냈으며, 『해리 포터』의 세계에 등장하는 교과서인 〈스쿨북 시리즈〉, 부모 세대를 그린 해리 포터 프리퀄, 백과사전 『해리 포터 렉시콘』까지 출판되면서 트랜스미디어 콘텐츠에 교과서, 백과사전까지 추가했다.[3]

지금도 누트 스캐맨더를 가지고 새로운 〈스쿨북 시리즈〉를 예고하고 있는 등 『해리 포터』 시리즈는 현재진행형으로 이루어지고 있는 성공적인 트랜스미디어 스토리텔링의 예시로 모자람이 없다. 원작의 성공 사례와 그 이유를 분석한 연구는 이미 많이 나와 있으나, 여기에서는 원작이 트랜스미디어 스토리텔링에 적합했던 이유를 중심으로 살펴보기로 한다.

우리가 『해리 포터』에 열광했던 이유는 무엇인가

발터 벤야민에 따르면 이야기꾼은 먼 곳에서 온 사람이다. 모든 이야기꾼이 풀어내는 이야기의 원천은 입에서 입으로 전해지는 경험이다.[4] 그래서 이야기꾼은 자기가 앞으로 할 이야기를 단순히 자기 자신이 체험한

3 이영수, 『환상소설의 매체전환연구 – 「해리 포터」를 중심으로』, 이화여자대학교 디지털미디어학부 박사학위논문, 2013, p.3.

4 발터 벤야민, 『서사 기억 비평의 자리 – 발터 벤야민 선집 제9권』, 최성만 옮김, 길, 2012, p.448.

것으로 내세우거나 그렇지 않으면 스스로 들었던 상황을 묘사하는 데서 이야기를 시작하는 경향이 있다. 『해리 포터』 시리즈는 다음과 같이 시작한다. "우리의 이야기가 시작되는 그 우중충하고 흐린 화요일에".

여기에서의 화자는 저자인 롤링이다. 롤링은 이야기꾼으로서, 체험자로서, 혹은 보고자로서 독자인 '우리에게' 그 흔적을 전달하고자 한 것을 볼 수 있다.

환상소설의 전통적 서사 양식은 이야기꾼이 영웅의 이야기를 보고자로서 동시대에 사는 이들에게 전달하는 것이다. 이야기꾼이란 연대기 기록자의 세속화된 형태이다. 그런 면에서 롤링은 늘 있어온 이야기 재료를 다듬고 재구성하여 새로운 재미와 생명을 불어넣는 이야기꾼이다. 『해리 포터』는 그 형식을 충실히 따르고 있다. 따라서 롤링은 기존에 없던 인물과 이야기를 창조해낸 고독한 작가가 아니다. 그 탓에 독창성이 없다고 많은 평론가들에게 비난을 받기도 했지만, 환상소설의 특성을 생각해본다면 이러한 비난은 공허한 것인지도 모른다.

『해리 포터』는 영웅 서사라는 내용 면에서 환상소설로서의 전통을 충실하게 따르고 있다. 앤드류 블레이크는 『해리 포터』의 원형으로 토마스 휴즈Thomas Hughes의 『톰 브라운의 학창시절Tom Brown's Schooldays』과 T. H. 화이트T. H. White의 『과거와 미래의 왕Once and the Future King』을 나란히 꼽았다.[5] 전자는 학교소설이며, 후자는 젊은 아서 왕에 대한 중세 전설을 재해석한 것이다. 학교소설은 기숙사라는 소재로 나타나는데, 이 점은 아래에서 보다 자세히 살펴보기로 하자. 우선 중세문학의 전통을 잇고 있다고 하는 부분에 보다 주목할 필요가 있다.

아서왕의 전설에서는 아서가 평범한 젊은 기사 케이 경의 몸종 노릇을

5 앤드류 블레이크, 『해리 포터, 청바지를 입은 마법사』, 이택광 옮김, 이후, 2002, p.40.

하다가, 마법의 힘을 가진 늙은 현자 멀린의 인도로 권력과 왕권의 상속자가 된다. 우리가 주목하는 것은 저자가 아더 왕의 전설을 재구성하는 과정 그 자체이다. 트랜스미디어 현상은 현대의 것만이 아니다. 화이트는 아더 왕의 궁정을 그린 토마스 말로리Sir Thomas Malory의 15세기 로망스 문학인 『아더 왕의 죽음Le Morte d'Arthur』을 기초로 하여 개작했고, 『아더 왕의 죽음』은 전설을 바탕으로 쓰여졌다. 말하자면 전설 → 로망스문학 → 소설의 순으로 전환이 이루어진 것이다.

그리고 실제로 트랜스미디어 현상이라고 부를 수 있는 현대적인 매체 전환은 여기에서 끝나지 않는다. 화이트의 책이 장장 21년에 걸쳐 1958년에 총 네 권으로 완결된 뒤, 1935년 출간된 1권 『아더 왕의 검』은 디즈니 사에서 애니메이션 〈돌에 박혀 있는 검〉으로 1963년 각색된 데 이어, 뮤지컬 〈카멜롯〉으로도 만들어졌다. 말하자면 소설을 가운데에 두고 전설 → 로망스 문학과 애니메이션 → 뮤지컬의 매체 전환이 대화적 관계로 놓여 있는 것이다. 이와 같은 관계가 환상소설의 전통을 잇고 있는 『해리 포터』에서도 나타나고 있다면, 그것이 바로 현대의 다양한 매체로 전환된 열쇠는 아닐까 생각해볼 수 있다.

『해리 포터』와 『아더 왕의 검』은 같은 환상소설의 전통 안에 있다. 마리-로르 라이언이 이야기 잠재성Tellability를 가지고 말했듯, 탐정소설의 전형적인 플롯들이나 드래곤 슬레이어의 이야기와 같은 플롯 세계plot-world의 최고의 명작은 개인의 성취가 아니라 집단의 창작이다.[6] 그리고 이때 서사는 기존의 서사전통과 연대하며 개방성을 가지게 된다. 그 서사의 전통을 가장 잘 나타내는 것이 『해리 포터』가 보여주는 세계이다.

롤링이 만든 『해리 포터』의 세계는 마법사, 마녀, 환상적 동물들, 몬스

6 Marie-Laure Ryan, *Possible Worlds, Artificial Intelligence, and Narrative Theory*, Indiana University Press, 1991, pp.170–176.

터들이 가득 찬 세계로 환상소설의 서사적 전통을 고스란히 드러낸다. 그러나 동화처럼 멀고 먼 곳이 아닌, 현대의 영국 옆에 공존한다는 점에서 특이점을 가지고 있다. 이런 관점에서 『해리 포터』의 세계는 실제세계의 영국을 닮은 일상공간, 마법세계의 환상공간, 그리고 양쪽의 세계를 오가는 기차를 탈 수 있는 9와 3/4승강장이라는 포털, 즉 경계공간으로 나누어진다.

여기에서 해리 포터의 마법세계를 대표하는 공간은 호그와트이다. 그리고 호그와트 안에서도 기능별로 세 개의 공간이 나누어진다. 이야기를 잘 살펴보면, 모험담이 이루어지는 공간, 즉 퀘스트가 이행되는 공간과 그 퀘스트가 이행되는 공간으로 가기 위한 포털의 공간, 그리고 소년영웅으로서 해리 포터에게 주어지는 일상적 공간이 분리되어 있음을 알 수 있다. 퀘스트가 이행되는 공간은 어두침침한 복도, 열쇠로 잠겨 있는 문 뒤, 금기의 숲 같은 곳이며 그곳으로 가기 위해서는 망토, 요술가루, 주문, 빗자루 등등이 필요하다. 그 모든 퀘스트를 이행하고 돌아와 쉬는 일상적 공간은 기숙사 침실이다.

호그와트는 해리에게 학교생활이라는 일상적 내부공간으로 자리하는 동시에 퀘스트를 이행하는 공간으로서의 역할을 나란히 수행하고 있다. 전자는 학교소설의 전통을 따르지만, 퀘스트 공간의 모습을 살펴보면 유령, 초상화, 비밀의 방, 금지된 숲, 금지된 복도 등 중세문학의 전통도 따르고 있음을 볼 수 있다. 단순히 호그와트의 형태가 성이기 때문에 중세적 공간이라는 것이 아니다. 물론 롤링에 의하면 호그와트는 영국에서 가장 유령이 많이 나오는 거주지이기는 하지만, 실은 그 모습보다도 사건을 전개시키는 모티프 면에서 중세소설의 전통을 잇고 있다.

중세 서사란 근대성의 가치들에 대해 많은 이들이 지각하는 위협들, 가령 종교적이고 인간적인 악, 사회적이고 심리적인 분열이나 정신적인

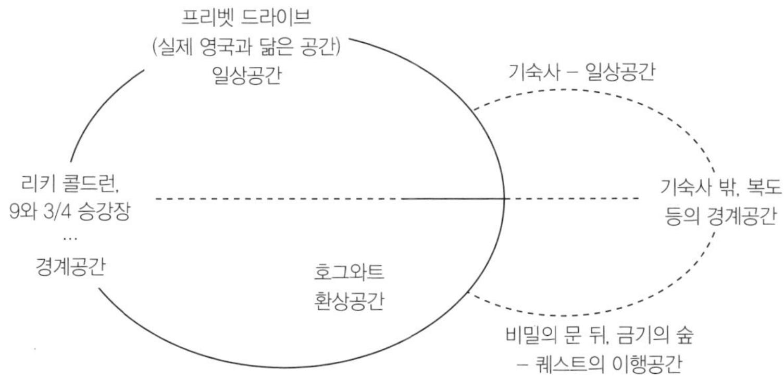

그림 1. 해리 포터 세계의 공간 도식화

붕괴와 연관된 위협들을 비교적 기원이 오래된 금기와 결부시켜 초자연적 존재인 괴물로 재현해왔던 서사이다. 소재 면에서 주로 귀신, 괴물, 악령, 시체, 해골, 수도사 등의 목록을 갖고 있다가 19세기에 더욱 확대되어 과학자, 아버지, 광인, 범죄자, 괴물과 같이 이중성과 악한 본성을 의미하는 것들이 추가되었으며, 주로 고립된 장소에서 일어난다는 점과 금기와 금기 위반으로 사건이 전개된다는 특징도 아울러 갖게 되었다.

〈해리 포터 시리즈〉의 전반부는 해리에게 지속적으로 금기가 주어지고 이를 위반하는 것으로 이야기가 진행된다. 예를 들어 『해리 포터와 마법사의 돌』에서는 처음 해리가 호그와트에 들어오자마자 첫 연설에서부터 우측 3층 복도가 출입 금지라는 것을 명시한다.

금기는 이유를 모르기 때문에 금기이다. 이유는 설명되지 않는다. 해리가 반장 퍼시에게 덤블도어가 출입을 금지하면서 한 말이 정말이냐고 되묻자 퍼시가 이렇게 답한다. "그런데 참 이상하네. 그분은 보통 어떤 장소에 들어가면 안 되는 이유를 꼭 말씀해주시거든." 나중에야 그 복도 끝에 무엇이 숨겨져 있는지, 괴물이 있다는 것이 알려지기는 한다. 그러나 해리가 규칙을 위반했기 때문에 우리도 알게 되는 것이다.

『해리 포터와 마법사의 돌』에서 해그리드는 해리에게 "무언가를 숨기고 싶다면 세상에서 호그와트처럼 완벽한 장소는 없어."라고 말한다. 그 비밀은 괴물이 으르렁거리는 금지된 공간에 숨겨져 있다. 해리는 금기를 위반하고 그 공간에 침입하여 보물의 정체를 알게 되고 마법사의 돌을 손에 넣는다. 그러나 호그와트의 비밀은 여기에서 그치지 않는다. 해그리드가 말한 숨겨진 보물은 마법사의 돌만을 가리키는 것이 아니다. 이 말은 나중에 해리가 찾게 될 더 큰 보물에 대한 복선이다.

아마도 해그리드에게 그 말을 해주었을 인물은 덤블도어였을 것이다. 그리고 덤블도어가 가장 경계한 적이었을 볼드모트도 역시 이곳에 보물을 숨겨놓았다. 해리는 마지막 권 『해리 포터와 죽음의 성물』에서 가장 큰 비밀, 볼드모트의 호크룩스를 찾으러 호그와트로 다시 돌아온다. 보관寶冠이 숨겨진 고성, 비밀을 숨긴 장소, 금지된 숲에 둘러싸인 장소로서 호그와트는 중세소설의 서사적 전통을 계승하며, 이를 통해 마법세계의 퀘스트가 이행되는 것이다.

호그와트라는 공간이 가지고 있는 특징은 이것뿐일까? 앞서 살펴보았듯이, 호그와트는 마법세계의 구조물인 동시에 기숙사제 학교이기도 하다. 퀘스트를 이행하는 공간으로서는 중세소설의 전통을 매개하고 있으며, 기숙사로서는 영국 아동문학의 전통 중 하나인 기숙사제 아동성장소설의 전통을 매개한다. 해리는 선택받은 아이지만 고아이기도 하다. 환상공간에 처음 진입했을 때에는 아무것도 모르고 새로운 세계에 편입하기 위해 모든 것을 새로 배워야만 하는 이민자와 같다. 그런 아이가 기숙학교에서 경쟁을 통해 환상공간의 성격을 파악하고 그 안에 받아들여지고 내부성을 획득한다. 그것이 〈해리 포터 시리즈〉가 전형적 학교소설로서의 면모를 보여주는 모습에서 읽어낼 수 있는 서사적 특성이다.

『해리 포터』는 성장소설로서의 단계를 지속적으로 밟아나가면서 점차

학교소설로서의 모습을 벗어나게 된다. 『해리 포터와 죽음의 성물』은 호그와트 학교가 주요 배경이 아니라는 점에서 이전의 여섯 편과 사뭇 다르다. 해리는 전편들에서 주요한 역할을 가졌던 기관들, 호그와트, 마법부의 영역 바깥에서 주로 활동한다. 즉 실제 서사의 전개 과정을 공간의 변화가 보여준다.

이러한 모습은 『해리 포터』 전반에서 나타난다. 롤링은 인물과 인물의 과거를 연결하는 매개체로서의 물건들, 그 흔적들을 시리즈 전반에 걸쳐 뿌려놓고 있다. 수없이 나타난 매개물과 흔적 중에서도 가장 두드러지는 흔적은 해리의 이마에 난 흉터이다. 해리가 처음 리키 콜드런에 왔을 때, 해리는 흉터를 보고 바로 그의 정체를 알아차리는 사람들에 의해 이민자에서 영웅의 지위를 갖고, 자신의 정체성을 처음으로 제대로 인식하며, 과거에 그 흔적을 남긴 볼드모트와 그의 부모와의 관계를 갖게 된다. 그리고 그 흔적을 남긴 볼드모트는 해리의 그림자처럼 닮은 존재다. 볼드모트는 문자 그대로 퀴렐의 몸에 기생하는 존재로서 '갓난아기' 같은 형태를 가지고 처음 나타난다. 〈해리 포터 시리즈〉의 독특한 점은, 해리 포터도 성장하지만 13년 전 그가 자기도 모르게 퇴치했던 적이 '저 바깥'에서 돌아오면서 그와 마찬가지로 성장한다는 점이다.

볼드모트는 처음에는 부모에게 떨어질 수 없는 태아처럼 퀴렐이 마시는 유니콘의 피를 통해서만 생존이 가능하다가, 갓난아기처럼 허약한 존재로, 그리고 다른 사람들의 몸에서 빼앗은 것들로 마법의 약을 만들어 어른의 몸으로 부활한다. 볼드모트는 이방인이며 소년 영웅인 해리와 놀랍도록 닮아 있다. 그 역시 바깥 머글들의 세계에서 덤블도어와 만나 호그와트로 들어오며, 이곳에서 성장하고 시험을 받고, 적대자를 겪으며 성장하고 불사를 위해 호크룩스의 용기가 될 각 기숙사의 상징물을 모으고 획득한다. 그리고 마지막 역시도 호그와트로 귀환한다.

이때 볼드모트가 남기는 흔적이 바로 호크룩스이다. 볼드모트가 호크룩스로 사용하는 것은 모두 개인적 과거사에 존재했던 물건들로, 해리는 덤블도어에게 특별수업이라는 이름하에 볼드모트의 개인사를 배우며 2차 퀘스트로 그의 흔적을 쫓는다. 다음 절에서 살펴보겠지만, 이 퀘스트 역시 영화와 게임 시리즈 전반에 걸쳐 주요 서사적 요소로 나타나는 것을 볼 수 있다. 흔적을 찾는 것은 볼드모트의 개인사에서 중요했던 물건과 장소를 찾아가는 과정이다. 이 과정은 마치 게임 스테이지처럼 전개된다. 볼드모트의 흔적을 찾는 이 퀘스트는 〈해리 포터 시리즈〉 후반부의 대부분을 차지한다.

독특한 점은 이 퀘스트를 이행하는 과정에서 볼드모트의 인물상을 구축하는 데 훨씬 더 주의를 기울이게 된다는 점이다. 이는 덤블도어와 해리가 볼드모트와 싸워 이기기 위해서는 그를 이해해야만 한다는 것을 인지하고, 한 인물을 이해하는 핵심은 그를 하나의 흔적으로 읽어보는 것임을 깨닫기 때문이다. 시간이 아니라 공간의 순서로 그를 이해하고 쫓아가는 것을 볼 수 있으며, 해리는 볼드모트의 흔적이 남아 있는 공간들을 스테이지 삼아 차례대로 퀘스트를 수행한다. 실제로 서사의 전개 과정이 공간의 변화로 나타나는 것이다.

다양한 매체에서 『해리 포터』가 보여준 매력

『해리 포터』는 아직도 현재진행형으로 변용되고 있는 트랜스미디어 현상의 대표적인 텍스트이다. 『해리 포터』가 트랜스미디어된 목록들을 정리해보면 〈표 1〉과 같다.

이 목록은 계속 추가되고 있는데, 이런 콘텐츠들에 어떻게 『해리 포

표 1. 『해리 포터』의 트랜스미디어 콘텐츠 목록

플랫폼	트랜스미디어 콘텐츠
소설	스콜북 시리즈(신비한 동물사전, 퀴디치의 역사, 음유시인 비들 이야기), 해리 포터 프리퀄(웹 공개), 해리 포터 렉시콘(백과사전)
영화	동일 제목으로 전환
PC, RPG(EA)	동일 제목으로 전환, 퀴디치 월드컵 미니게임
증강현실 PS3	Wonder book: Book of Spells(무브먼트사용)
웹게임	Pottermore(웹과 PS3)
레고 PC, PS3, DS, 모바일, Wii, RPG	Years 1–4, Years 5–7, Nintendo DS(레고), Wii LEGO Harry Potter, 모바일(EA, 레고): Years1–4, Years 5–7, Lego Creator(건물 만들기)
조립 완구	Harry Potter(TM) Hogwarts, Hogwarts, Hogwarts Castle, The Forbidden Forest, Hagrid's Hut, The Knight Bus, Diagon Alley, Quiddich Match, 해리 포터 팝업북(Bruce Foster)
보드 게임	Harry Potter Hogwarts(Lego), Clue Harry Potter(클루 게임), Harry Potter Wizard chess(체스 게임), Uno Harry Potter(우노 카드 게임)
TCG	베이스 세트(스타터 세트와 부스터 팩 공통), 퀴디치 팩, 호그와트 팩, 다이애건 앨리 세트, 비밀의 방 세트

터』의 이야기가 반영되는지 살펴보자.

올셋이 말했다시피 〈해리 포터 시리즈〉의 경우 영화와 PC게임 시리즈는 원천 서사를 충실하게 반영하는 편이다.[7] 이를 통해 다른 매체의 사용자들은 대리적 내부성을 경험한다.

에드워드 렐프가 장소를 경험할 때의 특성 중 하나로 말한 대리적 내부성이란, 여행기나 영화, 또다른 매체를 통해 이미 경험한 뒤, 사실적이거나 때로는 환상적인 다른 세계나 장소 안으로 깊이 들어갈 때 경험되는 것이다.[8] 대리적 내부성은 특정 장소에 대한 묘사가 이미 잘 알고

7 Espen Aarseth, "The Culture and Business of Cross-media Productions", *Popular Communication*, Vol.4, No.3, 2006, p.211.

8 에드워드 렐프, 『장소와 장소상실』, 김덕현 · 김현주 · 심승희 옮김, 논형, 2005, pp.122–123.

있는 장소에서의 경험과 일치할 때 가장 명확해진다.

대리적 내부성을 경험하게 하려고 애쓴 흔적들은 다양한 곳에서 엿볼 수 있다. 가령 호크룩스를 파괴하는 주체가 호크룩스가 위치한 공간마다 다르기 때문에, 〈해리 포터와 죽음의 성물 2〉 게임에서도 각 스테이지마다 주인공을 바꾸면서 진행하면서 재현하는 것이 그 예이다. 선형적인 퀘스트 서사를 따라가기 위해 캐릭터의 시점을 바꾸는 것이다.

〈해리 포터와 죽음의 성물 2〉 게임에서는 플레이어들이 기본적으로 해리로서 플레이를 진행하지만, 공간별로 플레이어 캐릭터를 바꾸어 진행한다. 공간 중심의 서사였던 『해리 포터』가 영화와 게임으로 트랜스미디어되면서, 해리가 볼드모트의 흔적을 쫓는 서사가 공간 탐색을 위한 퀘스트로 전환되어 나타나는 것이다. 그러나 아무리 충실하게 반영하려 해도 매체 간의 차이가 있으므로 완전히 같을 수는 없다.

PC게임의 사건은 결코 '서술'되지 않는다. PC게임은 텍스트나 서사를 보여주기보다는, 플레이를 하기 위한 기반으로서의 연행 공간을 보여준다. 이때 필드의 시각적 형태를 위해 가장 먼저 쓰이는 것이 맵이다. EA 사에서 만든 〈해리 포터 게임 시리즈〉를 중심으로 살펴보면, 〈해리 포터와 마법사의 돌〉에서는 초상화 계단, 대연회장, 기숙사, 교실 등이 메인 맵으로 제시되고 퀴디치 경기장이 지속적으로 서브 맵으로 제시된다.

EA 사의 게임들만이 호그와트를 메인 맵으로, 연행적 공간으로 삼고 있는 것이 아니다. 레고에서 만들어진 〈크리에이터: 해리 포터〉 게임의 경우, 해리 포터라는 인물이나 내용 설명도 없다. 호그와트라는 배경만 등장해도 비디오게임으로의 트랜스미디어가 성립한다. 레고 블록을 사용하여 호그와트 건물을 짓거나, 호그와트의 공간적 요소인 아이템들을 만들면서 『해리 포터와 아즈카반의 죄수』에 등장했던 구조 버스 등을 만들기만 해도 〈해리 포터 시리즈〉로서의 연속성이 생겨난다.

〈해리 포터 미로게임〉처럼 단순한 게임들도 호그와트를 메인 맵으로 제시하고 그 안에서 어둠의 마법 방어술 교실 등을 맵으로 제시하고 있음을 볼 수 있다. 심지어 〈해리 포터와 아즈카반의 죄수〉는 진도표를 맵으로 제시한다. 진도표로 제시되는 만큼 시간 순서적인 맵 같지만 실제로는 진도표에 따른 교실들의 맵이다.

이렇게 주요 스테이지의 공간이 되는 호그와트가 어떠한 공간인지는 앞서 살펴봤다. 호그와트는 비밀을 품은 중세 서사의 전통을 이은 이행 공간이었다. 이 특징은 그대로 게임에서 플레이가 가능한 게임의 공간, 필드로 연계된다.

〈해리 포터와 비밀의 방〉 게임에서 주요 필드가 해리가 금기를 위반하고 밤에 나가 돌아다니는 복도에서 엑토플라즘을 뿜는 피브스와 싸우는 원작과 상관없는 플레이가 가능한 이유도 여기에 있다. 필드의 괴물들과 지속적으로 하는 전투는 게임적 특성을 고스란히 따르며 행동하는 경험을 안겨주는 것이다.

필드의 시각적 형태는 플레이어들로 하여금 해리 포터의 세계를 돌아다니고 있다는 감각을 주며, 이를 아이템이 강화시킨다. 호그와트로 오기 위한 경계적 공간인 철도역에서 받는 초상화와 개구리 초콜릿, 수집용 카드 등이 아이템으로서 변용되어 나타나는 것이 그 예이다.

게임 속의 호그와트는 메인 맵이자 원작의 서사를 매개한 공간이다. 이 공간에서 원작의 독자가 트랜스미디어 콘텐츠의 플레이어가 되고, 연행적 공간을 경험한다. 이를 플레이어들에게 보다 체화시키도록 하는 것이 호그와트가 갖고 있던 두 번째 특성, 기숙사제 학교로서 갖고 있던 일상공간으로서의 기능이다. 기숙사를 통해 트랜스미디어 콘텐츠의 소비자가 이 장소에 속하는 내부인으로 느끼게 하는 사례로는 RPG게임과 백과사전식 웹사이트의 중간에 자리하고 있는 웹게임 〈포터모어〉의 기숙사 제도를 들 수 있다.

롤링이 만든 〈포터모어〉[9]는 장별로 정리되어 있는 등 책의 내용을 충실하게 따르는 듯하지만, 기숙사의 일상적 공간들을 통해 서사를 확장시키고 있다. 〈포터모어〉는 여타의 게임들과 다르게 원작에서 마법모자가 어떤 기숙사로 갈지 선택해주었던 시스템을 그대로 갖고 왔다. 계정을 만들어 진행하면서 책에서 마법모자가 나오는 부분에 대응하는 1권의 7장까지 가면 기숙사를 선택하게끔 하는 질문을 던진다. 기숙사는 바꿀 수 없으며 기숙사를 바꾸고 싶다면 계정을 하나 더 만들어야 하므로, 플레이어들은 질문에 잘 대답해야 한다. 이 시스템은 회원들이 자신에게 속한 기숙사에 애정도와 충성도를 높이며 실존적 내부성을 경험하게 하는 데 공헌한다. 원작에서 기숙사 선택에 학생의 의향이 존중되기는 해도 일단 마법모자가 결정하고 나면 다른 선택이 불가한 것처럼, 〈포터모어〉에서도 기숙사 선택은 절대적이다. 따라서 회원들은 원작에서처럼 자신의 기숙사에 충성도를 보이게 된다.

원작이 각 권의 끝에서 학년을 졸업하며 대연회장에 모여 하우스컵 대회를 했던 것에 맞추어, 〈포터모어〉도 한 권씩 업데이트될 때마다 하우스컵 대회가 열린다. 한 번 대회가 끝나면 하우스 포인트는 '졸업'과 마찬가지로 초기화된다. 첫 번째는 슬리데린, 두 번째는 그리핀도르가 우승했는데, 이중 세 번째 포터모어 하우스컵 대회의 양상에 주목해볼 만하다. 2013년 4월 25일 그리핀도르가 3위를 하면서 슬리데린이 래번클로를 74,730점 앞서서 승리했는데, 하우스컵이 열흘 남았다는 공지가 나왔을 때에는 래번클로가 앞서고 있었다. 그러다 그 사실을 알게 된 회원들이 모이면서 슬리데린이 우승컵을 가져가게 되었던 것이다.

9 http://www.pottermore.com

하우스 포인트는 회원들 각자의 레벨을 올리는 데는 전혀 도움이 되지 않으며, 오로지 자신이 속한 기숙사에만 도움이 될 뿐이다. 실제로 회원들이 어떤 기숙사를 배정받든지 〈포터모어〉의 스토리 진행에는 거의 영향을 받지 않는다. 스토리는 책을 중심으로 진행되며, 책에서 표현된 공간들을 중심으로 개별 스테이지처럼 진행된다.

〈포터모어〉의 시스템상, 수집용 아이템을 모으는 것은 어렵지 않으며, 다음 장에서나 쓸 수 있는 배지가 하나씩 제공된 것은 실질적 보상이라기보다 명예적 보상에 가깝다. 그럼에도 불구하고 회원들이 대회에 열성을 다한 것은 실존적 내부성을 경험했기 때문이다. 이를 경험하게 하기 위해 롤링은 〈포터모어〉에서 원작에서 못 다한 뒷이야기를 기숙사라는 공간을 중심으로 덧붙이고 있다. 위의 하우스컵 대회의 역사에서는 후플푸프가 내내 순위권에 들지 못했는데, 그 이유는 원작에서 상대적으로 거의 나오지 않는 후플푸프에 배정된 회원들이 초반에 유령회원으로 남고 다시 다른 계정을 만들었기 때문이다.

이를 극복하기 위해 롤링은 원작에서 등장하지 않았던 이야기들을 동원해 각 기숙사의 환영사에 두 가지 전통을 부여했다. 실제 영국의 역사와 환상소설의 전통, 그리고 중세 민담의 전통에 기대어 사람들이 유대감을 가질 수 있도록 기숙사의 역사를 소개하는 것이다. 또한 원작에 나오지 않았던 다른 기숙사의 출입방법이나 기숙사 침실의 모습 등 공간적 묘사를 충실하게 보여주고 있다. 예컨대 후플푸프 기숙사와 관련된 이야기들은 원작에는 전혀 등장하지 않았던 부분이다. 원작에서 등장이 적었던 기숙사일수록 〈포터모어〉에서 덧붙여진 이야기가 많은 것을 볼 수 있다. 가령 래번클로에서 환영사를 하는 인물인 로버트 힐리어드는 원작에는 전혀 등장하지 않았던 인물이다. 그러나 숨겨져 있던 뒷이야기처럼 제시된다.

『해리 포터』는 이렇게 트랜스미디어 콘텐츠로 전환되면서 그 매체적 특성을 살리는 동시에 기숙사라는 공간을 통해 다시 이야기를 확장하고 있다. 이야기를 확장시키며 트랜스미디어 스토리텔링을 풍부하게 만들고 있는 주인공은 작가인 롤링만이 아니다. 원작의 독자이자 트랜스미디어 콘텐츠의 소비자들도 또 하나의 세계를 열고 있다.

알로호모라! 독자가 열어줄 미래의 『해리 포터』

피터 덴들은 롤링을 일컬어 "'우리' 머글세계에 인식론적 긴장을 불러일으켰다"고 한 바 있는데,[10] 여기서 '우리 머글'이란 독자들이 마법세계가 '정말로' 존재하지만 우리가 머글이라 보지 못한다고 인식하면서 스스로를 지칭하는 말이다. 우리가 사는 실제세계가 잠재적인 텍스트세계 안에 편입된 것이다. 이러한 잠재적 서사공간화 전략은 롤링에 의해서 시작되기는 했으나, 이미 스스로를 그렇게 규정한 이들에 의해 하나의 놀이처럼 가속화되며 진전되고 있다. 이는 마리-로르 라이언이 말했던 이야기 잠재성Tellability과 관련이 있다. 라이언은 실제 실현물들의 세계와 이야기 잠재성의 세계 사이에는 그것을 만들어낸 스토리와 담화만큼 차이가 있다고 말한다.[11] 한쪽은 현실에서 실현된 전환된 콘텐츠의 세계고, 다른 한쪽은 아직 실현되지 않은 가능성까지 포함한 전환될 콘텐츠의 세계인 것이다. 독자에 의한 하이퍼텍스트들은 전자의 세계에 있으

10 Peter Dendle, "Cryptozoology and the Paranormal in Harry Potter: Truth and Belief at the Borders of Consensus", *Children's Literature Association Quarterly*, The Johns Hopkins University Press, Vol.36, No.4, 2011, pp.410–425.

11 Marie-Laure Ryan, *Possible Worlds, Artificial Intelligence, and Narrative Theory*, Indiana University Press, 1991, pp.150–155.

나 후자의 가능성을 보여준다는 면에서 트랜스미디어 전환의 네트워크를 이룬 하나의 축으로 보아야 할 것이다. 이 가능성을 보여주는 양상이 독자 집단의 창작, 즉 팬덤의 창작이다. 이를 통해 환상성의 침투가 가속화된다. 국외에서는 대표적인 팬픽션 웹사이트인 '팬픽션넷fanfiction.net'의 책 카테고리에서 약 6만 5천 건, 크로스오버 카테고리에서는 약 3만 건의 팬픽션을 생산했다(2014.10). 청소년 팬들이 주류를 이루는 이 팬덤이 보여준 엄청난 생산력은 〈해리 포터 시리즈〉가 독자들의 창작에 동기를 부여하는 힘을 가졌음을 반증한다.

『해리 포터』의 팬덤 활동에 이러한 팬픽션만 존재하는 것은 아니다. 가령 갈라드리엘 워터스Galadriel Waters는 〈해리 포터 시리즈〉에 대한 비공식적 가이드라고 하면서 예언자일보의 형식을 빌려 해리 포터의 세계가 실제로 존재하듯이 써냈다. 피오나 보일Fionna Boyle, 조지 빔George Beahm과 팀 커크Tim Kirk 역시 스스로를 마법세계를 탐험하는 머글로 칭하면서 마법세계를 탐험하는 가이드북 형식으로 책을 낸 바 있다. 이러한 책들이 스스로를 머글로, 자신들이 쓴 책을 한 세계에 대한 가이드북으로 한결같이 칭하고 있다는 점에는 시사하는 바가 있다. 독자들이 사는 이 실제세계를 잠재적인 서사의 공간으로 만드는 연행의 힘이 독자들 스스로에 의해 재창조되며 확장되고 있다는 점이다. 이를 돕는 것이 저자에 의해 창작된 뒷이야기들이다. 2001년에 낸 『신비한 동물사전』, 『퀴디치의 역사』, 2008년에 낸 『음유시인 비들 이야기』는 『해리 포터』에 해당 책들의 제목이 언급된 뒤 롤링이 다른 이름으로 창작한 〈스쿨북 시리즈〉이다. 이 시리즈는 해리 포터의 세계에 등장하는 새로운 단어 및 그 단어에 얽힌 재미있는 역사까지도 만들어내면서 그에 관련된 책들이 실제로 있는 것처럼 쓰여졌다. 그리고 그 세계는 실제세계의 역사를 포함하는 것처럼 그려진다. 롤링이 〈포터모어〉에서 유령 중 하나인 케도간 경이 원탁의 기사 중에 한 명이었다고 말하거나, 그리핀도르의 검이 돌에서 검을 뽑은 자가 왕이 된다는 전설을 지닌 아서왕의 검인 엑스칼리버를 참고했다고 밝히는 것 역시 같은 전략의 일환이다. 환상소설의 대표적 텍스트인 『반지의 제왕』이나 『나니아 연대기』조차도 소설 안에서만 환상적 공간을 가져왔던 반면, 『해리 포터』는 소설 밖, 독자들의 세계로 환상성을 침투시켜 잠재공간화했다는 면에서 특이점을 가지고 있다.

이렇게 환상소설이 가지고 있는 기존의 서사전통이 가진 상호적 대화의 특성이 『해리 포터』에서도 나타나는 것을 볼 수 있다. 환상소설이 공간의 비전을 제시하는 장르인 만큼, 『해리 포터』에서도 이러한 서사전통이 공간으로 매개되어 나타나며, 이는 매체가 전환되면서 중요한 역할을 한다. 나아가 실제세계까지 서사공간으로 편입되게 하는 전략까지 동원됨으로써, 이야기의 공간이 확장될 수 있는 가능성을 보여주고 있다.

미래의 〈해리 포터 시리즈〉에는 무엇이 더 포함될지 모른다. 롤링의 시리즈뿐만이 아니라 다른 매체의 작가들이 만들어내는 이야기, 심지어 그 이야기에 심취한 독자들이 만들어낼 이야기들까지도 포함될 수 있는 것이다.

알로호모라! 잠긴 문을 여는 주문은 이제 마법사의 전유물이 아니다. 머글이었던 독자들에게 지팡이가 주어진 시대가 왔다. 문을 열고 어떤 이야기의 공간으로 나아갈지 정하기만 하면 된다.

12장

소설+영화+문화원형

: 문화원형 콘텐츠, 변주의 즐거움

박은경

문화자원이 자본이 되는 사회

문화란 무한한 경제 가치와 폭넓은 활용 가능성을 지닌 21세기형 화수분이다. 과거 어느 시대와 비교해도 오늘날만큼 문화의 경제적 파급력이 강한 때가 없었다. 예전에는 국내 자동차 수출량이 주요한 경제 뉴스였지만, 요새는 한류韓流라는 명칭 아래 아이돌 가수에서부터 애니메이션 캐릭터까지 다양한 문화 콘텐츠의 매출 상승이 주요 기사거리로 다뤄진다. 우리의 삶 속에 공기처럼 자연히 존재하던 문화가 도대체 어느 순간부터 경제적 지표로 언급될 만큼 영향력을 갖게 된 것일까?

이는 '문화'가 '문화 콘텐츠'로 거듭난 시점과 함께한다. 즉 디지털 시대로의 패러다임 전환이 새로운 미디어 유형들을 출현시켰고, 문화를 콘텐츠 형태로 가공하는 데 크게 공헌했다. 그와 더불어 디지털미디어로 인해 콘텐츠는 시공간의 제약을 뛰어넘어 손쉽고도 빠르게 배급되기 시작했다. 실제로 문화자원이 콘텐츠로 새롭게 변환되고, 동시다발적으로 유통되어 성공한 사례가 몇몇 등장했다.

대표적 예시가 바로 2000년대 전 세계 콘텐츠 시장을 석권하며 큰 흥행을 거둔 영화 〈반지의 제왕〉이다. 판타지 장르의 〈반지의 제왕〉이 특정 문화와 깊이 연관되었다는 점에서 의외라 느껴질 것이다. 하지만 〈반지의 제왕〉에서 가장 핵심이자 극적 전개의 원동력이 되는 '반지' 모티프는 사실 게르만 신화가 시초이다. 그리고 반지 모티프는 19세기 바그너의 악극 〈니벨룽겐의 반지〉, 20세기 톨킨의 소설 『반지 전쟁』, 21세기에는 영화 〈반지의 제왕〉으로 세기를 뛰어넘어 계속 이어져왔다.

〈반지의 제왕〉이란 영화로 인해 발생된 '프로도 경제'도 인상적인 현상이다. 영화는 총 세 편의 시리즈를 걸쳐 뉴질랜드를 배경으로 촬영되었는데, 이 시리즈들이 수많은 나라의 스크린을 점령하자마자 뉴질랜드가 떠오르는 관광지이자 영화 로케이션 장소로 주목을 받게 된다. 여기에 대해 2003년 11월 30일자 AFP 뉴스가 대서특필한 바 있다. 뉴스 내용에 따르면, 영화 제작 기간 동안 사용할 숙박 건물 등에 대한 수요 급증으로 로케이션 주변 지역 경제가 활성화되었으며, 영화 촬영 후에도 뉴질랜드를 방문하는 관광객의 10%는 〈반지의 제왕〉과 연관된 것으로 나타났다.

문화 콘텐츠가 지닌 파급력은 비단 경제적 효과에서뿐만 아니라 문화 현상으로까지 이어진다. 그 일례로 2014년에 개봉한 한국 영화 〈명량〉이 존재한다. 이 영화는 역사적 실존 인물 이순신과 그의 명량대첩을 그린 영화로, 역대 영화들 중에서 최단 시간에 천만 관객 돌파를 기록했다. 하지만 흥행 성적보다도 더 주목할 점은 조선 시대를 그린 〈명량〉을 대상으로 현대의 리더십을 논한다는 사실이다. 관객들이 오늘날의 정치나 경제에 불어닥친 위기를 영화 속 일제 침략에 대응하는 조선의 상황에 비유하며, 이를 해결해줄 지도자 상像을 이순신에게서 찾고자 한다. 이처럼 우리는 〈명량〉 같은 콘텐츠를 통해 이미 몇 백 년 전부터 존재한 오래된 인물을 끌어다가 현 시대적 정황에 맞춰 재조명할 수도 있다.

이렇듯 오랫동안 세월의 흐름 속에서 서서히 희미해지던 문화자원이 디지털 시대를 맞이하여 새로운 모습으로 우리 앞에 나타났다. 수북한 먼지 속에서 잠들어 있던 문화자원에서 자본력과 불가분관계인 문화 콘텐츠로의 변환은 그야말로 현대의 연금술에 견줄 만하다. 하지만 더 놀라운 현상은 그 결과로 인해 과거와 현재의 문화가 서로 맞닿을 때, 혹은 더 나아가 과거가 미래의 문화로 변화할 때 발생한다. 다시 말해, 문화는 문화'원형'으로 환원 가능하기에 연금술의 재료로 쓸 수 있으며, 그 문화원형이 형태를 유지하느냐 허구를 통해 변형되느냐에 따라 전혀 다른 매력의 콘텐츠로 탄생되는 것이다.

문화원형에서 문화원형 콘텐츠로의 재탄생

그렇다면 정확히 문화원형은 어떠한 것이고, 더 나아가 문화원형을 활용한 콘텐츠란 또 어떤 형태를 일컫는지 의문이 든다. 이에 문화원형 콘텐츠에 대한 사례를 다루기에 앞서, 문화원형이라는 용어의 의미와 범주가 무엇인지에 대해 살펴보자.

문화원형이란 문화와 원형이라는 두 명사의 합성어이다. 그런데 우선 문화라는 명사만 따로 분리해서 보아도 하나의 뜻으로 수렴시키기가 쉽지 않다. 왜냐하면 문화는 좁게는 문화가 지칭되는 개별적 발화 맥락에서부터 크게는 각각의 문화권 단위로까지 매우 다양한 차원과 의미를 지녔기 때문이다. 손쉬운 접근 방법인 어원부터 살펴보면, 문화의 영문 표기인 'Culture'는 경작 혹은 재배를 뜻하는 라틴어 'Colore'에서 유래한다. 즉 문화는 자연 그대로가 아닌 인위적인 행위를 통해 새롭게 생산되거나 창조된 것들을 총칭하는 말이다. 또한 그 결과물은 물질적이거나 정신적인 형태 모두를 아우른다.

하지만 우리는 문화에 대해 인간이 행위를 취하면 자연스럽게 따라오는 단순한 결과물로 치부해서는 안 된다. 인류학자인 에드워드 타일러 Edward Tylor는 문화를 지식, 믿음, 예술, 도덕, 법, 관습 등 인간이 사회의 구성원으로서 획득한 능력 또는 습관의 총체라 말한다.[1] 문화를 일종의 사회 구성원 간의 합의된 상징체계 혹은 생활양식으로 바라보는 것이다. 양식이나 체계라는 표현을 다시 해석하자면, 문화가 형성되기까지 특정한 규모를 지닌 집단 내에서 공유 및 선별 과정이 필수적으로 선행되어야 하고, 그 결과로 유의미한 문화적 산물만이 살아남는다는 말과 같다. 다른 한편으로 문화는 집단 안으로 새로 편입된 구성원들에게 사회화라는 학습 효과를 가져다주고 있기에 현재의 환경과도 끊임없이 상호작용을 일으킨다. 이와 같은 문화의 변모성은 뒤이어 나오는 원형 개념과 함께 고려해야 할 특성이다.

원형이란 단어 역시 문화가 지닌 담론을 닮았다. 문화가 사회인류학적 층위에서 다뤄져왔듯 원형은 칼 구스타프 융의 정신분석학 개념에서 출발한다. 융은 원래 개인 차원으로 논의되던 무의식이란 관념을 차용하여 「집단적 무의식의 원형에 관하여」에서 집단 무의식의 존재를 설명한다. 집단 무의식이란 초개인적인 까닭에 개인의 무의식 보다 더 깊은 층에

1 크리스 고스든, 『인류학과 고고학』, 성춘택 옮김, 사군자, 2001, p.125.

위치하며, 고대로부터 존재해온 원초적이며 보편적 상像에 해당한다.[2]

덧붙여 융은 원형의 다른 표현이 곧 신화나 민담이라 말하는데, 여기서 제법 의문스러운 질문이 떠오른다. '홍수 신화'처럼 유사한 주제를 지닌 신화들이 전 세계 곳곳에 편재해 있는 것은 사실이나, 각 나라마다 세부적으로 기술되는 내용들은 엄연히 다르다. 그렇다면 과연 원형의 보편성이 견고한 논리처럼 성립될 수 있는지, 혹은 그저 우연성이 빚어낸 현상이 아닌지 물음표가 생긴다. 여기에 대한 해답은 융의 「정신의 본질에 관한 이론적 고찰」에서 찾을 수 있다. 원형은 본질적으로 집단적 무의식에 기원하지만, 개인에게 의식화되고 지각되는 순간에는 그때그때 상황에 맞추어 변하게 된다. 융은 이를 '원형'과 '원형적 표상'이란 단어로 구분한다. 원형을 그 자체로는 볼 수 없는 순수한 원래의 본보기라 하면, 표상이란 원형들이 발현하면서 다양하게 변용된 형상이다.[3] 쉽게 비유하자면, 고정된 원형 위에 만화경이 덧씌워져 있어서 수많은 원형적 표상들이 무늬처럼 빚어지는 현상과도 같다.

앞서 우리는 문화가 구성원들에 의해서 정제되고 굳어지면서도 동시에 가변적인 성질을 지녔음을 보았다. 그리고 뒤이어 살펴본 원형 또한 절대적 근원이면서도 발현 과정에서 개별화된 형태를 지녔음을 깨닫게 되었다. 그렇다면 이 두 단어의 결합으로 탄생한 문화원형의 개념은 명료하게 정리된다. 결과적으로 원형이 지닌 의미는 두 가지로 함축될 수 있다. 하나는 언제 어디서나 똑같은 모양으로 산출물을 찍어낼 수 있는 '틀'로서의 원형이고, 또 다른 하나는 '본디 모양'으로 작용되는 원형이다.[4] 여기서 표현되는 '본디 모양'은 원형이 지닌 원래의 모습에서부터

2 칼 융, 『원형과 무의식』, 한국융연구원 C.G.융 저작 번역위원회 옮김, 솔출판사, 2002, pp.106–107.
3 앞의 책, pp.75–79.
4 김교빈, 「문화원형의 개념과 활용」, 『인문콘텐츠』, Vol 6. No.0, 인문콘텐츠학회, 2005, p.11.

＊ 원형의 두 가지 성질

원형은 동일한 형태를 유지한 채 반복하려는 '틀'로서의 원형元型, Pattern과, '본디 모양'으로서의 원형原型, Archetype 또는 Originality 두 가지로 정의될 수 있다. 다시 말해, 언제 어디서나 통용되는 보편성과 시대에 맞춰 변형 가능한 특수성 모두를 아우르고 있다.

다양한 변주까지 문화원형의 범주 안으로 포용해준다는 의미를 내포하며, 이는 곧 문화원형 콘텐츠의 존재 양상과도 일치한다.

따라서 문화원형과 디지털미디어 환경과의 조합으로 탄생한 문화원형 콘텐츠는 양가적인 성질을 바탕으로 발현된다. 우선 문화원형의 보편성에 더 무게를 두고, 그 형태와 내용을 준수하며 이어가는 경우이다. 이는 특히 정부에서 주로 접근하는 방식으로 한반도의 반만년 역사를 공공적 차원에서 보존하고자 기존 문화원형 형태 그대로를 지킨다. 반면에 문화원형의 특수성을 살려 현 시대에 맞게 재탄생시키고자 하는 움직임도 존재한다. 이는 대개 고전 혹은 역사적 사실을 각색한 대중문화 콘텐츠에서 발견되며, 주로 소설, 영화, 드라마 같은 장르로 구현된다. 이와 같이 과거의 전통을 시대적 흐름에 맞게 발전시킴으로써 자연스럽게 우리의 삶 속으로 침투되는 콘텐츠야말로 문화원형의 본질과 더 가깝다. 문화원형과 문화원형 콘텐츠의 개념을 이해했으니 이제 현 시대의 대중과 호흡을 같이하고 있는 실제 문화원형 콘텐츠를 살펴보자.

크로스미디어 vs 트랜스미디어

최근 극장에 상영된 영화 중에서 우리의 어린 시절 책꽂이에서 한 번쯤 봤을 법한 제목들이 다시 눈에 띈다. 외화인 〈이상한 나라의 앨리스〉, 〈스노우 화이트 앤 더 헌츠맨〉, 〈미녀와 야수〉 등이 그렇다. 이처럼 최근 바다 건너 들어온 영화 가운데 고전古典으로 읽히던 텍스트들이 영상 콘텐츠로 재제작된 사례가 점차 늘어가는 추세이다. 그리고 그 영화들이 좋은 흥행 성적을 거둠으로써 원전이 가지는 동화적 상상력이 당대에서뿐만 아니라 시공간을 초월하여 현대를 살아가는 사람들의 감성까지 흔들 수 있음을 증명한다.

그중에서도 프랑스에서 제작된 〈미녀와 야수〉가 제법 흥미롭다. 일반적으로 국내의 많은 독자들은 원작 소설보다 미국의 월트 디즈니 버전의 〈미녀와 야수〉 내용에 더 익숙할 것이다. 월트 디즈니 사는 아동용 애니메이션으로 각색하면서 가스통이란 새로운 인물을 넣어 벨과 야수 간의 로맨스를 더욱 부각시키고, 야수의 성에 살던 마법에 걸린 촛대, 찻잔 같은 조연들의 비중을 늘려 아기자기함과 익살스러움을 부여하는 등 원작의 무게감을 보다 가볍게 만들고자 노력했다.

반면 프랑스판 영화 〈미녀와 야수〉의 경우 원작의 근원지가 자국임을 입증하듯 오히려 본래의 내용에 더 충실하고자 한다. 영화는 여주인공 벨의 아버지 직업이 상인이라는 점과 형제자매 구성 및 성격 등을 원작과 일치시켰다. 영화는 스토리에 손을 대는 대신 표현 방식에서 관객들에게 신선하게 다가서고자 했는데, 그것은 바로 컴퓨터 그래픽을 적극 활용한 화려한 장면 연출이다. 그 결과, 기존 스토리와 같되 과거에는 보기 힘든 새로운 시각적 볼거리가 관객에게 선사되었다.

이처럼 기술적 장치를 적극 수용한 경우는 마치 박물관에서 퇴색된 유물을 올려놓고 첨단 장비를 활용해 원래의 모습으로 복원하려는 고고학적 작업에 견줄 만하며, 실제로 고정된 '틀'로 원형에 접근하려는 콘텐츠 양상에 해당한다. 그리고 의외로 우리나라 사람들은 전통문화라는 원판을 놓고, 이를 꾸준히 반복, 재현하는 콘텐츠 제작과 소모에 익숙하다. 그중 가장 큰 규모의 시장을 형성하는 것이 바로 설화나 민담이 담긴 동화책, 역사를 빛낸 사람들에 대한 위인전 등 어린이 독자들을 위한 에듀테인먼트 콘텐츠 유형이다.

소위 이러한 방식을 택하는 콘텐츠 유통을 우리는 OSMU라고 부른다. OSMU란 하나의 소재를 대상으로 미디어 창구의 다변화, 여러 콘텐츠 장르로의 전환 등 원천 소스가 지닌 부가 가치를 극대화하는 마케팅 활동을 말한다.[5] 이것은 마치 굴뚝 없는 공장 안에서 하나의 문화원형 판형을 두고 대량의 상품을 생산해내려는 노력과 유사하다. 다시 말해, OSMU는 최소의 투입과 최대의 효용이라는 상당히 시장경제에 충실한 경영 용어이다.

우리나라에서 문화원형을 잘 활용한 OSMU 콘텐츠로 '춘향전'을 먼저 꼽을 수 있다. '춘향전'만큼이나 장기간 동안 파급력이 높았던 문화원형 콘텐츠도 흔치 않기 때문이다. 『춘향전』은 조선 시대에 한글로 기록된 고전소설로 기생의 딸인 춘향과 양반가 자제인 이몽룡 두 사람의 신분을 초월한 사랑 이야기이자, 탐관오리인 변학도를 징벌하는 사회비판적 메시지도 함께 담긴 작품이다. '춘향전'은 소설, 만화, 애니메이션, 영화, 드라마를 넘나들며 많은 성공 사례를 보여주었고, 특히 1923년 무성영화 〈춘향전〉을 시작으로 영화와 드라마 등 미디어 간 경계를 넘나들며 영상 콘텐츠로서 끊임없이 우리들에게 소비되어왔다. 또한 언제 어디서

5 박기수, 「서사를 활용한 문화콘텐츠 간 One Source Multi Use 활성화 방안 연구」, 『한국언어문화』, Vol 36, 2008, p.227.

나 대중의 기호를 충족시켜왔기 때문에 긴 시간 동안 매력을 유지한 채 존속될 수 있었다.

여기서 우리는 스토리텔링의 시각에서 OSMU에 대해 색다른 접근을 시도해볼 필요가 있다. 만약 원천 소스가 놓인 위치에 스토리를 대입해 보면, 하나의 스토리가 다양한 미디어를 통해 소비되거나 변환 가능하다는 힌트를 얻게 된다. 이를 미디어 중심적인 용어로 전환하면 크로스미디어의 형태를 지녔다고 표현 가능하다. 크로스미디어란 다수의 플랫폼을 통해 같은 콘텐츠가 반복적으로 미디어만 바뀐 채 출시되는 것을 말한다. 비록 구현되는 미디어가 달라짐에 따라 어느 정도 내용 및 형태가 미디어의 특성에 맞춰 수정되지만, 보통 스토리 구성만큼은 동일하다는 특색을 지녔다.[6] 마치 『춘향전』에서 그려지는 춘향이라는 인물의 성격, 그리고 그녀를 중심으로 확장되는 주변 인물과의 관계, 또는 스토리가 함축하고 있는 메시지가 불변해온 것과도 같은 이치이다.

하지만 이러한 전형적인 문화원형 콘텐츠 스토리텔링에서 변화의 조짐이 감지된다. 이는 현대적 시각에서 시초의 문화원형 콘텐츠가 지닌 고유의 텍스트를 낱낱이 해체하고 재조립하려는 시도들에 기인하며, 더 근본적 맥락에서는 '본디 모양'으로서 문화원형에 대한 접근 또는 열린 가능성으로의 진입과도 연계된다. 원본이 보유한 아우라에 대한 도전 혹은 위배에 의해 발생되는 마력은 사실 원본의 가치가 높을수록 혁명적인 시도로 느껴진다.

우리가 계속 언급해온 '춘향전'을 다시 살펴보자. 이 고전을 무릎에 놓고 다시 읽기를 시도한 사례로는 김대우 감독의 영화 〈방자전〉이 가장 대표적이다. 이제까지 동어 반복적으로 답습되던 〈춘향전〉 작품들에서

6 Andrea Phillips, *A Creator's Guide to Transmedia Storytelling*, MCGRAW-HILL Professional, 2012, p.19.

춘향과 이몽룡 간의 애정은 불변의 요소였다. 하지만 김대우 감독은 기존 〈춘향전〉의 그늘 속 조연에 불과했던 방자라는 인물에 스포트라이트를 비추고 그를 주인공의 위치로 끌어올린다. 방자야말로 춘향과 연인관계였으며, 우리가 원본으로 여기고 있는 고전소설이 사실은 방자가 춘향에게 주는 헌정소설이라는 결말은 발칙해 보이기까지 한다. 이러한 텍스트에 대한 비틀기는 팩션이라는 장르의 탄생과도 맞닿아 있다.

팩션은 사실Fact과 허구Fiction가 결합된 용어로, 실제 일어난 사건들과 작가의 상상력이 뒤섞여 만들어내는 새로운 형태의 소설을 칭한다. 팩션이 기존 소설들과 차별화되는 이유는, 그것이 이분법적으로 구분되어 오던 허구와 실제, 또는 소설과 사실 사이의 경계선을 지워버리고 혼합을 시도했기 때문이다.[7] 이는 오랫동안 절대적 진리로 성소에 소중히 안치되었던 역사를 잡아 흔드는 무례한 도전이자, 지배문화에서 주변부로 밀려났었던 또 하나의 소외된 진실을 수면 위로 떠오르게 만드는 실험적 시도이다.

팩션 개념을 가져와 적용해보면, 문화원형 콘텐츠의 '사실'과 '허구'의 구분은 문화원형의 속성 그 자체에서 비롯되지 않는다. 예를 들어, 이순신은 실존 인물이고, 춘향은 가상 인물이기 때문에 전자는 사실이고 후자가 허구라는 평범한 발상은 성립될 수 없다. 다시 말해, 문화원형 콘텐츠를 분석할 때 역사적으로 실존했던 인물이 등장하면 사실 기반의 콘텐츠가 되고, 문학 작품 속에 존재하던 인물이 나오면 허구라는 단순한 논리가 성립되지 않는 것이다. 오히려 원형의 원초적 구조 상태와 비교하여, 얼마만큼 변형되고 각색이 이루어졌는지에 따라 스토리세계의 허구성이 결정된다.

7 김성곤, 『하이브리드 시대의 문학』, 서울대학교출판문화원, 2009, p.111.

따라서 같은 『춘향전』을 놓고도 전혀 다른 맥락의 문화원형 콘텐츠를 제작할 수 있다. 만약 『춘향전』의 원본이 지닌 스토리 구조나 가치를 신성불가침의 영역으로 생각하고, 여기에 전혀 손을 대지 않겠다는 것은 각색의 가능성 자체를 거세한 것과도 같다. 대개의 〈춘향전〉 작품들은 이러한 규범을 암묵적으로 따르고 지켰다. 반면, 〈방자전〉은 또 다른 허구적 가능성을 제시하고 있으며, 그로 인해 잠재적인 가설 하나가 추가되어 기존의 스토리세계가 풍부해지고 확장된다.

이렇듯 소설 『춘향전』과 영화 〈방자전〉, 소설 『오즈의 마법사』와 뮤지컬 〈위키드〉, 소설 『잠자는 숲속의 공주』와 영화 〈말레피센트〉 등이 보여주는 간극은 기존 크로스미디어 스토리텔링의 정형화된 모습과는 엄연히 다르다. 그리고 그 틈 사이에서 비추어진 일말의 창조성은 문화원형이 크로스미디어 단계에만 국한되지 않고, 트랜스미디어로까지 활동 영역을 넓힐 수 있음을 의미한다.

트랜스미디어는 아직 국내에서는 생소한 콘텐츠 제작 형태이다. 트랜스미디어는 미디어 학자 헨리 젠킨스에 의해 다음과 같은 세 가지 특성으로 설명된다. 첫째, 트랜스미디어란 다양한 미디어 플랫폼을 통해 스토리가 공개되어야 하며, 둘째, 다른 미디어로 유통된 콘텐츠의 소비 없이도 즐길 수 있을 만큼 하나의 미디어로 제공된 콘텐츠는 그 자체로도 완결된 스토리를 지녀야 하는 것이다. 그리고 마지막으로 중요한 점은 새롭게 등장한 텍스트가 기존의 텍스트와 합쳐져서 전체 스토리에 분명하고도 가치 있는 기여를 해야 한다는 사실이다.[8] 특히 마지막 조건은 크로스미디어와 트랜스미디어의 변별점이 무엇인지 정확히 설명해주는 트랜스미디어 고유의 특질이다.

---

8 헨리 젠킨스, 『컨버전스 컬처』, 김정희원 · 김동신 옮김, 비즈앤비즈, 2008, p.149.

문화원형에 트랜스미디어를 대입하여 적용시키는 것은 사실 이론적으로 불가능하다. 왜냐하면 문화원형 콘텐츠의 시초가 되는 원본이 이미 완성된 구조를 지녔기에 요즘과 같은 융합의 시대에서 만들어질 법한 트랜스미디어 콘텐츠처럼 구현될 수 없기 때문이다. 다시 말해, 최초의 기획 단계에서부터 하나의 큰 스토리가 먼저 도출된 뒤에 그것을 작은 스토리의 조각들로 전환하여 매체별로 분산시키는 형태는 사실상 어렵다. 그럼에도 불구하고 역으로 생각해보면 낱개의 스토리들이 문화원형이란 교집합 또는 구심점을 두고 부분의 합보다 더 큰 스토리세계를 구성해나가는 전략은 의외로 가능하다.[9] 여기에 가장 적합한 예시로 안동 문화원형인 '원이 엄마의 편지'와 관련 콘텐츠들을 가져오고자 한다.

디지털코드 속에서 영생하는 문화원형

1998년 안동 택지개발지구에서 한 명의 신원미상 남성 미라 무덤이 발굴되었다. 관 내부는 옷가지를 포함한 다양한 유품들이 잘 보존되어 있었으며, 망자를 고이 감싼 여러 장의 편지들과 사람의 머리카락을 재료로 만든 미투리 한 쌍이 남다른 사연을 추측케 만들었다. 당시 여러 고증작업 끝에 미투리의 머리카락은 아내로 추정되는 여성의 것이며, 편지 또한 그녀가 죽은 남편에게 보내는 심정이 담긴 글로 밝혀졌다. 그 편지의 내용을 살펴보면, 원이 아버지라고 불리는 남편과 자신이 서로 사랑을 속삭이던 시절에 대한 회상, 사별한 남편에 대한 그리움에 사무쳐 꿈에서라도 다시 보고 싶은 애절한 마음, 아들 원이와 뱃속의 아이에

9 Phillips, 앞의 책, 2012, p.15.

대한 막막한 심정 등이 구구절절 쓰여 있다. 이처럼 안타까운 사연에 대해 1998년 당시 KBS 〈역사스페셜〉에서 '조선판 사랑과 영혼'이라는 명칭으로 원이 엄마의 사연을 재구성한 다큐멘터리가 방영되기도 했다.

이 다큐멘터리에서는 아내의 편지 외에 남편이 사망하기 일 년 전부터 오고간 열한 편의 서신을 다루면서, 이를 통해 몇몇 사실을 고증한다. 첫째, 이 무덤의 주인은 안동의 무신武臣 집안으로 유명한 고성 이 씨 가문 이요신의 둘째 아들 이응태이며, 둘째, 사유는 명확하지 않지만 이요신이 장인 어르신의 안부를 묻는 구절을 통해 이응태는 처가살이를 했다는 점, 셋째, 서른한 살의 나이에 병환으로 요절했다는 점이다. 이렇게 실증적으로 재구성된 사실들은 문화원형으로서 보존될 기본 요건은 갖추었으나, 아쉽게도 원형 속 인물과 사건을 완벽히 밝혀내기에는 수많은 여백과 빈칸이 존재한다. 그런데 흥미로운 부분은 오히려 '원이 엄마의 편지'가 지니는 불완전성이 추후 다양한 작가들에게 창작의 영감을 주었다는 사실이다.

'원이 엄마의 편지'를 소재로 만든 최초의 콘텐츠 형태는 소설이었으며, 그 이후에 영화, 뮤지컬, 4D 애니메이션 등 다양한 미디어를 활용한 문화원형 콘텐츠 개발이 착수되었다. 그리고 각각의 콘텐츠는 '원이 엄마의 편지'를 마치 모티프인 양 바탕에 깔아놓고, 전혀 다른 내용으로 스토리를 발전시켜나간다. 즉 '원이 엄마의 편지'가 담고 있는 애절한 사랑에 관하여 각각의 문화원형 콘텐츠가 자신만의 방식으로 작곡한 변주곡을 우리에게 들려주는 것이다.

우선 소설 『능소화』는 가장 최초로 '원이 엄마의 편지'에 영감을 받은 창작물이다. 그리고 이 소설은 본래 '원이 엄마의 편지'가 내포한 남편의 사별이라는 사건 축을 기점으로 그 이전의 만남, 혹은 더 먼 과거를 상상한다. 그 과정에서 판타지적인 요소가 들어가는데, 여늬라고 이름이 붙여진 소설 속 응태의 처가 실은 하늘정원의 꽃을 훔친 전생의 죄로 인해 팔목수라라는 역귀에게 쫓기고 있었고, 응태는 그런 여늬를 사랑하고 지켜준 죄로 팔목수라에 의해 병에 걸려 죽는 설정이다.

반면, 영화 〈우리 만난 적 있나요〉는 더 이후의 미래를 다룬다. 이 영화는 조선 시대를 살아가던 두 사람이 현대에서 환생하면 어떤 일이 벌어질지에 대해 상상한다. 영화 초반부에 이응태의 환생체인 무명 사진작가 은교가 안동으로 내려가게 되고, 그곳에서 원이 엄마에 해당하는 여주인공 인우를 운명적으로 만남으로써 사랑 이야기가 시작된다. 두 사람 사이에는 한 가지 공통점이 있는데, 둘 다 예전부터 같은 꿈을 꾸거나 어떤 상황에서 기시감을 느끼는 일이 종종 발생하는 것이다. 그리고 서로가 전생의 기억을 온전히 자각하는 순간 은교는 교통사고로 죽어 버리고, 인우는 은교의 장기를 이식받아 심장병을 완치하지만 전생에서처럼 슬픈 이별을 맞이하게 된다.

두 작품 모두 '원이 엄마의 편지'가 담고 있는 남녀 간의 깊은 애정과 인연을 작품 안에 잘 스며들게 만들었고, 실제 유물을 통해 알게 된 역사적 정황들 또한 적절히 응용함으로써 사실과 허구를 절묘하게 뒤섞고 있다. 예를 들어, 소설에서는 이요신, 이응태와 같은 등장인물과 경북 안동, 흥구 같은 공간적 배경을 최대한 충실히 활용했고, 영화의 경우 로케이션 장소가 안동이라 그럴듯한 개연성을 부여한다. 이렇듯 각각의 콘텐츠는 '원이 엄마의 편지'를 구심점에 놓고 있지만, 다른 한편으로는 저마다의 상상력을 동원하여 독창성을 지닌 작품으로 거듭났다는 점에서 주목할 만하다.

'원이 엄마의 편지'는 소설 『능소화』, 영화 〈우리 만난 적 있나요〉, 애니메이션 〈미투리〉 외에도 뮤지컬, 테마파크 등 활동 영역이 점차 확장될 전망이며, 그중 일부 콘텐츠는 트랜스미디어로서의 전환 가능성을 엿보였다. 왜냐하면 콘텐츠 그 자체로도 완결된 하나의 스토리세계를 보유하면서도 동시에 '원이 엄마의 편지'로부터 파생된 다른 콘텐츠와 상호텍스트성을 띠고 있기 때문이다. 디지털 시대로 접어들면서 사람들은 손쉽게 하나의 문화원형 콘텐츠와 유사도 높은 콘텐츠가 무엇인지 찾아내고, 또 소비할 가능성도 높아졌다. 따라서 개별 콘텐츠 간의 유기적인 상호작용이 작가 혹은 감독의 의도와 상관없이 독자의 머릿속에서 이뤄질 수 있는 것이다. 그 결과, 각각의 작품들이 모여 하나의 통합된 스토리세계 혹은 개별 스토리세계들이 공존하는 더 큰 우주를 형성한다.

'원이 엄마의 편지' 사례가 특수할 수는 있다. 그와 유사한 경우를 쉽게 찾을 수 없는 것도 사실이다. 그러나 아직 하나의 스토리 설계 기법으로 자리 잡은 상태가 아니더라도, 우리는 '원이 엄마의 편지'가 보여준 현상들을 통해 오늘날의 미디어 경험 속에서도 여전히 문화원형 콘텐츠는 경쟁력을 가지고 살아남을 거라 충분히 예측 가능하다. 마치 구텐베르크 시대에서 디지털 패러다임으로 전환되었을 때, 많은 문화원형이 책이라는 미디어를 벗어던지고 드라마, 영화와 같은 콘텐츠 형태로 재탄생되었듯이 말이다.

이렇듯 진정한 전통이란 과거에 머무르는 것이 아니라 현재에 도달해야 하며, 미래까지 꿈꿀 수 있어야 한다. 이것이 바로 문화원형이 오랜 세월 속에서 불멸의 존재로 거듭났던 비결이다.

참고문헌

갓셜, 조너선, 『스토리텔링 애니멀』, 노승영 옮김, 민음사, 2014.

고스든, 크리스, 『인류학과 고고학』, 성춘택 옮김, 사군자, 2001.

공상철 외, 『중국, 중국인, 그리고 중국문화』, 다락원, 2001.

김교빈, 「문화원형의 개념과 활용」, 『인문콘텐츠』, Vol.6 No.0, 인문콘텐츠학회, 2005, pp.7-22.

김문환, 『사회미학』, 문예출판사, 1993.

김성곤, 『하이브리드 시대의 문학』, 서울대학교출판문화원, 2009.

김성도, 『호모 모빌리쿠스』, 삼성경제연구소, 2008.

김수환, 「웹툰에 나타난 세대의 감성구조: 잉여에서 병맛까지」, 『탈경계 인문학』, Vol.4 No.2, 이화여자대학교 이화인문과학원, 2011, p.101-123.

김유나, 『한국 일상툰의 풍자 연구』, 이화여자대학교 일반대학원 디지털미디어학부 영상콘텐츠 전공 석사학위논문, 2014.

김왕배, 『도시 공간 생활세계: 계급과 국가 권력의 텍스트 해석』, 한울, 2010.

김은정, 『체감형 게임의 키아즘 연구』, 이화여자대학교 대학원 디지털미디어학부 박사학위논문, 2013.

김재영 · 성정환, 「게임-확장공간에서의 '게임적 신인류'의 형성: 체감형 게임을 중심으로」, 『한국게임학회논문지』, Vol.10 No.5, 2010, pp.3-10.

김한식, 「전쟁과 유민, 도시에서 살아남기: 이호철의 소시민 연구」, 『비평문학』, Vol.0 No.34, 2009, pp.133-151.
네크로폰테, 니콜라스, 『디지털이다』, 백욱인 옮김, 커뮤니케이션북스, 1995.
니콜라예바, 마리아, 『그림책을 보는 눈: 그림책의 분석과 비평』, 서정숙 외 옮김, 마루벌, 2011.
덴츠 크로스미디어 개발 프로젝트팀, 『크로스위치』, 김덕영 · 배성자 · 김혜원 옮김, 나남, 2009.
레이맨, 토니야, 『몸짓의 심리학』, 강혜정 옮김, 21세기북스, 2011.
레이코프, G., 존슨, M., 『몸의 철학: 신체화된 마음의 서구 사상에 대한 도전』, 임지룡 · 윤희수 · 노양진 · 나익주 옮김, 박이정, 2002.
렐프, 에드워드, 『장소와 장소상실』, 김덕현 · 김현주 · 심승희 옮김, 논형, 2005.
로럴, 브렌다, 『컴퓨터는 극장이다』, 유민호 · 차경애 옮김, 커뮤니케이션북스, 2008.
르페브르, 앙리, 『현대세계의 일상성』, 박정자 옮김, 기파랑, 1990.
리프킨, 제레미, 『소유의 종말』, 이희재 옮김, 민음사, 2001.
마노비치, 레프, 『뉴미디어의 언어』, 서정신 옮김, 생각의나무, 2004.
_____, 『소프트웨어가 명령한다』, 이재현 옮김, 커뮤니케이션북스, 2014.
맥고니걸, 제인, 『누구나 게임을 한다』, 김고명 옮김, 알에이치코리아, 2012.
맥루한, 마샬, 『미디어의 이해: 인간의 확장』, 김상호 옮김, 커뮤니케이션북스, 2011.
_____, 『미디어의 이해』, 박정규 옮김, 커뮤니케이션북스, 1997.
맥루한. 마샬., 파워스. 부르스.R., 『지구촌: 21세기 인류의 삶과 미디어의 변화』, 박기순 옮김, 커뮤니케이션북스, 2005.
맥클라우드, 스콧, 『만화의 이해』, 김낙호 옮김, 비즈앤비즈, 2008.
머레이, 자넷, 『사이버 서사의 미래: 인터랙티브 스토리텔링』, 한용환 · 변지연 옮김, 안그라픽스, 2001.
_____, 『인터랙티브 스토리텔링』, 한용환 외 옮김, 안그라픽스, 2001.

메를로 퐁티, 모리스, 『보이는 것과 보이지 않는 것』, 남수인 · 최의영 옮김, 동문선, 2004.

밀러, 캐롤린 핸들러, 『디지털미디어 스토리텔링』, 이연숙 외 옮김, 커뮤니케이션북스, 2006.

박광선, 「까뮤의 작품세계」, 『자유문학』, Vol.3 No.1, 1958, pp.208-213.

박기수, 「서사를 활용한 문화콘텐츠 간 One Source Multi Use 활성화 방안 연구」, 『한국언어문화』, Vol.36 No.0, 2008, p.221-243.

벤야민, 발터, 『발터 벤야민의 문예이론』, 반성완 옮김, 민음사, 1983.

_____, 『서사 기억 비평의 자리-발터벤야민 선집 제 9권』, 최성만 옮김, 길, 2012.

블레이크, 앤드류, 『해리포터, 청바지를 입은 마법사』, 이택광 옮김, 이후, 2002.

손형전 · 안보라, 「사용자의 극적 경험을 위한 인터랙티브 드라마 연구」, 『디지털스토리텔링연구』, Vol.3 No.0, 2008, pp.189-215.

스타니슬랍스키, 콘스딴찐, 『배우 수업』, 신겸수 옮김, 예니, 2001.

신상미 · 김재리, 『몸과 움직임 읽기』, 이화여자대학교출판부, 2010.

아이디, 돈, 『기술철학: 돈아이디의 기술과 실천』, 김성동 옮김, 철학과현실사, 1998.

아즈마 히로키, 『게임적 리얼리즘의 탄생』, 장이지 옮김, 현실문화, 2012.

아탈리, 자크, 『21세기 사전』, 정혜원 옮김, 중앙M&B, 1999.

올셋, 에스펜, 『사이버텍스트』, 류현주 옮김, 글누림, 2007.

우탁 외, 『체감형 게임 인터페이스 관계분석 모델』, KOCCA 연구보고서 11. 1, 한국콘텐츠진흥원, 2011.

윤현정, 「인터랙티브 드라마의 스토리생성 모델 연구 : 〈Façade〉를 중심으로」, 『한국컴퓨터게임학회논문지』, Vol.21 No.0, 2010, pp.119-130.

융, 칼, 『원형과 무의식』, 한국융연구원C.G.융저작번역위원회 옮김, 솔, 2002.

이영수, 『환상소설과 게임의 재매개 연구』, 이화여자대학교 대학원 디지털미디어학부 석사학위논문, 2009.

_____, 『환상소설의 매체 전환 연구』, 이화여자대학교 대학원 디지털미디어학부

박사학위논문, 2014.
이은실, 「1970년대 도시소설의 양상 연구」, 『한민족문화연구』, Vol.6 No.0, 2000, pp.182-197.
이재현, 『모바일 미디어』, 커뮤니케이션북스, 2013.
자이프, 로렌스, 판탈레오, 실비아, 『포스트모던 그림책』, 조희숙 옮김, 교문사, 2010.
장동련 · 장대련, 『트랜스 시대의 트랜스 브랜딩』, 이야기나무, 2014.
젠킨스, 헨리, 『컨버전스 컬처』, 김정희원 · 김동신 옮김, 비즈앤비즈, 2008.
조광제, 『몸 철학으로 본 연극 구성의 기초』, 국립 극단 강의록, 2013. 4. 1-29.
조명래, 『현대사회의 도시론』, 한울, 2002.
지젝, 슬라보예, 『당신의 징후를 즐겨라! 할리우드의 정신분석』, 주은우 옮김, 한나래, 1997.
지커만 G., 커닝햄 C., 『게이미피케이션』, 정진영 · 송준호 · 김지원 옮김, 한빛미디어, 2012.
최애순, 「김성한의 부조리 인식과 인간 탐구」, 『현대소설연구』, Vol.0 No.21, 2004, pp.161-183.
칙센트미하이, 미하이, 『창의성의 즐거움』, 노혜숙 옮김, 더난출판사, 2003.
카뮈, 알베르, 『시지프 신화』, 김화영 옮김, 책세상, 1997.
카이와, 로제, 『놀이와 인간』, 이상률 옮김, 문예출판사, 1994.
코스터, 라프, 『라프 코스터의 재미이론』, 안소현 옮김, 디지털미디어리서치, 2005.
프라스카, 곤잘로, 『억압받는 사람들을 위한 비디오게임』, 김겸섭 옮김, 커뮤니케이션북스, 2008.
프라이, 노스럽, 『비평의 해부』, 임철규 옮김, 한길사, 2011.
한혜원, 『디지털 게임의 다변수적 서사연구』, 이화여자대학교 국어국문학과 박사학위논문, 2009.
호이징아, 요한, 『호모 루덴스』, 김윤수 옮김, 까치, 1993.
흄, 캐서린, 『환상과 미메시스』, 한창엽 옮김, 푸른나무, 2000.

Aarseth, Espen, "The Culture and Business of Cross-media Productions", *Popular Communication: The International Journal of Media and Culture*, Vol.4 No.3, Routledge, 2006, pp.203-211.

Alexander, Bryan, *The New Digital Storytelling: Creating Narratives with New Media*, Praeger, 2011.

Attebery, Brian, *Strategies of Fantasy*, Indiana University Press, 1992.

Bogost, Ian, *How to Do Things with Videogames*, University of Minnesota Press, 2012.

Carton, Sean, *Internet virtual worlds quick tour*, Ventana Press, 1995.

Costikyan, Greg. "I Have No Words but I Must Design: Toward a Critical Vocabulary for Games", Proceedings of Computer Games and Digital Cultures Conference, 2002.

Dendle, Peter, "Cryptozoology and the Paranormal in Harry Potter: Truth and Belief at the Borders of Consensus", *Children's Literature Association Quarterly*, The Johns Hopkins University Press, Vol.36 No.4, 2011, pp.410-425.

Denward, Marie and Waern, Annika, "Broadcast Culture Meets Role-Playing Culture." *Playground Worlds*, 2008, 248-261.

Deterding, S., Dixon, D., Khaled, R., & Nacke, L. "From game design elements to gamefulness: defining gamification", MindTrek Conference: Envisioning Future Media Environments, ACM, 2011.

Dowd, Tom, Niederman, Michael, Fry, Michael, Steiff, Josef, *Storytelling Across Worlds: Transmedia for Creatives and Producers*, Focal Press, 2013.

Gibson, James J, *The ecological approach to visual perception*, Lawrence Erlbaum Associates, 1986.

Jauréguiberry, Francis, "Mobile telecommunications and the management of time", *Social Science Information*, Vol.39 No.2, 2000, pp.255-268.

Jenkins, Henry, Raessens, Joost, Goldstein, Jeffrey H. ed, "Games, the new lively art", *Handbook of computer game studies*, MIT Press, 2005.

Lange, Andreas, Borries, von F., Walz, P., S., Böttger, M. ed, "Places to play: What game settings can tell us about games", *Space Time Play: Synergies Between Computer Games, Architecture and Urbanism: the Next Level*. Birkhäuser Architecture, 2007.

Mateas, Michael and Stern, Andrew, *Architecture, Authorial Idioms and Early Observations of the Interactive Drama Façade*, School of Computer Science Carnegie Mellon University, 2002.

Mateas, Michael, *Interactive Drama, Art and Artificial Intelligence*, School of Computer Science Carnegie Mellon University, 2002.

McCloud, Scott, *Reinventing Comics: How imagination and Technology Are Revolutionizing an Art Form*, Perennial, 2000.

Montola, Markus, Stenros, Jaakko, Waern, Annika, *Pervasive games: theory and design*, Morgan Kaufmann Publishers Inc., 2009.

Phillips, Andrea, *A Creator's Guide to Transmedia Storytelling*, McGraw-Hill Professional, 2012.

Pratten, Robert, *Getting Started in Transmedia Storytelling: A Practical Guide for Beginners*, CreateSpace, 2011.

Ryan, Marie-Laure, "Transmedial Storytelling and Transfictionality", *Poetics Today*, Vol.34 No.3, 2014, pp.361-388.

_____, "The Interactive Onion: Layers of User Participation in Digital Narrative Texts", *New Narratives: Stories and Storytelling in the Digital Age*, University of Nebraska Press, 2011.

_____, *Avatars of Story*, University of Minnesota Press, 2007.

_____, *Possible Worlds, Artificial Intelligence, and Narrative Theory*, Indiana

University Press, 1992.

Ryan, Marie-Laure, Thon, Jan-Noël, Harvey, C. B., *Storyworlds Across Media: Toward a Media-Conscious Narratology*, University of Nebraska Press, 2014.

Russell, David L, *Literature for Children: A Short Introduction*, Longman; First edition, 1991, p.25.

Scott Rettberg, "Corporate Ideology in World of Warcraft", H. G. Corneliussen ed, *Digital culture, play, and Identity: A World of Warcarft Reader*, MIT Press, 2008.

Simmel, Georg, Levin, Donald N ed, "The Metropolis and Mental Life", *On Individuality and Social Forms*, The University of Chicago Press, 1972.

Stenros, Jaakko, Holopainen, Jussi, and Waern, Annika, "Narrative Friction in Alternate Reality Games: Design Insights from Conspiracy For Good", Paper presented at Think Design Play: The fifth international conference of the Digital Research Association (DIGRA), January, 2011.

Williams, David Lay and Kellner, Alan J., Gregory Bassham ed., *The Ultimate Harry Potter and Philosophy*, John Wiley & sons, 2010.

Wirth, Louis, "Urbanism as a Way of Life", *The American Journal of Sociology*, Vol.44 No.1, The University of Chicago Press, 1938, pp.1-24.

〈온라인 자료〉

Bogost, Ian, "Gamification is bullshit", Ian Bogost blog, 2011.8.8. http://bogost.com/writing/blog/gamification_is_bullshit/

Bogost, Ian. "Persuasive games: Exploitationware", GAMASUTRA, 2011.5.3. http://www.gamasutra.com/view/feature/134735/persuasive_games_

exploitationware.php?print=1

Brian Burke, "Gartner Redefines Gamification", Gartner Blog, 2014.4.4.
http://blogs.gartner.com/brian_burke/2014/04/04/gartner-redefines-gamification

Long, Mark, "Transmedia? designing IP for Games, Movies and Comics", 2009.
http://www.kgconf.com/eng/about/conference_view.html?idx=695

PwC, "Global entertainment and media outlook 2014-2018".
http://www.pwc.com/gx/en/global-entertainment-media-outlook/

Robertson, Margaret, 2014, "Can't play, won't play", Hide&Seek: Inventing new kinds of play blog, 2010.10.6.
http://hideandseek.net/2010/10/06/cant-play-wont-play/

Schiesel, Seth, "Redefining the Power of the Gamer", NY Times, 2005.6.7.
http://www.interactivestory.net/NYTimesArtsArticle.html

저자 소개

류철균

이화여자대학교 디지털미디어학부 교수. 서울대학교 국어국문학과를 졸업하고 같은 대학원에서 석사와 박사학위를 받았다. 1988년 문학평론으로 등단했고 1992년부터 이인화라는 필명으로 소설을 발표했다. 소설에 『하비로』(2004), 『시인의 별』(2000), 『인간의 길』(1997), 『영원한 제국』(1993) 외 20편이 있다. 2002년 디지털스토리텔링학회 창설에 참여하여 『스토리텔링 진화론』(2014), 『한국형 디지털 스토리텔링』(2005), 『디지털 스토리텔링』(2003) 등의 저서를 발간했고 스토리 창작 지원 프로그램 〈스토리 헬퍼〉를 개발 서비스했으며 「서사계열체이론」(2006), 「한국 온라인게임 스토리의 창작방법 연구」(2006) 등의 논문을 썼다. 주요 관심 분야는 디지털 스토리텔링, 게이미피케이션이다.

한혜원

이화여자대학교 디지털미디어학부/스크랜튼학부 소속 조교수로 재직 중이다. 이화여자대학교 국어국문학과에서 박사학위를 취득했다. 저서로는 『아이의 마음을 훔치는 스토리텔링 전략』(2012), 『디지털 시대의 신인류 호모 나랜스』(2010), 『디지털 게임 스토리텔링』(2005), 『뱀파이어 연대기』(2004) 등이 있다. 「온라인 팬픽에 나타난 스토리 리텔링 연구」(2012) 등 등재지 기준 총 30여 편의 논문을 발표했다. 또한 여성 트랜스미디어 콘텐츠 기획자 양성(2014), 인터랙티브 e-콘텐츠 개발(2012) 등 총 10여 건의 연구 과제를 책임자로 수행했다. 주요 관심 및 연구 분야는 뉴미디어에 나타난 스토리텔링, 게임학 이론, 사용자 참여 문화 등이다.

서성은

한경대학교 미디어문예창작학과 조교수로 재직 중이다. 이화여자대학교 국어국문학과를 졸업하고 디지털미디어학부에서 석사, 동 대학원에서 박사 수료했다. 학부 졸업 후 10년간 방송작가로 활동하면서 MBC 〈현장기록 형사〉, 〈사과나무〉, 〈우리시대〉 등의 TV프로그램을 만들었다. 「크로스미디어 스토리텔링의 온라인 구전 양상」(2011), 「온라인 게임의 트랜스미디어 스토리텔링 연구」(2008) 등의 논문을 발표했으며, 주요 관심 및 연구 분야는 매체 전환 스토리텔링이다.

안진경

제일기획 브랜드 익스피리언스 본부에 재직 중이다. 바른손게임즈, 엔씨소프트에서 MMORPG와 기능성 게임을 개발했다. 이화여자대학교 국어국문학과를 졸업하고 디지털미디어학부에서 석사학위를 받았으며, 「플레이어 유형에 따른 MMORPG의 사용자 생성 콘텐츠 연구」(2008) 등의 논문을 발표했다. 주요 관심 및 연구 분야는 디지털 스토리텔링, 게임학 등이다.

이동은

가톨릭대학교 미디어기술콘텐츠학과 교수로 재직 중이다. 이화여자대학교 디지털미디어학부에서 박사학위를 받았다. 장편 애니메이션 〈마리이야기〉(2001)와 세계 최대의 가상세계 〈세컨드라이프〉(2008)의 프로듀서, 대한민국 스토리공모대전 심사위원을 역임한 바 있다. 『불멸의 르네상스를 찾아서』(2011), 『이어령의 교과서 넘나들기 1권-디지털 편』(2010)의 저자이며 〈메타 이야기적 상상력과 캐릭터 중심 스토리텔링 모델〉, 「공감각의 문화 혁명, 3D 입체영화 스토리텔링 전략 연구」(2014), 「디지털 게임 플레이의 시간성 연구」(2013), 〈장르 게임의 문법 연구〉 (2012) 등의 연구를 진행했다.

권보연

이화여자대학교 신산업융합대학 산학협력교수로 재직 중이다. 동대학 디지털미디어학부에서 'SNS의 게임화 연구'를 주제로 문학박사학위를 받았다. 1997년부터 2013년까지 LG전자, LG텔레콤, SK 커뮤니케이션즈 등 주요 ICT 기업에서 서비스 디자인, 사용자 경험, 마케팅 커뮤니케이션 팀장으로 일했다. 게임화, SNS, 디지털 스토리텔링, 놀이 경험에 관심을 가지고 있다.

이진

한경대학교와 계원예술대학교에 출강 중이다. 이화여자대학교 디지털미디어학부에서 석사학위를 받았으며, 현재 동 대학원에서 박사과정을 밟고 있다. 「MMORPG 트레일러에 나타난 여신 모티프 연구」(2014) 등의 논문을 발표했으며, 네오위즈게임즈와 바른손게임즈에서 재직했다. 주요 관심 및 연구 분야는 게임과 미디어, 스토리텔링 등이다.

김은정

중앙대학교 BK21플러스 스토리텔러 교육공동체 사업단 연구교수로 재직 중이다. 이화여자대학교 교육공학과를 졸업하고 동 대학원에서 정보과학 전공으로 석사, 디지털미디어학부에서 영상미디어 전공으로 박사학위를 받았다. 주요 관심 및 연구 분야는 기능성 게임, 디지털 스토리텔링, HCI 등이다.

윤현정

이화여자대학교 광고홍보학과를 졸업하고 디지털미디어학부에서 석사학위를, 동대학원에서 박사과정을 수료했다. 서강대 게임교육원과 이화여자대학교에서 게임과 디지털 스토리텔링을 강의한다. 영화 〈가을로〉, 〈다세포소녀〉 등을 기획했고 2013 순천만 국제정원박람회 주제영상 〈달의 정원〉의 시나리오를 집필했다. 콘텐츠 기획, 스토리텔링 저작도구, 소프트웨어 연구 등이 주요 관심 분야다.

윤혜영

성신여자대학교 미디어커뮤니케이션학과에 출강 중이다. 이화여자대학교 디지털미디어학부에서 석사학위를 받았으며, 현재 동 대학원에서 박사과정을 밟고 있다. 「서사 모티프의 분류체계 연구: 분신 모티프를 중심으로」(2014) 등의 논문을 발표했다. 주요 관심 및 연구 분야는 전자책, 게임과 스토리텔링 등이다.

김유나

이화여자대학교 디지털미디어학부에서 『한국 일상툰의 풍자 연구』(2014)로 석사학위를 받았으며, 현재 동 대학원에서 박사과정을 밟고 있다. 「여성주의 문화이론에 따른 애니메이션의 여성 영웅 캐릭터 비교 분석」(2014), 「한국 웹툰의 아이러니 연구」(2013) 등의 논문을 발표했다. 주요 관심 및 연구 분야는 사용자 생성 웹 콘텐츠와 사용자 참여 문화이다.

이영수

단국대학교 영화콘텐츠학과 연구전임 조교수로 재직 중이다. 이화여자대학교 정치외교학과를 졸업하고 디지털미디어학부 대학원에서 석사와 박사학위를 받았다. 「멀티버스에 기반한 마블코믹스의 트랜스미디어 스토리텔링 연구」(2014) 등의 논문을 발표했다. 주요 관심 및 연구 분야는 게임, 매체 전환, 인터랙티브 스토리텔링 등이다.

박은경

이화여자대학교 디지털미디어학부에서 석사학위를 받았으며, 현재 동대학원에서 박사과정을 밟고 있다. 「재패니메이션에 나타난 이중인격 모티프 연구: 곤 사토시의 〈퍼펙트 블루〉, 〈천년여우〉, 〈파프리카〉를 중심으로」(2009) 등의 논문을 발표했으며, (재)대구디지털산업진흥원에 재직한 바 있다. 주요 관심 및 연구 분야는 콘텐츠산업, 스토리텔링이다.

트랜스미디어 스토리텔링의 이해

펴낸날 초판 1쇄 2015년 1월 20일
3쇄 2016년 7월 8일
지은이 류철균 · 한혜원 외
펴낸이 김훈순
펴낸곳 이화여자대학교출판문화원
주소 서울특별시 서대문구 이화여대길 52(우 03760)
등록 1954년 7월 6일 제9-61호
전화 02) 362-2966(편집), 02) 362-6076(마케팅)
팩스 02) 312-4312
전자우편 press@ewha.ac.kr
홈페이지 www.ewhapress.com
책임편집 양지하
디자인 정혜진
찍은곳 네오프린텍

ISBN 979-11-85909-17-2 93800

값 18,000원

* 잘못된 책은 바꾸어 드립니다.

이 도서의 국립중앙도서관 출판예정도서목록(CIP)은 서지정보유통지원시스템 홈페이지(http://seoji.nl.go.kr)와 국가자료공동목록시스템(http://www.nl.go.kr/kolisnet)에서 이용하실 수 있습니다. (CIP제어번호 : CIP2014038032)